DU
GÉNIE ALLÉGORIQUE
ET SYMBOLIQUE
DE L'ANTIQUITÉ.

Ἕξεςι γὰρ καὶ τον Κόσμον ΜΥΘΟΝ εἰπεῖν.
L'Univers eſt lui-même un objet Allégorique.
Salluſt. le Phil. ch. 3

A
NOS SOUSCRIPTEURS.

C'Est ici la troisiéme & derniere livraison de notre premier Volume du Monde Primitif, analysé & comparé avec le Monde moderne. L'Objet de celle-ci est de démontrer l'éxistence du Génie Allégorique et Symbolique, dès la plus haute Antiquité; & par le rétablissement de ce Génie & de son Langage, il devient une clef importante des Temps anciens, & une des grandes bases de nos Recherches & des Découvertes qui en ont été le fruit. Il méritoit par-là même d'entrer dans notre premier Volume, destiné uniquement à donner au Public une idée de nos Principes, de nos vues, de nos découvertes, de ce qu'on en peut espérer; & de nous concilier sa confiance, d'autant plus difficile à obtenir, que nous promettions plus; & d'autant plus nécessaire, que nous avons nombre de choses utiles à déveloper. Nous serons bien dédommagés de nos soins, si cette derniere Partie augmente l'intérêt qu'on commence de prendre à notre Ouvrage, d'après la lecture de celles qui l'ont précedée & avec lesquelles elles se lient étroitement.

Nous pouvons dire en effet que ces trois Parties, très-différentes par leur objet, ne forment cependant qu'un Tout, propre à donner une idée plus nette & plus exacte de nos Recherches. La premiere offroit les divers objets dont doit être composé le Monde Primitif analysé, &c. la maniere dont ces objets s'éclairent & s'expliquent mutuellement; la rapidité & l'assurance de notre marche à travers les écueils que nous avions à surmonter, fruit de la certitude & de la simplicité de nos Principes. La seconde répandit un jour nouveau sur une partie considérable des Fables Payennes, sur cette portion qui avoit toujours paru la plus inexplicable & la plus absurde: elle en offrit une explication simple, naturelle, qui touche, qui émeut, prise dans la Nature, conforme à ce que nous avions dit dans notre Plan, relativement à l'origine des Connoissances humaines.

Si cette explication a paru propre à donner une idée avantageufe de nos Recherches fur l'Antiquité , cette derniere portion tend à produire les mêmes effets.

Nous y dévelopons nos idées fur cette Antiquité Allégorique, qui forme une des grandes divifions de notre Plan général & raifonné. On y voit que l'idée d'expliquer l'Antiquité d'une maniere Allégorique, n'eft point un fyftême vain ; qu'il eft fondé fur la raifon & fur le fait ; que l'Antiquité fut obligée de recourir néceffairement à cette façon de peindre fes idées, & qu'en prenant pour guide fes befoins & fes reffources, on trouvera toujours la raifon de fes Allégories, & l'on fera en état de les expliquer avec autant de fimplicité que de précifion & de juftelle.

Ces Principes deviennent en même temps la bafe de nos Allégories Orientales, qui ne renferment dès-lors rien qui ne foit très-naturel, & démontrent combien c'étoit à tort qu'on regardoit comme perdus les Elémens néceffaires pour l'explication de la Mythologie, qui jufques ici paroiffoit une énigme indéchiffrable.

L'on aura peut-être été furpris de voir paroître ainfi ce premier Volume par piéces détachées : mais nous devions cet empreffement & ces preuves de notre zèle & de notre reconnoiffance, à ces Perfonnes éclairées, amies de la vérité, toujours difpofées à encourager les efforts dont il peut réfulter quelque bien ; qui, fans être effrayées de l'étonnement dans lequel l'Annonce de notre Ouvrage jetta l'Europe entiere, ont daigné venir à notre fecours, en nous fourniffant par leurs Soufcriptions les moyens de faire paroître cet Ouvrage ; qui ont eu affez de confiance en nous, pour ne pas croire que nous nous fuffions trompés au point de regarder comme vraies & comme utiles des Recherches qui euffent été abfurdes dans leurs principes, infenfées dans leurs preuves, impoffibles dans leur exécution, & qui fe feroient réduites à un fyftême informe, extravagant & bifarre, qui n'eût pas augmenté d'un feul point le nombre des vérités connues, qui ont affez préfumé de la nature de nos Découvertes pour les croire poffibles ; de notre circonfpection, pour ne pas craindre que nous euffions laiffé échaper le vrai ; & du fuccès de l'enfemble, pour ne pas apréhender les reproches de ceux qu'ils déterminoient à fuivre leur exemple.

Nous ne pouvions donc trop nous hâter de mettre fous les yeux de ces Perfonnes & de ces Amis refpeclables, de toute qualité & de tout fexe, dont nous n'avons pu voir le nombre confidérable fans la reconnoiffance la plus vive & fans attendriffement, des preuves démonftratives de ce que nous avions annoncé; & des portions affez étendues, affez complettes & affez intéreffantes de nos Recherches, pour qu'on pût être raffuré fur le fuccès & l'utilité de notre travail, & fur la confiance qu'on pouvoit avoir réellement dans notre maniere de voir & de préfenter les grands Objets que nous avions annoncés. Nous en avons redoublé nos efforts & notre attention pour les rendre plus dignes d'eux, & nous nous fommes fait un devoir de mettre fous leurs yeux, à mefure qu'on les imprimoit, les diverfes portions de notre premier Volume, qu'il étoit très-inutile de garder en Magafin, & qui pouvoient augmenter le nombre des Soufcripteurs, dont nous avons grand befoin par les dépenfes qu'entraîne après lui un Ouvrage auffi étendu, auffi diverfifié, auffi pénible, & fi fort au-deffus de nos moyens pécuniaires.

. Nous ne négligerons rien pour répondre toujours plus aux efpérances de nos Soufcripteurs, foit à l'égard des chofes mêmes, foit par rapport à leur exécution typographique, & pour l'accélération des Volumes que nous aurons à donner fucceffivement.

Ceux dont nous allons nous occuper, feront encore mieux exécutés à tous égards que celui-ci; ils le feront avec des Caractères neufs, & avec du Papier fupérieur.

Celui-ci va fort au-delà du nombre de Feuilles que nous avions pro-mifes pour ce premier Volume. A cet égard, nous ne compterons jamais ftriclement, comme nous l'avons déja dit, avec nos Lecteurs; & nous préfererons toujours d'aller au-delà, plutôt que de refferrer trop une matiere.

On aura vu auffi par les Gravures que renferme notre premier Volume, ce qu'on peut attendre de nous à l'égard d'un objet qui fait une branche fi néceffaire & fi confidérable de notre Ouvrage. La Planche qui offre les Travaux d'Hercule, n'a pu être auffi finie que les autres, par le peu de temps qu'on a eu pour la graver : mais nous l'avons donnée avec d'autant plus de confiance, qu'elle reparoîtra dans un autre Volume, finie, & non moins à propos.

Nous continuons à folliciter les avis & les lumieres des Sçavans pour la perfection de notre Ouvrage, & témoignons ici notre reconnoiſſance à ceux qui nous ont déja fait parvenir des remarques ſur notre Plan général & raiſonné. Nous oſons nous flatter d'en voir croître le nombre, à meſure que notre travail avancera ; & nous en avons déja fait une heureuſe expérience, puiſque les Bibliothéques dans leſquelles nous avons la liberté de puiſer, ſe ſont augmentées depuis la publication de notre Plan, par un effet de l'amour de leurs Poſſeſſeurs pour les Lettres ; entre leſquels nous nommerons ici, avec la reconnoiſſance que nous leur devons, M. le Comte d'HEROUVILLE, Lieutenant-Général des Armées du Roi ; & M. JOURNET, Intendant d'Auch.

Nous ajoutons ici, ſuivant nos engagemens, la Liſte de nos Souſcripteurs, dont le nombre eſt beaucoup plus conſidérable que nous n'euſſions oſé eſpérer ; mais qui s'augmentera peut-être, à meſure que les Souſcriptions s'ouvriront dans un plus grand nombre de Provinces & de Pays Etrangers.

DU GÉNIE

ALLÉGORIQUE ET SYMBOLIQUE

DES ANCIENS.

§. I.

Importance de fa Recherche , & difficultés qu'elle offre.

L'ANTIQUITÉ , femblable à ces Terrains qu'ont bouleverfé les Cataf-trophes les plus terribles , & dont on a peine à fe repréfenter le premier état , n'offre à ceux qui veulent la connoître , que décombres & préci-pices : on y marche au milieu des débris de toute efpéce : ici , des Mon-tagnes coupées à pic , & entaffées les unes fur les aurres , qui atteftent les commotions violentes dont ce Globe fut fi fouvent la proie : là , des Peuplades foibles , & dégradées , reftes des anciens Empires qui avoient fubfifté avec le plus grand éclat , mais auffi méprifés que leurs Ancêtres furent illuftres , & abfolument étrangers aux Monarchies actuelles , dont ils different autant par leur langage & leurs ufages que par leur origine & les lieux fauvages qu'ils habitent. Par-tout , des Monumens inintelli-gibles par l'oubli des Langues dans lefquelles ils furent écrits , obfcurcis par leur antiquité , ou dont l'origine eft abfolument inconnue ; & qui fouvent paroiffent fe contredire les uns les autres ; en forte que leur com-paraifon , loin de nous aider , ne fait qu'augmenter la peine & l'em-barras.

Génie All. A

Ainſi, toujours environnés d'énigmes, d'incertitudes, d'obſcurités qui ſemblent impénétrables, il faut avoir ſans ceſſe la ſonde à la main, & l'on eſt continuellement dans la crainte de ne trouver aucune iſſue.

Mais, de toutes les queſtions épineuſes, auxquelles donne lieu l'étude de l'Antiquité, il en eſt peu de plus difficile & en même tems de plus intéreſſante, que celle qui a pour objet le GÉNIE ALLÉGORIQUE & Symbolique des Anciens.

Ce n'eſt pas un de ces points de critique obſcurs & bornés, qu'on rencontre ſi ſouvent dans la diſcuſſion de l'Antiquité : ce n'eſt pas un fait particulier ou reſtreint dans ſes conſéquences, qu'il ſoit peu utile d'éclaircir, ou dont la clarté n'intéreſſe que quelques hommes.

Cette matière au contraire, eſt intéreſſante pour tous les Peuples, & embraſſe l'Antiquité entiere ; elle porte ſur tout ce que cette Antiquité nous offre de grand, d'agréable, de néceſſaire : elle ſe lie de la maniere la plus intime avec tout ce qui nous reſte de ſes Monumens, en quelque genre que ce ſoit : d'elle dépend leur intelligence, l'idée que nous devons nous former de ces Monumens, le Jugement même que nous devons porter des Chefs des Peuples & de ceux qui les premiers civiliſerent les hommes, & répandirent chez eux les germes des connoiſſances : car, ſuivant les réſultats que donnera cette diſcuſſion, ils n'auront été que des fourbes ou des imbécilles, ou ils auront été doués d'un génie ſupérieur.

Telle eſt en effet la nature de cette queſtion, qu'elle ne laiſſe point de milieu entre ces extrêmes.

Si les Anciens prirent au pied de la lettre tout ce qu'ils ont dit, leurs Fables, leurs Traditions, leurs Cérémonies, les crimes attribués à leurs Dieux ; ſi leurs Légiſlateurs dégraderent à ce point la Divinité, flétrirent la raiſon humaine, ne tranſmirent aux générations ſucceſſives que des inſtitutions abſurdes & menſongeres, ils ne méritent aucune conſidération ; & loin de regretter la perte d'une partie de leurs enſeignemens, on ne doit faire aucun cas de ceux qui ont échapé aux ravages du tems.

Mais s'ils ne perdirent jamais de vue l'aimable vérité, s'ils furent toujours dirigés par le plus grand bien, ſi les objets qui nous choquent dans leurs inſtitutions, ne le ſont que parce que nous les voyons dans un faux-jour ; s'ils ſont gazés par un voile Allégorique, qui relevant leur éclat, les rende plus piquants par ſon ombre légere ; ſi, ne paroiſſant qu'amuſer, ils préſentent par-tout les leçons les plus utiles ; ceux qui les propoſerent ſont dignes des éloges qu'on a faits des anciens Sages, & leurs Allégories méritent de devenir les nôtres.

En vain donc on ſe flatteroit de parvenir à la vraie connoiſſance de l'Antiquité, ſi l'on ne ſçait à quoi s'en tenir ſur ſon Génie Allégorique & Symbolique. Juſques-alors, on ne comprendra preſque rien à ſon langage, à ſa Religion, à ſes uſages, à ſes monumens. Ses inſtitutions ſeront une énigme indéchiffrable : on les verra toujours à contre-fens.

Voulant élever nos recherches relatives à l'Antiquité, fur une bafe à toute épreuve ; nous avons donc dû commencer par une difcuffion auffi importante.

Cette queftion, à la vérité, n'eft point nouvelle : elle fut fouvent difcutée avant nous avec plus ou moins de fuccès par des perfonnes diftinguées par leurs connoiffances & par leurs lumieres : cependant elle n'a jamais été entiérement décidée : le plus grand nombre paroît même avoir été pour la négative ; & il eft peut-être tel de nos Lecteurs, pour qui le Génie Allégorique de l'Antiquité ne paroît qu'un être de raifon, qui n'éxifta jamais que dans le cerveau d'un illuminé.

N'en foyons pas furpris ; ceux qui ont foutenu qu'il falloit prendre les leçons des Anciens dans un fens allégorique, avoient contr'eux les plus grands défavantages : d'un côté, l'opinion publique & les préjugés reçus, qui empêchoient qu'on fe rendît attentifs à leurs raifons : d'un autre, des énigmes de la plus grande difficulté à developer, des moyens beaucoup trop bornés pour arriver à la découverte pleine & entiere de ce Génie, des Syftêmes qui fe détruifoient mutuellement ; enfin, point de bafe folide, point d'enfemble qui pût triompher de tous les obftacles & dévoiler l'Antiquité entiere.

C'eft que la vérité ne doit point être étudiée relativement à quelque Syftême ; car alors elle ne fera jamais que partielle ; & tout ce qu'on aura fait tombera avec ce Syftême, s'il n'eft appuyé fur des bafes folides.

C'eft ce qu'ont malheureufement éprouvé, prefque tous ceux qui jufques à préfent fe font déclarés pour le Génie Allégorique de l'Antiquité. Leurs Ouvrages ont été infuffifans pour décider cette queftion importante & pour fixer l'opinion ; foit qu'ils n'ayent pas fuffifamment dévelopé leurs principes ; foit qu'ils en ayent fait une application trop refferrée, ou qu'ils n'ayent eux-mêmes vû en cela qu'une opinion problématique.

Ces efforts, inutiles pour la vérité, lui font devenus même très-funeftes : car on lui fait plus de tort en la défendant mal, qu'en ne prenant pas fon parti, ou en gardant le filence. Ceux qui ne voyoient rien d'allégorique dans l'Antiquité, fe font confirmés par-là dans leur opinion, & ont cru triompher : d'autres fe font perfuadés que cette Antiquité étoit fi confufe, qu'on y verroit toujours tout ce qu'on voudroit, & que jamais on ne pourroit l'apercevoir telle qu'elle fut.

Auffi la caufe des Allégories, ou leur défenfe, eft devenue fi défefpérée, que le fimple foupçon de pencher en fa faveur eft nuifible à un Auteur ; & fuffit pour le faire regarder comme un vifionnaire qui eft la dupe de fon imagination, ou comme une perfonne qui fe plaît à foutenir les paradoxes les plus abfurdes.

§. 1.

Motifs qui ont déterminé à furmonter ces difficultés.

Tandis que, confondu dans la foule des fpectateurs, je ne voyois ces objets que dans l'éloignement, & que je n'en pouvois juger que d'après les Ouvrages écrits à ce fujet pour ou contre, genre de jugement auquel les hommes font réduits pour tous les objets qu'ils n'ont pu éxaminer par eux-mêmes, & dans lequel celui qui expofe fes raifons de la maniere la plus fpécieufe, & qui fçait mettre les rieurs de fon côté, a toujours raifon, je penfois a peu près de même.

Il me fembloit qu'aucun des Ouvrages en faveur des Allégories, n'avoit atteint ce dégré, je ne dis pas de conviction, mais de clarté & de force, néceffaires pour qu'on pût les prendre pour guides ; & je l'attribuois à quelque défectuofité dans les principes.

Une feule chofe fufpendoit mon jugement ; c'eft qu'en rejettant toute Allégorie, & s'en tenant au fens hiftorique, l'Antiquité eft un cahos effroyable ; & tous fes Sages, des infenfés ou des impies.

Mais, je voyois chez les Allégoriftes, malgré leur fçavoir & leur génie, tant d'illufions, ou fi peu de développemens utiles & d'une vafte influence, que je croyois toute découverte à cet égard, abfolument impoffible.

Ainfi, je raifonnois, ou plutôt je me forgeois un fyftême de convenance, lorfque faifant les recherches fur l'Antiquité dont j'ai commencé à rendre compte, je vis l'ALLÉGORIE briller de toutes parts, donner le ton à cette Antiquité entiere, créer fes fables, préfider à fes Symboles, animer la Mythologie, fe mêler avec l'Hiftoire, s'incorporer avec les vérités les plus refpectables, former la maffe des cérémonies les plus auguftes, devenir le véhicule des connoiffances humaines, leur fournir un appui indifpenfable ; fe manifefter par-tout avec un tel éclat & un fi grand art, qu'on ne peut la méconnoître, malgré le voile dont elle s'enveloppe, & dont elle femble ne fe couvrir, qu'afin qu'on éprouve ce vif plaifir & cette fatisfaction délicieufe que procure une furprife auffi agréable qu'inattendue, lors fur-tout qu'elle eft l'effet de la fagacité & de la pénétration.

Plus ce fpectacle étoit beau par fon enfemble & fa fimplicité, plus je fus étonné qu'il fe fût dérobé à la vue de ceux qui jufques-ici avoient travaillé fur l'Antiquité ; même de ceux qui s'étoient déclarés pour l'Allégorie, & qui ne l'avoient pas aperçue dans tout fon éclat.

Auffi, loin d'en être ébloui, je craignis d'être trompé par quelqu'illufion, d'autant plus funefte qu'elle eût été plus flateufe & plus féduifante :

je me tins donc en garde contre tout ce que j'appercevois ; & plus la carrière qui s'ouvroit devant moi devenoit vaſte & intéreſſante , plus je croyois devoir être circonſpect dans ma marche , & ſévère ſur le choix des moyens , pour ne pas m'égarer dans une route ſi peu connue.

Ces précautions , ces ſoins , cette réſerve , n'ont ſervi qu'à me con-firmer dans cette première vue : plus j'étudiois & approfondiſſois l'Antiqui-té , plus j'y appercevois une mine abondante en Allégories de toute eſ-pèce : Allégories de fables , Allégories Mythologiques & de Divinités , Allégories de Symboles , Allégories de Langues , Allégories d'Hiſtoire , Allégories de Cérémonies & juſques à des Allégories de nombres & de danſes ; que l'Allégorie en un mot , avoit été la ſource & la baſe des inſ-tructions données à tous les anciens Peuples , Chaldéens , Egyptiens , Chinois , Indiens , Perſes , Celtes , Grecs , Phéniciens , Hébreux même , &c.

Que plus on multiplioit les moyens de s'en aſſurer , & plus on voyoit l'Allégorie s'étendre & s'embellir.

Et que juſques à ce que cette portion de l'Antiquité eût été dévelopée avec ſoin , il étoit impoſſible de ſe former une juſte idée des Tems an-ciens , & de l'origine des connoiſſances.

§. 3.

Comment on y eſt parvenu.

Dès qu'il étoit prouvé que les Anciens avoient eu un goût auſſi étendu pour l'Allégorie , & qu'elle avoit préſidé à l'enſemble de leurs inſtruc-tions , il étoit naturel de rechercher l'origine de ce goût , les effets qu'il avoit produits , l'idée qu'on s'en étoit formée , pourquoi on l'avoit totale-ment perdu de vue ; & pluſieurs autres queſtions de cette nature. Je me livrai à ces recherches , qui ſeules pouvoient fixer nos idées à cet égard , & démontrer que ceux qui voyoient de l'Allégorie chez les Anciens , voyoient bien ; rien n'éxiſtant ſans raiſon.

Je cherchai donc ſur quels motifs avoit été fondé un genre auſſi ſingu-lier d'inſtruction ; & je n'eus pas de peine à les trouver : de-là naquirent des preuves qui établiſſent non-ſeulement l'éxiſtence de l'Allégorie chez les Anciens , mais encore qu'elle éxiſta néceſſairement.

La meilleure manière d'entendre l'Antiquité étant ſans contredit de l'ex-pliquer par elle-même , je cherchai enſuite ce qu'elle nous avoit tranſmis elle-même à ce ſujet ; & je trouvai les témoignages les plus formels , les plus déciſifs , les plus nombreux en faveur des Allégories ; & il ſe trouva que , tandis que les Modernes nioient que les Anciens euſſent fait uſage des Allégories , tous les Anciens s'accordoient à convenir que les premiers

Légiflateurs , les premiers Philofophes , les premiers Théologiens , s'é roient exprimés dans un langage allégorique.

Mais plus l'Antiquité n'avoit eu qu'un fentiment à ce fujet , plus il devoit paroître furprenant que les Modernes en euffent un tout oppofé : il fallut donc encore rechercher comment une fi grande lumiere s'étoit éclipfée ; pourquoi l'efprit Allégorique de l'Antiquité , étoit tombé dans un fi grand oubli , & n'étoit plus connu ; par quelles caufes, les Modernes avoient pris le change d'une maniere auffi furprenante.

Ces queftions ne furent pas plus difficiles à réfoudre. Lorfqu'au renouvellement des Sciences , les Modernes voulurent fe former de juftes idées de l'Antiquité , ils précipiterent trop leurs jugemens , fur-tout à l'égard de fon Génie Symbolique. L'éxiftence ou la non-éxiftence de ce 'Génie, étoit une chofe de fait : il falloit donc raffembler les faits & les difcuter : c'eft ce qu'on a rarement obfervé. On avoit moins de peine à former des fyftèmes ; mais ces fyftèmes , démués de preuves fuffifantes, ne pouvoient fe foutenir long-tems. D'ailleurs , il étoit moins queftion de prouver que l'Antiquité avoit allégorifé , que de démontrer le vrai fens de fes Allégories : Méthode très-difficile , & qui exigeoit les Comparaifons les plus nombreufes , les plus étendues , les plus éxactes , les plus fenfibles. Ne foyons donc pas étonnés qu'on ait fi fouvent échoué : on mettoit à ces recherches , il eft vrai , tout l'efprit poffible ; mais l'efprit ne tint jamais lieu des faits ; il donne même de la défiance , & par-là il nuit : à force d'efprit , on fera illufion , mais on ne convaincra pas : & dans des Ouvrages comme ceux-ci , il faut convaincre.

Ce n'eft point par un efprit de Critique que je m'exprime ainfi : loin de tout Auteur , cette façon de penfer fatyrique & dédaigneufe , par laquelle il femble qu'on ne cherche qu'à s'élever fur la ruine des autres. Toute perfonne qui fe propofe la vérité pour but , eft eftimable & digne d'éloge , lors même que fes efforts font les plus infructueux. Ceux qui ont eu le moins de fuccès, ont cependant défriché une partie du terrain ; ils ont fait des raprochemens utiles : leurs propres erreurs font devenues avantageufes ; elles apprennent quelles routes font funeftes , & celles qu'il faut fuivre pour approcler davantage du but.

Tout ce que je veux inférer d'ici , c'eft que l'on ne doit rien conclure contre le Génie Symbolique de l'Antiquité , de l'efpéce d'impoffibilité où l'on a été jufques à préfent de le démontrer d'une manière fatisfaifante. Si le peu de folidité qu'ont eu les divers fyftêmes qui ont déja paru , doit rendre circonfpect , on n'en doit pas inférer l'impoffibilité abfolue d'en former un qui foit vrai, & qui porte la conviction avec foi.

Sur-tout , lorfqu'on réfléchira fur la nature des matériaux qu'on avoit mis en œuvre jufques-ici, peu dignes d'un objet auffi vafte & auffi important.

§. 4.

Pourquoi l'on n'avoit pu parvenir jusques à présent à ces résultats.

L'explication des Allégories anciennes supposoit diverses connoissances préliminaires, sans lesquelles il est impossible de les expliquer d'une maniere satisfaisante; il faut être au fait des caractcres qui constituent essentiellement l'Allégorie & au moyen desquels on distinguera aussi-tôt ce qui est allégorique de ce qui ne l'est pas : il faut s'être fait une clé, ou plutôt un Dictionnaire de ce Langage Allégorique; & il faut l'avoir formé d'après l'Antiquité elle-même : il faut être en état de faire voir les raports de ses expressions, avec la Nature : il faut avoir assez aprofondi ces Langues, pour pouvoir remonter à la source des noms allégoriques transmis par les Anciens : il faut encore avoir comparé tous ces objets, avec l'Ecriture hiéroglyphique ou les Peintures à tapisseries des Anciens, qui font une portion essentielle des Allégories.

Mais jusques-ici, quel, entre tous les Allégoristes, avoit réuni tous ces objets, & avoit assuré sa marche par leur moyen ?

Ne pourroit-on pas même dire qu'ils avoient cherché à se servir des Allégories anciennes plutôt pour faire valoir quelque système qui leur tenoit à cœur, qu'afin de parvenir à la connoissance même de ces Allégories ; ensorte qu'on avoit toujours lieu de craindre qu'ils n'y eussent vû, non ce qui y étoit réellement, mais ce qu'ils avoient désiré qui y fût ?

Un autre défaut, dans lequel ils sont presque tous tombés, & qui a peut-être le plus prévenu contr'eux, c'est l'abus étrange qu'ils ont fait des Langues pour appuyer leurs opinions ; procédant beaucoup plus par la décomposition des mots, que par l'ensemble même de l'Allégorie, dont la signification des mots doit être une suite, & non le principe. Rien n'est en effet plus aisé que de faire dire à un mot tout ce qu'on veut, en le décomposant : c'est alors, qu'on voit *Alfana* venir d'*Equus* en droite ligne.

Il n'est donc pas étonnant que l'on n'ait eu jusques à présent aucune idée distincte du Génie Allégorique & Symbolique des Anciens : qu'il n'ait été regardé que comme un problème, dont la solution étoit plus à désirer qu'à espérer ; & qu'aucun des ouvrages faits en sa faveur, n'ait eu assez de poids pour triompher des préjugés dans lesquels on étoit à cet égard.

Les Auteurs qui ont même le mieux aperçu l'existence du Génie Allégorique étoient si peu sûrs de leurs principes, qu'ils les abandonnent presque toujours, lorsqu'ils en auroient le plus grand besoin, & qu'ils leur serviroient à débrouiller heureusement les plus grandes difficultés. C'est ainsi qu'un des Sçavans qui ont pris dans ces derniers tems le parti des Allégories

anciennes, en a cependant excepté « tout ce qui regarde les actions crimi-
» nelles des Dieux humains. Il eſt ridicule, dit-il, de prétendre expliquer
» allégoriquement de pareilles Hiſtoires. «

Et ce ſont là des Défenſeurs du Génie Allégorique ! Que deviennent donc
les principes ſur leſquels ils ſe fondoient, puiſqu'ils leur ſont inutiles au
moment où ils en avoient le plus de beſoin ? Que nous importe l'Allégorie
ſi elle nous abandonne dans de pareilles circonſtances ? Après avoir tourné en
allégorie l'Hiſtoire des Héros de l'Antiquité, ſes Symboles, ſon culte, ſes
Dieux, on reculera à la vue de ce qu'on appelle *leurs actions criminelles* !
on aura dévoré tout le reſte, & on ne pourra digérer ceci ! Rien ne prouveroit mieux la foibleſſe du ſyſtême allégorique, ſi cette ſuppoſition étoit vraie.
Car à quoi ſe réduiroient dès ce moment les Allégories anciennes ? Les perſonnages de la Fable ne s'évanouiront ils pas tous, dès qu'on voudra les ſéparer des actions criminelles qui forment la maſſe de leur Hiſtoire ?

En effet, que devient SATURNE, s'il ne dévore ſes enfans ? JUPITER, s'il
ne fait infidélité à Junon ? THESÉE, s'il n'abandonne Ariadne à Naxos ? &
BACCHUS, s'il n'épouſe cette Princeſſe délaiſſée ? VENUS, ſi elle n'aime Adonis, & ſi elle ne le pleure ? HERCULE, ſi Déjanire n'en eſt jalouſe, & s'il ne
meurt ſur un Bucher ? PROSERPINE, ſi elle n'eſt enlevée par Pluton ?

§. 5.

Succès aſſuré en ſuivant une meilleure route.

L'on pouvoit donc, en ſuivant une meilleure route, traiter de nouveau
cette queſtion intéreſſante, & ſe flater d'en dire des choſes nouvelles, plus
propres à démontrer l'exiſtence du Génie Symbolique ; ſur-tout en s'attachant
plus aux faits, en les comparant davantage entr'eux, & avec leurs cauſes,
en réuniſſant le langage qui en réſultoit, en cherchant plutôt ce que l'Antiquité avoit dit effectivement, que ce qu'elle pouvoit avoir dit : & en paſſant
en revue les divers uſages que l'Antiquité avoit faits de l'Allégorie.

Car elle ne s'en ſervit pas uniquement dans l'invention des Fables, ou dans
l'Hiſtoire des Dieux : elle employa l'Allégorie dans ſes Poëſies, dans ſon Aſ-
tronomie, dans ſon Calendrier, dans ſes Symboles, dans ſon Blaſon, dans
ſes Peintures, dans ſes Monnoies & dans ſes Médailles.

On ne pouvoit donc ſe former une juſte idée de l'Antiquité Allégorique,
qu'en réuniſſant tous ces objets : mais par-là, on devoit être aſſuré de retrouver en entier le Génie Allégorique dont elle avoit été animée, d'en re-
joindre toutes les parties, & de faire des découvertes immenſes, intéreſſantes & utiles.

Ce ſont ces diverſes parties dont j'ai traité dans mon *Plan* général & raiſonné du Monde Primitif ; & qui forment, au nombre de ſix objets, la portion
que j'ai intitulée, *Antiquité Allégorique.*

C'eſt

C'eſt d'après les mêmes principes, que j'ai dévelopé , ſous le titre de *trois Allégories Orientales* , les diverſes Allégories qu'offrent les Hiſtoires de Saturne , de Mercure & d'Hercule.

Et c'eſt pour déveloper ces principes aux yeux du Public , pour démontrer l'exiſtence du Génie Symbolique chez les Anciens & pour raſſurer mes Lecteurs contre la crainte que ſon explication ne ſoit arbitraire & purement ſyſtématique , que j'entreprends de traiter du Génie Allégorique & Symbolique en lui-même , relativement aux cauſes qui le firent naître , & à la certitude & la clarté de ſon langage.

Je ne craindrai pas d'être jugé par les ſavantes Sociétés de l'Europe qui font de l'Antiquité leur occupation la plus chere , & qui travaillent à nous en dévoiler les beautés & les myſtères : qui connoiſſent les difficultés dont elle eſt hériſſée ; & combien il eſt aiſé de ſe faire illuſion , dès qu'on veut aller au-delà du ſens littéral. Leurs illuſtres Membres ſont trop amis de la raiſon , trop dégagés de préjugés , trop au fait de l'Antiquité , pour trouver mauvais qu'on diſcute une queſtion de cette importance , ſur laquelle on n'a jamais prononcé , dont on voit tant de traces dans l'Antiquité qu'on ne ſauroit ſe les diſſimuler , & dont les influences ſont ſi étendues & d'un tel poids que , quelque parti qu'on prenne , la face de l'Antiquité en eſt entierement changée ; & qu'elle paroît raiſonnable ou inſenſée , ſuivant qu'elle aura employé l'Allégorie ou qu'elle ne l'aura pas connue. C'eſt la cauſe de l'*Humanité* , plaidée aux yeux de l'Humanité elle-même , & de la raiſon.

Mais que ce ſoit vous-mêmes, Sages de Memphis, de Babel , de la Gréce , ORPHÉE, HOMERE, PYTHAGORE, Hiérophantes ſacrés, &c. qui plaidiez votre cauſe ! Vous qui des rives de l'Euphrate , juſques à celles du Gange & du Tibre, ſoumîtes tout à vos loix : vous dont la vie infatigable fut employée à contempler la nature , & à la faire connoître aux Mortels ; & qui , à l'ombre de l'Allégorie , élevâtes la maſſe des connoiſſances les plus utiles , les plus nobles , & les plus conſolantes. Expliquant vous-mêmes vos leçons , dévelopant les objets que vous peignîtes par vos emblêmes , les vérités que vous conſacrâtes dans vos Allégories , les inſtructions que vous renfermâtes dans vos Fables immortelles , venez vous juſtifier vous-mêmes aux yeux des hommes prévenus : venez , il en eſt tems ; venez leur prouver qu'on ne ſauroit prendre au pied de la lettre ces Symboles , ces Tableaux , ces Fables , ces Hiſtoires , par leſquelles vous cherchâtes à faire paſſer vos utiles leçons à la poſtérité la plus reculée : & qu'on ne ſauroit s'égarer en conſidérant l'enſemble de tous ces objets ; & le *mot* même par lequel ſe terminent le plus ſouvent ces Enigmes.

§. 6.

Division en sept Articles.

Pour donner quelqu'ordre à nos réflexions & à nos observations sur cette matiére , nous les rapporterons à ces sept Articles.

I. Ce que l'on doit entendre par le Génie Allégorique & Symbolique des Anciens

II. Que l'Antiquité eut nécessairement ce Génie , & qu'il ne dépendit pas uniquement de son choix.

III. Qu'elle est convenue elle-même de l'éxistence de ce Génie Allégorique, & que la tradition ne s'en est jamais effacée.

IV. Qu'elle est la véritable Clé de l'Antiquité.

V. Que les causes qui la firent perdre de vue , n'ôtent rien à ce principe de sa force.

VI. Qu'en l'admettant , on n'ouvre point la porte aux explications arbitraires ; ce Génie ayant ses régles & son langage fixe , dont on ne sauroit s'écarter sans manquer totalement le vrai.

VII. De quels objets s'occupa l'Allégorie.

ARTICLE PREMIER.

En quoi confifta le Génie Allégorique & Symbolique des Anciens.

§. 1.

SA DÉFINITION.

LE Génie Allégorique & Symbolique des Anciens confifta dans ce penchant, & cette tournure d'efprit, qui porterent les Sages de l'Antiquité à voiler leurs leçons fous des emblêmes & des énigmes propres à les rendre plus piquantes, plus vives, plus animées, afin qu'elles fuffent recherchées avec plus d'empreffement & retenues avec plus de facilité.

Par cet artifice ingénieux, ils rendoient fenfibles les vérités les plus abftraites, ils changeoient en images & en tableaux, les propofitions les plus féches, les plus difficiles à faifir ; la vérité devenoit plus aimable, plus douce, moins offenfante ; les Êtres inanimés & les Êtres moraux fe perfonifioient : la Nature entiere prenoit une face nouvelle : ce qu'il y avoit de plus métaphyfique fe revêtant des perfections & des beautés corporelles, paroiffoit devenir fenfible comme elle ; les raports même qui exiftent entre les grands objets de la Nature & leurs influences fur les hommes, fe métamorphofoient en une Hiftoire de Perfonnages illuftres, qui réveilloit l'imagination & dont les traces agréables ne s'effaçoient jamais.

Ce Génie Allégorique fe développoit dans les mots figurés, les Proverbes, les Métaphores, les Paraboles, les Emblêmes, les Fables, les Apologues, les Enigmes, les Récits Mythologiques, les Symboles, les Peintures Hiéroglyphiques.

§. 2.

Etendue de fon ufage.

Il donna le ton à l'Antiquité entiére, il créa fes Fables, préfida à fes Symboles, anima la Mythologie, s'incorpora avec les vérites les plus refpectables, forma la maffe des cérémonies les plus auguftes : tout porta fon empreinte ; ce fut en quelque forte le langage unique des tems primitifs. C'eft celui de tous les anciens Peuples dont il nous reste quelques Monumens, celui des Scythes, des Celtes, des Etrusques, des Phéniciens, des Indiens, des Egyptiens, des Chinois, de Chaldéens, &c.

Point de Livres composés dans l'Antiquité la plus reculée, qui ne renferme des exemples de ces divers genres d'Allégories; les Livres Sacrés des Hébreux en sont remplis.

On ne peut les ouvrir sans y trouver des mots figurés & des métaphores dè toute espéce. C'est ainsi que toutes les perfections de la Divinité y sont peintes, par des mots qui expriment des idées physiques. Là, rien ne se dérobe à son œil perçant; sa *main* soutient l'Univers, il le forma d'un seul *mot* de sa bouche : il porte son Peuple dans ses *entrailles*.

On y voit la Fable des *Plantes*, qui veulent élire un Roi, & qui sont réduites à choisir la Ronce (1).

L'Enigme du miel trouvé dans le corps du Lion mort, est une Peinture Allégorique très-frapante (2).

La main divine qui trace ces mots מנא תקל ופרסין MENA THEQEL V-PARSIN, *poids*, *légereté*, *division* (3), sentence aussi concise qu'aucune des sentences Lacédémoniennes si vantées, nous donne également un exemple frapant du style Allégorique des Anciens.

§. 3.

Noms qu'on lui donna

Rien de plus respectable que le nom même sous lequel tous ces Objets y sont désignés : ils y sont appellés משל M-SHAL en Hébreu, en Ethiopien, &c. ou מתל M-THAL, suivant la prononciation Chaldéenne & Arabe, d'où se forma l'Indien *Am-T A L-a*; & qui signifie, *Sentence*, *Maxime*, *mot plein de sens & d'énergie*, *& qui domine entre tous les autres*.

Aussi le Verbe *M-THAL-a* signifie *dominer*, tout comme parler en paraboles, ou comparer.

C'est dans le même sens que du Latin MAX-IM-*um*, nous avons formé le mot MAXIME par lequel nous désignons une pensée très-grande & sublime, distinguée entre toutes les autres.

Ce qui constitue essentiellement l'Allégorie, c'est que ce qu'elle semble dire, n'est jamais ce qu'elle veut dire : elle nous présente un Objet, & c'est un autre qu'elle a en vue.

---

(1) JUG. Chap. IX. 8. & suiv.
(2) Ib. Chap. XIV. 12. & suiv.
(3) Daniel, V. 25.

C'eſt la définition qu'en donnent les Anciens eux-mêmes ; & c'eſt ce que ſignifioit chez les Grecs, le mot ALLÉGORIE qu'ils formerent. Compoſé des mots ALL, autre ; & AGOR-A diſcours, il déſignoit un *diſcours différent* de celui qu'on entendoit, une comparaiſon, une ſimple image. Tel étoit ſurtout le ſens du mot *M-THAL*, dont nous venons de parler ? & qui formé de la propoſition M ſignifiant *par*, & de la racine primitive TAL, qui fit le Latin TALIS, & le François TEL, ſignifioit *Diſcours par imitation*, par reſſemblance ; Diſcours qui eſt devenu TEL, pareil à ce dont il eſt l'image.

§. 4.

Juſteſſe des Allégories.

Mais quoique l'Allégorie ne ſoit qu'une image, & qu'on n'ait point ſous les yeux ce qu'elle veut dire : ce qu'elle dit, cette image eſt néanmoins ſi juſte & ſi expreſſive, qu'on ne ſçauroit la conſidérer attentivement, ſans connoître auſſitôt ce qu'elle vouloit qu'on ſçût. Semblable en cela à un Maſque, qui peindroit ſi bien un perſonnage, qu'en le voyant on ne penſeroit plus au Maſque, & l'on ne s'occuperoit que de la perſonne qu'on cherchât à déſigner en l'employant. Tel un de ces voiles légers, qui dérobant à nos regards des Objets animés, en laiſſent apercevoir les formes & la beauté.

N'apercevoir que le Maſque, ne point pénétrer au-delà du voile, ne point ſentir ce qu'il envelope, c'eſt ne point entendre l'Allégorie ; c'eſt la laiſſer échaper.

Celui qui dans les Fables ingénieuſes d'Eſope ne verroit qu'une converſation entre des Animaux, ne verroit rien : prenant la Fable pour vérité, il en manqueroit totalement le but. Plus inſenſé encore celui qui s'imagineroit que l'Auteur de ces Fables, croyoit réellement que ces Animaux avoient parlé. Tels furent à peu près, ceux qui s'imaginerent que Moyſe ſe repréſentoit Dieu comme un Homme ou ſous une figure corporelle, parce qu'il parlbit de ſes yeux & de ſes bras.

Il en eſt de même des Fables Mythologiques : s'arrêter aux faits hiſtoriques qu'elles nous racontent, les regarder comme ſi leurs Auteurs avoient été perſuadés que les Acteurs qui y interviennent, avoient réellement vécu & avoient fait ce que les Fables ſuppoſent, c'eſt dénaturer ces récits : c'eſt prendre pour réel, ce qui n'eſt qu'apparent ; & laiſſer échaper la réalité, pour courir après une ombre fugitive.

§. 5.

Exemple des méprifes dans lefquelles on eft tombé à leur égard.

Cette méprife paroîtra inconcevable : elle regne cependant perpétuelle-
ment dans l'expofition que l'on a faite jufques ici de l'Antiquité : n'en don-
nons qu'un feul exemple : il vaudra plus que tout ce que nous pourions
dire.

Orion, difent les Anciens, étoit un Géant énorme : il pouvoir traverfer
fans danger les eaux les plus profondes : fon Pere fut un Taureau ; lui-même
adonné à la chaffe, étoit la terreur des Forêts : croyant que rien ne devoit lui
réfifter, il ofe afpirer à Mérope, fille d'Œnopion : mais celui-ci irrité de fon
audace, lui créve les yeux fur les bords de la Mer : il ne recouvre la vue que
lorfqu'il eft arrivé à l'Orient : & devenu enfin amoureux de l'Aurore,
Diane, de jaloufie, fufcite contre lui un Scorpion qui le pique & il meurt.

Prendre ceci pour une Hiftoire & Orion pour un Perfonnage humain,
c'eft n'avoir nulle idée du Génie Allégorique des Anciens : c'eft tomber dans la
faute d'un enfant qui croit en effet que Sire Loup & Sire Renard avoient
parlé.

Inutilement donc on chercheroit fur la terre Orion & fon Hiftoire, ou quelque chofe qui y eût trait. C'eft une Allégorie ingénieufe qui retrace à nos
yeux une leçon d'Aftronomie.

Orion eft la Conftellation la plus brillante & celle qui occupe une plus
vafte étendue : elle a l'air d'un Coloffe qui s'élance au haut des Cieux ; auffi
eft-elle appellée un Géant ; & fon nom eft Orion, c'eft-à-dire *l'Etincellant,
l'éclatant*. Il eft fils du Taureau ; car il fe léve à la fuite de ce fecond des
Signes céleftes. Il paffe fans péril les plus grandes eaux ; car il a à fes pieds le
fleuve Eridan, Conftellation Célefte ; & ce fleuve ne lui va pas aux chevilles.
C'eft un Chaffeur déterminé ; car il en a tout l'équipage ; à fa fuite font les
deux Chiens, devant lui un Liévre qui s'enfuit. Il perd la vue fur les bords
de la mer ; car cette Conftellation étant arrivée à l'Occident, côté de l'U-
nivers que les Orientaux appelloient mer, parce que la mer eft à leur Occident, difparoît & perd la vue, ne fe levant plus qu'avec le Soleil. C'eft Œnopion qui lui créve les yeux, & cela eft vrai, puifqu'Œnopion eft le Soleil. (†)

_____

(†) Ce mot eft compofé des deux Primitifs, Oen qui fignifie Œuil, & Op, Opi, qui
pris adjectivement fignifia *Grand, Vafte, Puiffant* ; & qui pris fubftantivement défigna la Terre, dont on fit la Déeffe Ops. Le Soleil eft en effet le grand Œuil & Puiffant,
l'Œuil de la Terre. Mais on voit auffi un Œnopion dans le Combat allégorique de Bacchus & de Neptune, & celui-ci fignifie *celui qui aime le vin*. Ces deux explications différentes de mots qui paroiffent les mêmes, ne fe contredifent cependant pas, ces mots
n'étant pas compofés des mêmes élémens. Le dernier vient, à la vérité, du même mot

C'est pour le punir d'avoir aimé *Merope* : mais ce mot signifie *le genre humain*, & Orion semble l'aimer, puisqu'il alloit selever avec lui lorsqu'il disparoît. Il ne recouvre la vue qu'en Orient ; car ce n'est qu'en reparoissant là au bout de six mois qu'il brille de nouveau S'il périt par la piqure d'un Scorpion, c'est que lorsque le Scorpion Céleste se léve, Orion se couche ou expire. Enfin si l'on en a fait un Chasseur, si on lui en a donné l'équipage, s'il en porte même le nom chez les Perses qui l'appellent *Venant*, c'est parce que cette Constellation se léve dans le tems que la Chasse s'ouvre.

§. 6.

Supériorité de l'Explication Allégorique de la Fable sur l'Historique.

Telle est la différence entre l'Explication Historique des Fables & leur Explication Allégorique, que la premiere, sa fausseté à part, est séche, froide, insipide, qu'elle laisse par-tout des vuides, qu'on est sans cesse obligé de se retrancher sur la corruption & l'altération de l'Histoire & des Langues, ou sur la folie des cerveaux qui ont eu tant de respect pour ces contes absurdes : tandis que l'Explication Allégorique est animée, ingénieuse, amusante ; que sans donner le tems de respirer, elle présente sans cesse de nouveaux sujets de surprise : qu'elle ne laisse point de vuide, qu'elle rend raison de tout ; & que les hommes y paroissent aussi raisonnables qu'ils le sont peu par les Explications Historiques.

Mais si l'ALLÉGORIE fut destinée à instruire, & si les Fables Mythologiques furent en effet des leçons intéressantes, comment sont-elles si obscures ? Pourquoi n'y reconnoît on pas ce dont elles étoient l'image ? N'étoit-ce pas manquer le but de l'Allégorie, que de s'exprimer d'une manière à ne pas faire soupçonner que ce qu'on disoit, n'étoit pas en effet ce qu'on vouloit dire ?

§. 7.

Causes des difficultés qu'on y rencontre.

Que l'on ne soit pas surpris de ces prétendus défauts. L'Allégorie claire & intelligible dans le tems où on l'employoit, parce que l'on savoit très-bien qu'elle ne présentoit rien de réel, qu'elle n'étoit qu'une peinture dégui-

---

Oen qui ne désigna plus que le vin chez les Grecs ; & de la racine Pi qui signifie boire, & qui forma en Grec le Verbe Pi *no*, je bois ; & en Latin le Verbe *Ii*, j'ai bu. Ceci confirme ce que nous avons dit si souvent, que ce ne sont pas les Etymologies qui peuvent conduire au sens de l'Allégorie ; qu'elles en sont au contraire éclairées. L'Allégorie devenoit plus piquante, par ce sens indéterminé des mots & par leurs diverses valeurs.

fée,& parce qu'on diftinguoit fans peine quel, entre tous les fens dont elle étoit fufceptible, étoit le véritable ; l'Allégorie, dis-je, dut devenir une fource intariffable d'énigmes & un vrai cahos, à mefure que cette connoiffance fe perdit, & que l'intelligence de la langue primitive s'anéantit ; que l'on n'aperçut plus ce à quoi chaque terme Allégorique faifoit allufion ; qu'il n'en refta au pied de la lettre que le matériel, que la figure intérieure, fans que rien pût conduire au fens figuré. Alors tous les perfonnages factices de la Mythologie devinrent autant de perfonnages hiftoriques ; tout ce qu'on leur attribuoit fut pris dans le fens le plus littéral ; & plus celui-ci prenoit le deffus, plus les vérités allégoriques s'évanouiffoient & ne paroiffoient plus que des vifions.

De-là les efforts prodigieux qu'il faut faire pour rétablir l'intelligence de ces chofes, & qui ne peuvent réuffir qu'autant qu'on démontrera la néceffité où fe trouverent les Anciens de fe fervir du ftyle allégorique ; qu'on fera voir les Objets auxquels ils durent l'appliquer néceffairement ; & qu'on développera de la manière la plus fenfible, les raports de ces objets avec les peintures des Anciens.

§. 8.

Moyens fûrs de les enlever.

Quelque difficile que foit cette entreprife, elle ne pourra être infructueufe dès qu'on s'y prendra de cette manière & qu'on ira pas-à-pas, fe rendant attentif à chaque Symbole, & les comparant entr'eux avec foin : on arrivera infailliblement par-là aux connoiffances les plus intéreffantes. On en a déjà vu des exemples frapans dans l'explication de l'Hiftoire de Saturne & de celles de Mercure & d'Hercule & de fes Travaux, puifqu'elle a rétabli de la manière la plus fimple & la plus fatisfaifante le fens d'une multitude de Symboles & d'Emblèmes, tels que la Faulx, le Caducée, le Phénix, les Centaures, les Amazonnes, les Colonnes d'Hercule, fon Apothéofe, &c. dont on n'avoit eu jufques alors aucune idée ; & qui s'accordent parfaitement avec l'enfemble de ces Allégories, la Langue ancienne & la Raifon.

Mais afin de rendre tout ceci plus fenfible, & de le porter au plus haut dégré d'évidence, démontrons que l'Antiquité fut néceffitée à fe former un pareil langage : car dès-lors il ne fera plus étonnant qu'elle s'en foit fervie, & que nous ayons pû le reftituer ; car tout ce qui eft néceffaire, doit fe retrouver dès qu'on fe placera dans le point de vue qui feul peut le faire reconnoître.

ARTICLE

ARTICLE II.

Que l'Antiquité fut conduite nécessairement à l'Allégorie , & qu'il ne dépendit pas d'elle d'avoir ou de n'avoir pas un Génie Allégorique.

§. I.

L'Allégorie fut nécessaire, 1°. par la nature du Langage.

CETTE proposition paroîtra sans doute surprenante, même à ceux qui n'auront pas été étonnés de trouver des Allégories chez les Anciens : rien de plus indifférent en apparence, que d'allégoriser ou de ne pas allégoriser ; cet usage paroît se confondre avec tous ceux qui n'ont eu qu'un tems, & qui tenoient à de simples circonstances locales.

Telle est, en effet, la façon dont on a envisagé jusques-ici l'Allégorie & tout ce qui appartient aux figures Orientales : mais cette maniére de voir ne pourra se soutenir, dès qu'on considérera de plus près ces Objets, & qu'on les comparera avec l'origine des Langues mêmes. Sous quelque point de vue qu'on se représente l'Antiquité, on ne peut disconvenir qu'elle fut forcée, pour peindre ses idées, d'avoir recours aux figures, aux Emblêmes, aux Métaphores, aux Symboles de toute espéce.

Les Langues n'ont qu'un très-petit nombre de mots, qu'on puisse prendre dans un sens propre ; ce sont ceux qui désignent des objets physiques.

Dès qu'on voulut aller au-delà & peindre les idées relatives aux objets moraux, intellectuels, spirituels, abstraits même, dont aucun ne tombe sous les sens, il fallut user d'artifice ; & que les Objets sensibles ou Physiques vinssent au secours de ceux qui ne l'étoient pas.

Dès-lors exista le langage figuré ; car tous les mots qui désignoient des objets corporels dans le sens propre, peignirent également les objets non-sensibles dans un sens de comparaison & d'analogie : ainsi les mots ESPRIT, DIEU, IDÉE qui désignoient au sens propre le souffle du vent, la Lumiére, les objets qui tombent sous les sens & qu'on connoît en les maniant, en les voyant, désignerent au sens figuré des objets qui n'avoient avec ceux-là que de légers raports, qu'une foible analogie ; mais tels cependant, que la connoissance de l'un conduisoit nécessairement à celle de l'autre.

Lorsqu'il fut question ensuite de tracer ou de peindre les instructions qu'on avoit à donner aux hommes, on fut obligé d'employer les figures de ces mêmes objets corporels : ainsi, comme l'on avoit un langage figuré, on eut également une Écriture ou une peinture figurée. Dans cette Ecriture, des ailes ou des oiseaux à ailes déployées, désignerent les vents ;

un Papillon , le fouffle , l'ame ou la vie ; un Triangle , la Divinité ; un Œil , le Soleil œil de l'Univers , ou la Providence qui veille fur les humains , & dont l'œil eft toujours attentif à leurs actions.

2°. *Par la nature des Inftruations.*

Cette peinture varia encore , fuivant la nature des inftructions qu'on avoit à donner : de-là , germerent de nouvelles fuites d'Emblêmes & de Symboles. Voulut-on peindre , par exemple , aux yeux des hommes , l'emploi qu'ils devoient faire des jours dont l'année étoit compofée , & leur aprendre à cet égard le FAS & le NE-FAS (†) , les jours dans lef- quels il étoit permis de travailler , & ceux où il falloit fe repofer ; les jours confacrés au travail , & ceux confacrés à la Divinité ; on fut obligé d'avoir des Symboles particuliers pour défigner chaque faifon , chaque mois , chaque femaine , & les diverfes opérations relatives à chacune de ces portions de l'année , les Fêtes dé chaque faifon , leur objet propre , &c. Il en fallut encore pour défigner les divers Aftres , qui concouroient avec ces Travaux & ces Fêtes , &c.

Mais ceci tenoit à toutes les Connoiffances , à tous les Arts , à la Société entiére , à la Poëfie fur-tout tant facrée que profane , &c.

(†) Ces mots , inventés par les Latins , fignifient , dit-on , *le Jufte, ce qui eft permis & lé- gitime ; & ce qui n'eft pas permis.* Cela eft vrai ; mais non de la maniere dont on le dit : ils n'eurent cette fignification que dans le fens figuré & par fucceffion de temps. Ils ne furent dans l'origine qu'un indice qui diftinguoit les jours de travail de ceux où il ne falloit pas travailler.

FAs fignifioit *fais, agis* : NE-FAS , *n'agis pas , ne fais pas , repofe-toi.* Ces formules fignifierent bientôt dans le fens figuré le jufte & l'injufte , le bien & le mal , puifqu'en difant *fais* ou *ne fais pas* , on repréfente l'action comme faifable , jufte , permife ; ou comme injufte , illégitime , défordonnée. C'eft ainfi qu'en ramenant les mots à leur vraie origine & à leur fens propre , on en fent infiniment mieux l'énergie & on ne les oublie pas.

On fentira aifément combien cette Etymologie eft fupérieure à celle qu'on a conftam- ment donnée de ces mots d'après les Romains , qu'on prenoit pour guides dans l'origine de leur Langue , qui fut toujours pour eux une énigme impénétrable. FAS , ont dit FESTUS , ISIDORE , &c. & d'après eux VOSSIUS , &c. vient de *Fando* , comme ayant été *dit, ordonné.* Le *ne-fas* feroit donc ce qui n'a pas été ordonné ? Ce qui feroit faux ; car le *fas* , le *ne-fas* , les jours ouvriers & les jours chommables , étoient également ordon- nés , décretés , publiés. Un Paffage de MACROBE , relatif à cet objet , auroit dû redreffer les moins clair-voyans. Il nous apprend que le premier Calendrier publié dans Rome fut un vol fait aux Patriciens , par le Secrétaire du célèbre Appius Cæcus ; & que cette ac- tion fut fi agréable au Peuple , qui étoit obligé d'aller demander à ces Familles Patri- ciennes ce qu'il y avoit à FAIRE chaque jour , qu'il en fut créé Edile Curule , au grand fcandale des Nobles , qui euffent bien voulu dans ce moment que jamais l'Art d'écrire n'eût été inventé. Ce Calendrier fut donc appellé avec raifon *Fas* & *ne-fas* , puifqu'il apprenoit au Peuple ce qu'il avoit à *faire* ou à *ne pas faire* pour toute l'année. L'Hif- toire , la raifon & la valeur des mots , s'accordent ainfi avec notre Etymologie.

De là , une multitude d'Allégories & de Symboles tous néceſſaires , tous pris dans la nature.

Mais ſi le Langage avoit influé ſur les Symboles, ceux-ci influerent néceſſairement à leur tour ſur le Langage : l'on eut ſans ceſſe occaſion de parler de ces Symboles & de tous ces êtres allégoriques : on en parla donc comme d'autant d'êtres éxiſtans & réels : avoit-on beſoin de dire qu'ils ne l'étoient pas ?

Ainſi , tout ſe trouva rempli d'êtres allégoriques , & l'on y fut conduit par gradation , & néceſſairement : mais ce ne fut pas tout.

3°. *Par une ſuite du goût pour les choſes difficiles & qui donnent à penſer.*

On ne tarda pas de s'apercevoir qu'un même tableau , ſoit en récit , ſoit en peinture , pouvoit préſenter ainſi deux ſujets très-différens ; l'un au ſens propre , l'autre au ſens figuré : qu'il n'y avoit aucun mot , aucune phraſe , aucun diſcours qui ne fût ſuſceptible d'un ſens équivoque , & qui , ſous un ſens aparent , n'en pût renfermer un tout différent.

Dès-lors , grand concours des beaux Eſprits , à qui excelleroit dans ce genre , & à qui offriroit à la ſagacité & à la pénétration des plus habiles , les Tableaux les plus piquans par la beauté des images , la multitude des détails , le giganteſque des perſonnages , & la difficulté d'entendre des récits d'autant plus obſcurs qu'ils étoient exprimés avec toutes les graces & toute l'ingénuité du diſcours le plus ſimple , le plus vrai , le plus naturel.

La ſource de ces équivoques , & leur exiſtence , n'avoit donc nullement dépendu de la volonté des hommes : mais ce qui en dépendit juſques à un certain point , ce fut le goût pour ce genre de peinture ; ce fut l'uſage plus ou moins fréquent que l'on en ſit ; ce fut ſon adoption pour l'inſtruction & le bonheur du genre humain.

Encore même , ceci ne dépendit pas entierement du choix volontaire des hommes : ils y furent auſſi entraînés par le climat , & par l'amour qu'on a naturellement pour tout ce qui flatte l'imagination & l'eſprit.

4°. *Par l'effet du Climat.*

Dans les Pays brûlans de l'Aſie , les Eſprits ſont toujours exaltés : ils s'enflamment aiſément : ils s'élancent aux nues : ils ſont ſans ceſſe dans les extrêmes : vifs , gais , ſpirituels , remplis d'une imagination brillante , il faut des alimens à cette activité brûlante , à ce génie ardent , à cette imagination échauffée. Ils ne peuvent donc rien dire naturellement : ils veulent qu'on ne s'exprime qu'à demi, afin de devoir le reſte à eux-mêmes :

ils ne parlent plus qu'à l'ombre du voile & par figures ; tout se change chez eux en métaphores & en allégories.

Ceci dut arriver de très-bonne heure, puisque ces Contrées furent toujours les mêmes. On en voit déja des traces dans la forme symbolique de la Tour de Babel : on les retrouve dans les traditions anti-diluviennes de ces mêmes Contrées Orientales. Noé, le *Deucalion* des Grecs, le *Xisutrus* des Chaldéens, le *Satia-Vavouffen* des Indiens, le *Fohi* des Chinois, élevé dans toutes les connoissances du premier Monde & qui les transporta au second, les leur communiqua sans doute avec ce style allégorique inséparable de l'Orient, & dont elles étoient déja comme imprégnées.

§. 2.

Objets sur lesquels se porta ce Génie Allégorique.

L'Allégorie se porta naturellement sur les objets les plus intéressans pour les hommes ; ceux de la Religion & de notre origine ; la construction de l'Univers, les effets merveilleux des Élémens, leurs combats & leurs réunions, les révolutions salutaires des Astres, les avantages inestimables des Travaux des hommes, sur tout ceux de l'Agriculture, Art admirable, principe intarissable de la prospérité & de la population des Empires.

On personifia tous ces effets, toutes ces Causes, leurs raports même. Ainsi tout s'anima, tout fut mis en action. Des Récits, historiques en aparence, vifs & intéressans, remplacerent des Définitions séches & froides ; & les métamorphoses variées de la nature, devinrent des métamorphoses surprenantes d'êtres animés.

De-là, ces Événemens merveilleux qui firent les délices de l'Antiquité, que la Jeunesse lit avec tant de plaisir, & qui font le désespoir des Critiques qui ne veulent pas voir ce qui y est, & qui y voyent tout ce qui n'y est pas.

L'Univers, la Nature fécondée, le Ciel, la Terre, le Soleil, la Lune, le Tems, les Saisons, les Heures, les Elémens, &c. tout fut personifié.

§. 3.

Personnages & Tableaux qui en résulterent.

L'Univers devint PAN ; la Nature fécondée, ISIS ; le Ciel fut URANUS ; la Terre, RHÉA, le Soleil, APOLLON ; la Lune, DIANE ; le Tems & les

Moiſſons, Saturne : les Saiſons, Hammon, Osiris & Serapis ou Pluton. L'Eau fut Neptune ; le Feu, Vulcain & Vesta ; l'Air, Junon ; le Labourage, Cérès ; les Vendanges, Bacchus & Ariadne : les Neuf mois des Travaux Champêtres furent les Muses, & les Trois mois de Repos & de Plaiſirs, les Graces. L'Amour fut Cupidon ; & ſa Mere, la Beauté ou Vénus. L'induſtrie & les talens des doigts, furent Minerve, tandis que la valeur guerriere fut Mars.

Souvent ces noms changerent, ſoit à cauſe des divers attributs de ces Êtres, ſoit parce que chaque Nation voulut les déſigner par des mots tirés de ſa propre langue. Ainſi la Lune qui fut la *Diane* des Romains, étoit *Artemis* chez les Grecs, *Aſtarté* chez les Syriens, *Europe* chez les Phéniciens, *Sémiramis* chez les Chaldéens, *Iſis* chez les Egyptiens, &c.

Le Soleil fut l'*Apollon* des Grecs & des Latins, le *Bel* des Chaldéens, l'*Adad* des Syriens, l'*Oſiris* des Egyptiens, le *Mélicerte* des Tyriens, &c.

Et ces noms étoient tous allégoriques, c'eſt-à-dire parfaitement aſſortis aux objets qu'ils déſignoient.

Tels furent tous les Noms que nous venons d'indiquer, relativement à la Lune. Diane vient de *Di*, lumiere. Artemis ſignific la régle de la Terre ; Astarté, la Déeſſe des Aſtres ; Europe, l'Occidentale : Semi-ram-*is*, la Reine du Ciel. Isis (féminin d'Ish) la Maitreſſe, la Seigneureſſe ou l'Ancienne, car ces expreſſions ſont ſynonimes. Il en eſt de même de ceux donnés ici au Soleil ; ils reviennent tous au nom de Seigneur, de Roi, de Souverain.

On diviſa ces Êtres en diverſes Claſſes, ſur-tout en Dieux & en demi-Dieux ou Héros. De ce nombre, Hercule & Bacchus. Cette diſtinction eſt ſinguliere, peut-être encore plus dans le Syſtême allégorique que dans l'hiſtorique : dans celui-ci, ce ſont des Héros déifiés long-tems après les autres.

Dans le Syſtême allégorique, on pourroit dire que les Dieux préſident aux portions de la Nature indépendantes des Hommes, telles que le Ciel, la Terre, le Soleil, la Lune, les Elémens : tandis que les demi-Dieux déſigneroient les objets qui n'exiſtent en quelque ſorte que par le concours de l'homme ; tels que la culture de la vigne, ou Bacchus ; & la culture des Champs, ou Hercule & ſes Travaux.

A la plûpart de ces Perſonnages, on donna un Equipage aſſorti à leur dignité ; un Char, des Chevaux, des Ornemens Royaux, une Cour, des Symboles propres à les caractériſer.

Pan ſe reconnoiſſoit à ſon Orgue à ſept Tuyaux, Symbole de l'Univers & de ſon Harmonie ; & l'on voyoit bien par ſa figure agreſte, qu'il déſignoit la Terre non encore policée : tandis que Vesta, Déeſſe des foyers & Protectrice de la virginité, déſignoit la Société civiliſée &

protectrice de la liberté & de la propriété de chaque individu.

Au Croissant, on reconnoissoit la LUNE ; & VÉNUS , à son Char tiré par des Colombes & environné des Amours & des Graces.

Une Coquille tirée par des Chevaux marins, devint le char de *Neptune*; & on lui donna pour sceptre, un Trident , symbole de la violence avec laquelle les flots battent contre la Terre.

Une Faucille & des Epics furent l'emblême de *Cérès* , tandis que son Char étoit tiré par des Dragons, emblême des épics ondoyans & toujours attachés à la Terre. Une Faulx , un Clepsydre, un Front chauve désignerent le Dieu du Tems & des Moissons. Des Pampres & des Grapes, celui de la Vendange , &c. &c.

§. 4.

Peintures à Tapisserie des Anciens.

La peinture de toutes ces choses & celle des Actions attribuées à ces Etres, formoient une longue suite de Tableaux ou de Tapisseries, historiques en aparence ; mais où il n'y avoit rien de réel que l'Allégorie , comme dans nos Tableaux emblêmatiques.

Ce n'est en effet que par une Tapisserie que les premiers hommes purent représenter le dévelopement de l'Univers, les perfections de la Divinité , la maniere dont elle se manifestoit pour le bonheur du Genre-humain.

Voulut-on représenter aux yeux des Hommes que la Divinité , considérée sous trois émanations , selon les Philosophes Payens qui ne pouvoient avoir des idées nettes de ce dogme, ou en Trois Personnes, avoit créé l'Univers ? on peignit un *Triangle* resplendissant. Voulut-on exprimer qu'elle connoissoit tout, que rien ne lui échapoit? on mit un *Œil* dans ce Triangle. Voulut-on ajouter qu'elle conservoit & gouvernoit le Monde par sa puissance ? un bras sortit de la lumiere qui environnoit le Triangle à œil.

On voit dans l'Histoire d'Hercule, que les murs des Temples étoient couverts de pareilles Peintures à Tapisseries. C'est par une suite de ce même usage, que lorsque les Israëlites tombés dans l'idolâtrie, eurent adopté le culte des Egyptiens , ils peignirent sur les murs du Temple les figures relatives à ce culte. Le fait est trop remarquable pour être passé sous silence. Nous le devons à EZECHIEL (1).

» L'Esprit, dit-il , m'amena à Jérusalem, pendant une vision divine, près
» la porte intérieure (*du Temple*) qui regardoit du côté de l'Aquilon , où
» étoit placée l'IDOLE de Jalousie (2) qui irrite le Dieu Jaloux .... Elle étoit
» à l'entrée .... J'entrai & en même tems, je vis des images de toutes sortes

---

(1) Chap. VIII. vers. 3-12.
(2) Le veau d'or ou Osiris.

» de reptiles & d'Animaux , & l'abomination de la Maifon d'Ifraël: & toutes
» ces Idoles étoient peintes fur la muraille tout autour.

» Et foixante-dix Anciens de la Maifon d'Ifraël étoient debout devant ces
» peintures, & Jechonias, fils de Saphan, étoit au milieu d'eux. Chacun d'eux
» avoit un encenfoir à la main , & la fumée de l'encens qui en fortoit s'éle-
» voit en haut.

» Et il me dit : Vous voyez, fils de l'homme, ce que les Anciens de la Mai-
» fon d'Ifraël font dans les ténébres , ce que chacun fait dans le fecret de fa
» chambre : car ils difent : le Seigneur ne nous voit point ; le Seigneur a
» abandonné fa terre.

» On voit enfuite des femmes qui pleurent ADONIS , & vingt cinq hom-
» mes qui adorent le Soleil levant , aprochant de leurs narines un ra-
» meau «.

Tous ces Peuples peignoient fur les murs des Temples, les objets relatifs à
léur culte ; & c'étoit en quelque façon un article effentiel pour eux, puifque
les Juifs devenus Idolâtres, fe conforment auffi-tôt à cet ufage.

C'eft par une fuite de cette imitation du culte Egyptien & Syrien , qu'à
Jérufalem les Adorateurs du Soleil tiennent dans leurs mains un rameau.

PLUTARQUE nous aprend que les Egyptiens n'entroient point dans les
Temples fans avoir une branche de feuillage à la main. On la voit dans les
mains de diverfes perfonnes fur les peintures trouvées à Herculaneum,& qui
répréfentent des facrifices Egyptiens : & les Livres Liturgiques des PARSES,
qui ont confervé la Religion des anciens Mages, traduits par M. Anquetil, nous
aprennent que c'étoit auffi l'ufage des anciens Perfes , comme il eft encore
celui des Guèbres , ou de ces Parfes.

Le même Prophète nous aprend (1) que tel étoit l'ufage des Chaldéens,
de peindre fur les murs des Temples, les objets de leur culte.

« OOLIBA, dit-il, (ou JÉRUSALEM peinte allégoriquement fous l'emblême
» d'une Courtifane) a augmenté fes excès; & ayant vu des hommes peints
» fur la muraille, des images des Chaldéens tracées avec des couleurs, &
» qui avoient leurs baudriers fur les reins, & fur la tête des Tiares de diffé-
» rentes couleurs, qui paroiffoient tous des Officiers de guerre, & avoient
» l'air des Enfans de Babylone & du pays des Chaldéens, d'où ils font
» nés , elle s'eft laiffée féduire par l'attrait de fes yeux , &c.

Ce paffage d'Ezechiel répand non-feulement un très grand jour, fur le
raport de la Religion des Chaldéens avec celle des Egyptiens & relativement à leur ufage commun de peindre les Cérémonies religieufes fur les
murs des Temples ; mais il eft encore d'une très-grande utilité pour l'int.
telligence de ces fuperbes fculptures de Perfépolis, qui ont été copiées avec

(1) Ib. Chap. XXIII , 14, 16.

tant d'exactitude par CHARDIN & par LE BRUN, célébres Voyageurs, que nous donnerons quelque jour avec d'autres anciens Monumens, & auxquelles encore on n'avoit rien compris. Elles repréfentent très-certainement des Cérémonies Religieufes, quoiqu'on en eût douté jufques-à-préfent. Les Perfonnages qu'on y voit, ne peuvent être plus femblables à ceux que peint Ezéchiel : ils ont leurs baudriers fur les reins, & des Tiares fur la tête ; & ils paroiffent être des gens de guerre ; enforte qu'on a toujours pris ces fculptures, pour la repréfentation d'un Triomphe ou de quelque Fête Militaire. On diroit que le Prophéte avoit fous les yeux les Monumens de Perfépolis, qui deviennent plus précieux par ces raports.

Long-tems on put peindre ainfi, fur les murs des Temples, les Inftructions les plus intéreffantes pour les hommes.

2°. Traduction de ces Peintures en langue vulgaire.

Enfuite, on chercha à les faire paffer dans l'Ecriture alphabétique ; à traduire en quelque forte, dans la langue parlée & écrite, ce qui n'étoit exprimé que dans la langue peinte. On n'eut pour cet effet qu'à écrire le nom des objets peints. Le mot BRAS, apliqué à la Divinité, défigna les mêmes idées que la peinture du bras fortant du Triangle : on en fit de même pour l'ŒIL, pour les RAYONS, &c. C'étoit une Traduction littérale.

C'eft certainement d'une Traduction pareille que parlent les Egyptiens lorfqu'ils difent, » que le fecond THOT traduifit en langue..... (fure-» ment *vulgaire*) les Inftructions gravées par le Premier, fur des Co-» lonnes.

Mais cette Traduction littérale confervoit l'allégorie entiere ; les Tableaux n'en étoient point altérés : les caractères feuls étoient changés.

C'eft ainfi qu'on peut concevoir que Moyfe écrivit en langue vulgaire nombre de chofes, tranfmifes par fes Prédéceffeurs fous la forme de Tableaux Symboliques.

Telles furent certainement les belles Galeries ou fuite de Tableaux peints fur les murs des anciens Temples des Phéniciens, au raport des Anciens, & fur ceux de l'Egypte qui fubfiftent encore, qui repréfentoient les objets les plus refpectables du Culte Ancien, & en particulier les Travaux d'Hercule, & ceux d'Ofymandias, & le repos glorieux dont ils avoient été récompenfés. Tableaux allégoriques qui furent enfuite chantés par les Poëtes, & qui formerent l'hiftoire de ces Héros, non moins allégoriques que la Galerie même dont ils étoient l'explication.

3°. *Utilit*

3°. Utilité de la comparaison de ces Peintures avec leur Traduction en langue vulgaire.

Voulons-nous retrouver l'explication de ces Allégories écrites ? remettons-les en Tableaux & en Tapisseries : nous aurons ainsi deux points de comparaison ; l'allégorie en Tableaux, l'allégorie en récit : elles s'éclairciront mutuellement, & on en verra naître la lumiere la plus frapante. C'est ainsi que dans la suite de cet Ouvrage, nous verrons que le *Faite de l'Obélisque Egyptien* déterré par les ordres de BENOÎT XIV. est une peinture allégorique ; & que l'histoire des *Métamorphoses de* VISHNOU, nom du Dieu suprême chez les Indiens, n'est que la traduction littérale en langue vulgaire, de Tableaux allégoriques relatifs aux grandes révolutions de l'Univers, considérées comme la manifestation ou l'effet de la volonté & de la puissance de Dieu : tout comme l'Histoire d'Hercule & de ses Travaux, n'est qu'une Traduction de la belle Galerie Phénicienne relative au Soleil.

Par la comparaison de ces Tableaux & de leur traduction en langue écrite, on aperçoit avec la plus grande facilité l'allégorie qu'elles renferment ; & l'on a toujours plus lieu d'admirer en cela l'industrie & la sagacité des hommes qui ont sçu rendre sensibles les vérités les plus abstraites : tandis que, sans ces comparaisons, ces Tableaux & ces Histoires ne présentent que des objets étranges & fabuleux.

Nous verrons également un jour, qu'il en fut de même de toutes les sculptures dont les Grecs ornerent leurs Temples ; & sur-tout celui de JUPITER OLYMPIEN, que PAUSANIAS décrit dans un grand détail ; ainsi que de toutes les sculptures que l'on admire encore dans les plus belles Pagodes des Indes, & qui sont placées dans des Isles ou près des bords de la Mer.

Il n'est donc pas étonnant que ces objets ayent paru d'une obscurité impénétrable, puisque l'on séparoit des choses intimément faites l'une pour l'autre : que ceux qui ont traité de ces Allégories, ne les ont jamais raprochées de leurs Tableaux ; & que ceux qui ont dépeint ceux-ci, ne les ont presque jamais comparés avec les allégories qui y étoient relatives.

Il est même arrivé souvent que ceux qui vouloient expliquer les Tableaux allégoriques, ont suposé des Personnages & des événemens qu'on n'y avoit eu nullement en vue : ce qui dépaysoit encore plus ceux qui vouloient remonter à l'origine de toutes ces choses.

Ainsi, on rassembloit en vain ces matériaux ; il n'en résultoit nulle clarté : c'est comme celui qui auroit une serrure & une clé, & qui ne s'aviseroit pas qu'elles sont faites l'une pour l'autre.

Il n'est donc pas étonnant qu'un célèbre Critique (1) du commence-

_____

(1) M. LE CLERC.

Génie All.   **D**

ment de ce siécle, qui a fait de si grands efforts pour expliquer historiquement la Mythologie & les Allégories anciennes, n'ait pu pénétrer dans la profondeur de ces Allégories; & qu'il ait cru qu'elles n'auroient consisté qu'à dire obscurément ce que tout le Monde savoit : mais tandis qu'il déploye tous les trésors de sa science, qu'il épuise les étymologies, qu'il se traîne pésamment dans des explications historiques, la vérité lui échape; & il est obligé de renoncer à son travail, presque dès l'entrée.

Cependant, toujours prêt à rompre une lance contre ceux qui vouloient expliquer allégoriquement ce qu'il étoit impossible d'expliquer historiquement, il réussit à persuader que le sens historique étoit seul vrai; & il entraîna le célebre Abbé BANIER, dont les ouvrages remplis d'érudition eurent toujours pour but de justifier ce systême, & sont excellens pour prouver le contraire.

Prévenus contre l'Allégorie à cause de l'abus qu'on en faisoit, ils ne penserent jamais à la nécessité où les premiers hommes avoient été de s'exprimer & de peindre par Allégories; & aux grands avantages, qu'en avoient retiré les Sciences & les Arts. Pour peu qu'ils les eussent senti, il ne leur seroit jamais échapé de dire que l'Allégorie n'auroit consisté qu'à exprimer obscurément ce que tout le monde savoit.

C'est à peu près comme s'ils avoient dit qu'il ne valoit pas la peine de faire l'Iliade & l'Enéide, pour nous aprendre ce que tout le monde savoit ou disoit, que Troye avoit été brûlée & qu'Enée étoit passé en Italie.

Tandis qu'ils donnent eux-mêmes lieu à une objection, à laquelle on ne pourra jamais répondre : c'est que les Interprêtes Historiques des Fables n'en prennent que la portion qui leur plaît, & négligent tout le reste; faisant regarder tout ce qui leur déplaît, comme des altérations, & des corruptions de l'Histoire; comme des additions téméraires, faites par des mains profanes, ignorantes, ou fourbes. Ainsi, ils anéantissent l'unité & le raport harmonique qui regne entre les portions de chaque Allégorie & entre toutes les Allégories : n'en prenant que ce qui leur convient, ils ne font qu'un portrait de fantaisie qui n'aprend rien, qui n'explique rien, qui ne mene à rien, si ce n'est au Pyrrhonisme Historique & au mépris de l'Antiquité.

§. 5.

ALLÉGORIE, source d'Instruction & des Arts les plus agréables.

L'ALLÉGORIE ne fut pas seulement l'effet de la nécessité; elle devint une source riche & féconde d'Instructions utiles & agréables : elle fut le principe des Arts les plus intéressans

C'est d'elle que naquirent la POESIE avec tous ses charmes; la PEINTURE, & ses Tableaux aussi rians que variés; la SCULPTURE, qui anime la pierre, le marbre, les métaux les plus durs; l'ECRITURE HIÉROGLYPHIQUE, qui peignoit en caractères de feu, les leçons les plus intéressantes.

Aussi espéreroit-on en vain d'entendre parfaitement l'Ecriture Hiéroglyphique, les Peintures, & la Poésie des Anciens, sans le secours de leurs Allégories. Celles-ci étant la source de tous ces Arts, ils ne peuvent se développer à
nos yeux, qu'à mesure que l'on avancera dans la connoissance de ces Allégories, sur lesquelles ils s'éleverent.

Ce ne fut donc pas pour dire *obscurément* des choses déja connues, que
l'on recourut à l'Allégorie. Ce fut encore, parce qu'elle devenoit un moyen
infaillible de raconter ces choses de la maniere la plus agréable, la plus ingénieuse, la plus propre à donner du ressort à l'imagination, & de l'étendue
au génie ; & à satisfaire ce goût d'imitation, qui naît avec nous & par lequel
l'homme exécute de si grandes choses & s'éléve sans cesse au-dessus de ses
modéles.

Les Hommes, nés pour l'imitation, doués d'une imagination vive & brillante, en possession d'une langue figurée, se trouverent donc Allégoristes sans
y avoir pensé & de la manière la plus naturelle. Imitant la Nature sans être
des copistes serviles, ils créèrent ce genre nouveau, qui avoit d'autant plus de
charmes pour eux qu'il apretoit plus à penser & à réfléchir ; & qu'il devenoit la source de tous les Arts & de toutes les connoissances agréables.

De-là le génie libre & inventeur de la Poésie : car celle-ci n'est qu'une imitation embellie & figurée, tandis que l'Histoire est une imitation servile,
dont le fond & l'arrangement des faits ne dépendent nullement des hommes.

Aussi, retranche-t-on du nombre des vrais Poëmes, ceux dont les Auteurs,
tels que Lucain, Stace, &c. asservis à l'ordre des événemens, semblent
avoir été privés de ce génie Poëtique qui ne reconnoît point d'imitation servile ; mais qui tout au contraire assujettit tout à ses vues, aux plans nobles
& hardis auxquels il s'éléve, & à la route qu'il se trace. Ce qui démontre toujours plus que l'Allégorie n'a & ne put jamais avoir rien de commun
avec l'Histoire, & que ceux qui n'y ont aperçu que des objets historiques,
avoient totalement manqué la vérité & ne pouvoient que s'égarer.

L'Histoire d'Hercule & de ses douze Travaux, est un Poëme avec unité
d'action résultante du raport des douze Travaux à un objet commun qui les lie
& qui les amene nécessairement à la suite les uns des autres.

Les Dionysiaques, ou les Exploits de Bacchus, sont un Poëme, dont
toutes les parties se lient avec la conquête des Indes qui est le fait principal
de cette Histoire, tandis que les autres actions du Héros ne sont amenées
que pour faire valoir celle-là.

Ce sont des Poëmes encore, en ce qu'ils ont tout le merveilleux de la
Poésie la plus sublime ; & qu'ils sont composés d'une longue suite de Tableaux, très-variés & très-poëtiques.

La Peinture ne fut elle-même qu'une Poésie rendue sensible aux yeux,
par la représentation des mêmes personnages allégoriques que célébroient la
Poésie & les Fables Mythologiques.

La Sculpture fut encore cette même Poésie rendue senfible , non-feulement aux yeux par l'imitation des furfaces, mais au tact lui-même, en donnant à la matiere brûte la folidité & la forme des corps qu'on vouloit imiter.

Ainfi naiffoient tous les Arts , par un feul & même principe ; par celui qui
formoit la maffe des Fables Mythologiques, dont tous ces Arts n'étoient
qu'un dévelopement.

L'on fe forme, à la vérité, des idées fort différentes de l'origine de ces
Arts. Une Amante , dit-on , traça de la main des Graces, l'ombre de fon
Amant qui a'loit s'éloigner pour long-tems, peut-être pour toujours. Ainfi
naquit , felon les Grecs, la Peinture, qui n'eft que l'ombre des objets qu'elle
repréfente. Ce fut l'amitié fans doute & la tendreffe qui firent inventer cette
forte de peintures ; mais il en exiftoit une très-antérieure à celle-là ; les
Peintures Hiéroglyphiques & Symboliques des Dieux & des Merveilles de la
Nature, Peintures inventées par la reconnoiffance & pour le bonheur des fociétés, long-tems avant que l'amitié infpirât aux mortels d'éternifer en quelque façon leurs figures, en animant la toile & le marbre. Nous verrons conftamment dans la fuite que dans les fociétés naiffantes, tout fut dirigé néceffairement vers l'utilité publique ; & que ce ne fut que lorfque celle-ci fut fatif-
faite, que les individus purent apliquer ces mêmes Inventions, ces mêmes Arts,
ces mêmes jouiffances à leur fatisfaction particuliere. Les jouiffances indivi-
duelles étant un furcroît à celles dont on jouit comme membre de la fociété,
ne peuvent en effet s'accroître qu'avec celles-ci, & d'après elles.

Auffi eft-ce de l'Allégorie, née pour l'inftruction du genre humain,
que dans l'Antiquité tous ces Arts, Poéfie, Peinture , Sculpture, &c.
tirerent leurs couleurs, leurs Tableaux, leurs comparaifons, leurs richeffes,
leur force, leur fublimité. C'eft fur l'Allégorie que s'éleverent le génie du
Poëte, celui du Peintre, &c. c'eft par elle qu'ils exécuterent des chofes mer-
veilleufes. Lors même qu'ils font obligés d'imiter le plus fervilement des objets
phyfiques, ils y ajoutent toujours, afin de les rendre plus pittorefques, quelques traits ou quelques raports allégoriques qui les relevent & qui adouciffent
cette imitation fervile qui ne fut point faite pour l'Art.

Ne foyons donc pas étonnés , fi l'Allégorie, dès les premiers inftans, s'in-
troduifit dans le culte de la Divinité ; fi la Religion fut dévelopée par des
Symboles & des Allégories ; fi elle parla une langue Poëtique. Pouvoit-on
peindre littéralement les objets les plus fublimes & les plus relevés? la Divinité,
fes perfections, fes bienfaits, l'origine & la grandeur de notre ame, la fageffe & fes heureux fruits, le vice & fes amertumes ? Quand on peignit Dieu
foutènant de fes mains l'Univers, pefant dans une balance les vertus & les
vices des hommes, apercevant d'un coup d'œil l'Univers entier fans que
rien fe dérobât à fes regards, feu & lumiere, &c. on parla un langage non-
feulement allégorique, mais poëtique, animé, & fondé fur l'imitation,

mais fur une imitation grande & généreufe, qui n'avoit rien de gêné, & très-propre à donner de la Divinité les idées les plus fublimes.

2°. *Erreurs dans lefquelles on étoit tombé à cet égard.*

C'eft pour n'être pas remonté à ce principe, qu'on s'eft formé des idées fi fauffes & fi abfurdes des Anciens : qu'on a cru qu'ils faifoient de la Divinité un Être Corporel ; qu'ils lui attribuoient réellement des pieds, des mains & des bras ; qu'ils n'avoient aucune idée de la vertu & du vice, parce qu'ils fe fervoient pour les énoncer, de mots qui dans le fens propre peignoient des objets phyfiques ; qu'ils étoient plongés dans la barbarie la plus affreufe, puifqu'ils avoient défiguré l'Hiftoire des tems qui les avoient précedé. Ainfi pour juger d'eux, on commençoit par leur ôter le fens commun, en prenant au pied de la lettre ce qu'ils n'avoient dit qu'au figuré.

Il n'eft pas étonnant que l'Art de la Critique qui a fait de fi grands progrès dans ces derniers tems, ne fe foit pas encore perfectionné à cet égard, & qu'il fe foit mépris fi étrangement. Celui qui n'eft que Critique ne fauroit s'élever jufques au Génie Allégorique, qui tient effentiellement au Poëtique : or rien de moins poëtique en lui-même que l'Art de la Critique : il veut tout analyfer, tout compaffer, tout ramener à fes régles. Excellent pour former un efprit méthodique, jufte dans fes expreffions, & févère dans leur choix, il ne peut s'accommoder d'un génie qui fait des écarts continuels, qui cache fans ceffe fa marche, qui facrifie la juftefle à l'harmonie, la févérité aux graces, la correction à l'élégance & au coloris : qui fubftitue un Tableau à une Sentence, & qui met en action une maxime qui eût été froide & peu fenfible : qui veut aller à l'efprit par les fens & par l'imagination, perfuadé qu'il faut affecter l'ame par tous les moyens poffibles, fi l'on veut la rendre fenfible & lui faire aimer l'inftruction.

C'eft le même défaut qui a foulevé un fi grand nombre de perfonnes, contre l'ufage de faire intervenir dans nos Poëmes les noms des Divinités Payennes ; & qui leur faifant voir avec indignation que des Poëtes nés dans le fein du Chriftianifme refpiraffent un air payen, les porta à propofer plus d'une fois qu'on fît main-baffe fur un attirail auffi fcandaleux.

Morphée & fes Songes, l'Amour & fes Flèches, Diane & fon Carquois, Minerve & fon Egide, Vénus & fes charmes, Cérès & fes Moiffons, Neptune & fes Flots, Eole & fes Orages, Saturne & fa Faulx, Mars & fes fureurs, la Renommée & fa Trompette, &c. déja bannis de notre Culte, l'euffent été pour toujours de notre Poéfie.

Ces fentimens font honneur à leur piété ; mais ils en font moins à leur efprit poëtique. S'ils euffent tourné leur attention de ce côté-là, & qu'ils euffent envifagé cette queftion fous fon vrai point de vue, ils fe feroient aperçu que ces êtres ne furent jamais regardés que par un peuple groffier & ignorant comme des êtres réels : que ceux qui les introduifirent dans leurs chants , les envifagerent comme des êtres Allégoriques , antérieurs aux tems du Paganifme ; & que cet ufage ne pouvoit avoir aucune funefte fuite , puifqu'il n'étoit nullement à craindre que des Peuples Chrétiens fuffent jamais tentés de regarder ces Perfonnages comme des êtres divins , dignes de nos hommages. Il vaudroit prefqu'autant dire que nous ne devons pas refpirer le même air , cultiver la même terre , aller dans les mêmes lieux que refpirerent , cultiverent ou hanterent les Payens.

Lorfque des Principes conduifent directement à des conféquences manifeftement fauffes & abfurdes , ils font néceffairement vicieux.

3°. *Allégorie moins animée dans le Nord, & pourquoi.*

Ajoutons , que fi l'imagination vive & bouillante des Orientaux les porte naturellement à la Poéfie & à l'Allégorie , il n'en eft pas de même dans les Contrées où le froid l'emporte fur le chaud : l'imagination s'y refferre comme les organes du Corps ; rétréci par l'air qui la repouffe , retenue par des nerfs racourcis , elle n'a plus le même jeu ; & tandis qu'elle bondiffoit au Midi, elle fe traîne lentement vers le Nord : n'a-t'on pas même effayé d'y compofer des Poëmes fans vers & fans chant?

Il n'eft donc pas furprenant qu'il fe foit trouvé nombre de Perfonnes dans ces Contrées, qui penfant & imaginant autrement que les Orientaux , n'ayent pû fe perfuader que ceux-ci euffent inftruit les hommes avec des Énigmes , des Allégories & des Symboles.

§. 6.

Autres caufes du Génie Allégorique.

Cependant cet efprit allégorique eft fi fort dans la nature , que les peuples les plus feptentrionaux , *les Celtes du Nord* , par exemple , ont eu eux-mêmes leurs Poéfies & leurs Allégories ; foit qu'ils les euffent apportées avec eux quand ils y vinrent de l'Orient , ou que l'Allégorie foit fi néceffaire à l'homme lorfqu'il commence à déveloper fes idées , qu'elle triomphe des plus grands obftacles, de tous ceux qui fembleroient devoir l'anéantir à jamais.

D'ailleurs , dans le tems où les hommes fe livrerent à ce genre d'efprit , c'étoit à peu près la feule maniere dont on pût lui donner de l'effor. A quoi pouvoit-on l'occuper , dans un tems où le monde au berceau ne pouvoit avoir des Érudits , des Antiquaires , des Savans pareils à ceux qui fe formerent lorfque la fucceffion des fiecles eût étendu les idées , multiplié les Langues , fait naître une multitude immenfe de faits , d'Obfervations , d'Arts , de Controverfes , &c? Ainfi l'Allégorie venoit à fon fecours pour tous les Arts dont l'invention ne dépendoit point du tems, les Arts d'imagination & d'imitation.

Sans ennui, & fans fadeur, on put peindre la Nature entiere, repréfenter fous de nouvelles formes, ce qu'on avoit déja peint, varier les Allégories à l'infini, les adapter à de nouvelles idées, offrir fans cefse à l'efprit humain de nouvelles merveilles.

Enfin, on confacra l'Allégorie aux ufages les plus refpectables ; on s'en
fervit pour infpirer l'amour de la piété, & le refpect le plus profond pour
la Divinité ; pour tempérer la févérité de la morale ; pour adoucir la fé-
cherefse de la Philofophie ; pour rendre la pratique de la vertu plus agréable ; pour élever les hommes aux idées les plus fublimes, les plus intéreffantes, & pour exciter les fentimens les plus variés.

Les Allégories font des Tableaux mouvans, qui infpirent toujours un
nouveau plaifir : elles font éprouver tour à tour les effets de la terreur & de
la joie, de l'efpérance & de la crainte, de l'eftime & du mépris : tantôt
c'eft un infortuné pour qui l'on s'intérefse & qui arrache des larmes : tantôt, un Héros dont les vertus font couronnées par les fuccès les plus
brillans : ici, un jufte eft récompenfé par les Dieux ; là, un fcélérat éprouve
les terribles effets de leur vengeance. C'eft la piété envers la Divinité qu'on
y annonce aux mortels, & la juftice envers les hommes : on y chante fur
la lyre, les merveilles de la Création, les guerres contre les Géans, les
révolutions de l'Univers. » La majefté & l'obfcurité de ces Allégories aug-
» mentent la vénération pour le Pere de l'Univers que tant de ténèbres
» environnent ; tandis que les Cérémonies & les Rits Symboliques qui com-
» pofent fon culte, le rendent en quelque façon palpable aux fens, & fa-
» cilitent la pratique des devoirs (1).

Il n'eft pas jufqu'à de fimples leçons d'Aftronomie que l'Allégorie ne trouve
moyen de fixer pour jamais, par l'art avec lequel elle les change en Tableaux vifs & piquans.

Ainfi ces premiers Peuples, moins enfoncés que nous dans les fciences
abftraites & dans l'étude des mots, étoient plus près que nous des moyens
d'infpirer du goût pour les Sciences. Ils vouloient que l'étude fût un amufement ; que l'on aprît avec gaieté les vérités les plus fublimes ; que les
Sciences attiraffent au lieu de repoufser ; que tout y conduifît. Ils vouloient
plaire & remuer fortement les fens, afin d'intérefser le cœur & de toucher
l'efprit.

Cette méthode à la vérité leur étoit plus néceffaire, comme nous l'avons
déja dit, vû leur climat où l'on eft plus gai, plus vif, moins capable d'attention : cependant lorfque nos études fe feroient d'une maniere plus agréable & plus à la portée des jeunes gens, on s'en trouveroit fans doute mieux ;
quoique notre climat & la trempe de notre efprit, foient très-différens du
climat & du génie de ceux qui inventerent l'Allégorie & qui la femerent à
pleines mains.

(1) BLACKWELL, Lettre fur la Myth. 1 vol. in-12. Paris 1771.

ARTICLE III.

OPINION de tous les tems conforme à nos Principes.

Aux raisons que nous venons d'alléguer pour prouver que l'Antiquité fit nécessairement usage dès les premiers tems, de l'Allégorie, & que ce genre d'Instruction servit de base aux leçons les plus importantes, ajoutons une Preuve de la plus grande force, & qui démontrera qu'en effet l'Antiquité fit un usage continuel de l'Allégorie ; & que le sentiment que nous soutenons à cet égard n'est point un système nouveau ou inconnu à l'Antiquité & oposé aux idées qu'elle en eut ; mais qu'il est au contraire le plus conforme à ses principes & à la conduite qu'elle tint constamment à cet égard. Nous tirerons cette Preuve, du témoignage que nous fournissent sur cet objet tous les siécles, & déja dans un tems où les plus anciens Monumens existoient en plus grand nombre & étoient infiniment mieux connus.

L'Antiquité dut être en effet un excellent Juge sur cette matiere, & l'on ne sauroit sans injustice & sans la plus grande partialité recuser ce qu'elle nous en dit, à moins qu'on ne pût démontrer qu'elle étoit dans l'erreur, & qu'il étoit de toute impossibilité que l'origine de l'Allégorie fût aussi ancienne, & qu'elle eût été apliquée aux objets que nous lui attribuons. Ce qu'on ne pourra jamais, je ne dis pas démontrer, mais même présenter avec des couleurs spécieuses, & sans anéantir toute certitude.

Nous allons donc faire voir par une succession nombreuse & soutenue de Savans anciens & modernes, que l'Explication Allégorique de l'Antiquité, qui a paru dans ces derniers tems si absurde & si chimérique, a été reconnue par la plus saine partie de l'Antiquité comme incontestable ; que les Peres les plus distingués de l'Eglise primitive l'ont admise ; qu'un très-grand nombre de Savans modernes se sont déclarés pour elle ; & que ceux qui l'ont rejettée le plus ouvertement, ont été forcés plus d'une fois d'y recourir comme au seul moyen d'expliquer plusieurs portions de cette Mythologie, qu'ils soutenoient n'être que des débris de l'Histoire des premiers Tems.

§. I.

§. I.

Témoignages des Historiens Payens.

Jamais les Anciens ne douterent que ce qui leur avoit été transmis par ceux qui les premiers cultiverent les Sciences, n'eût été exprimé par des Symboles & par des Allégories, propres à attirer l'attention des personnes qu'ils vouloient instruire.

DENYS D'HALYCARNASSE nous assure, (1) que, » LES ALLÉGORIES GREC- » QUES renferment une Philosophie réelle, & que ceux qui font capables » de découvrir leur origine, en profitent beaucoup, tant dans la théorie » que dans la pratique. Que dans la premiere, elles DÉVOILENT les Myſ- » tères de la Nature ; & que dans la feconde, elles fourniſſent un grand » nombre de fujets de Morale «.

Ce paſſage eſt très - remarquable. Il nous aprend que les Grecs eux-mêmes, quoiqu'ils fuſſent dans un climat plus tempéré que celui des Orientaux, & quoique plus modernes que ceux-ci, avoient cependant fait uſage des Allégories; & qu'ils les avoient employées à dévoiler les Myſ- tères de la Nature, & à répandre plus d'intérêt fur la Morale.

L'expreſſion même DÉVOILER, n'eſt pas moins digne d'attention. Pou-voit-on mieux faire connoître que l'Allégorie ne conſiſte pas, comme l'on a cru, à dire obſcurément ce que tout le monde favoit ? Qu'elle étoit un moyen fur de rendre plus fenſibles les leçons les plus utiles, celles qui avoient pour objets la MORALE & l'ETUDE de la NATURE ?

D'ailleurs, ces Allégories Grecques, comme nous le verrons dans la fuite, étoient fondées fur les Allégories Orientales, & n'en étoient qu'une imitation.

PLUTARQUE, cet Auteur ſi judicieux & ſi exact & qui s'étoit ſi fort at-taché à connoître l'Antiquité, ne s'eſt pas exprimé avec moins de force dans un paſſage que nous a conſervé EUSEBE (2) ; & que ce favant Evêque avoit tiré du Traité de Plutarque, intitulé LES DÉDALES PLATÉENS, qui malheu-reuſement n'exiſte plus.

» La Théologie la plus ancienne, dit Plutarque, tant celle des Grecs » que celle des Barbares, n'eſt autre choſe que la Philoſophie naturelle & » envelopée de Fables, qui DÉVOILENT la vérité aux Savans d'une façon » myſtique & figurée ; comme cela paroît par les Poëmes d'Orphée, les Rits » Egyptiens & les Traditions Phrygiennes.

Plutarque eſt donc d'accord avec Denys d'Halycarnaſſe : tous deux nous enseignent que les Grecs allégoriserent, ou enveloperent de Fables, l'Etude de la Nature & de la Morale, ce qui composa leur Théologie : qu'en cela ils marcherent sur les traces des BARBARES, c'est-à-dire, des Orientaux.

Ces deux Auteurs se servent également du terme de DÉVOILER ; & afin que l'on sçût mieux sur quels objets portoit ce que l'on avance ici, Plutarque cite pour exemples les Poëmes d'Orphée, les Cérémonies Egyptiennes & les Traditions Phrygiennes, précisément ce qui forme le fond de la Mythologie.

Il accompagne même son assertion de divers exemples particuliers ; un seul suffira ici pour tous. Il est tiré de la haine dont JUNON fut toujours animée contre BACCHUS, & de son aversion pour le fiel. L'on sait que Junon étoit regardée comme l'ennemie de Bacchus, par une suite de cet esprit de jalousie qui faisoit le fond de son caractère, contre toutes les Maîtresses de Jupiter : mais cette explication n'est qu'une Allégorie de plus. JUNON étoit la Déesse du Mariage : elle désigna donc le Mariage lui-même, la fidélité conjugale : or, cette union ne sauroit s'accorder avec les deux vices indiqués ici sous les noms de Bacchus & du Fiel.

THUCYDIDES étoit également persuadé que les regnes des Dieux n'étoient que des Fables Théologiques ou Physiques, défigurées par les Poëtes, qui, personifiant tout & donnant des corps humains aux êtres les plus Allégoriques, ajouterent d'âge en âge de nouvelles fictions aux anciennes, & parvinrent enfin à changer en *une espece d'Histoire* le système d'une Théologie & d'une Philosophie grossiere aportée dans la Gréce par les premieres Colonies Orientales.

STRABON doit être mis aussi au rang des Anciens qui ont pris parti en faveur du Génie Allégorique. Examinant dans son premier Livre, ce qui a raport à la Géographie d'Homere, il réfute ERATOSTHÉNE (1) qui croyoit, comme on le croit encore de nos jours, que ce Poëte n'avoit cherché qu'à plaire & à divertir & nullement à instruire. » Les Anciens au contraire, » dit-il, ont toujours regardé la Poësie comme une introduction à la vraie » Philosophie qui nous forme dès notre plus tendre jeunesse, & qui, sous » l'aparence du plaisir, nous aprend à régler nos mœurs, nos sentimens & » nos actions : aussi les nôtres disent que *le Sage est seul Poëte.* (†) C'est par » cette raison que dans toute la Gréce, les jeunes gens sont élevés dans la » lecture des Poëtes, moins pour leur amusement, qu'afin qu'ils en de-

---

(1) Pag. 15.

(†) Strabon étoit donc Stoïcien, comme l'a cru CASAUBON dans sa Note sur ce passage ; ou plutôt Pythagoricien ; car il nomme cette Secte un peu plus bas ; il ne seroit pas surprenant que ces deux Sectes venues toutes les deux de l'Orient & nées d'une plus ancienne, eussent adopté quelques principes communs, tel que celui-ci.

» viennent vertueux. Auſſi les Maîtres de Muſique qui aprennent à chanter
» & à jouer de la flûte ou de la lyre, ſe ſont regarder comme les Inſtituteurs
» de la jeuneſſe & comme ceux qui leur donnent des mœurs. Ce ne ſont pas
les ſeuls Pythagoriciens qui s'expriment ainſi : mais ARISTOXENES a penſé
de la même maniere ; & HOMERE apelle les Muſiciens *Sophroniſtes*, c'eſt-
à-dire, *Inſtituteurs des mœurs*. » C'eſt à cauſe de cela qu'Agamemnon,
» dit-il, (comme nous l'expliquerons plus amplement ailleurs) crut ne pou-
» voir mieux confier Clytemneſtre qu'à un Muſicien (1), & qu'Egyſte ne put
» en effet la ſéduire, qu'en emmenant ce Directeur dans une Iſle déſerte.

» Ce ne ſont point les Poëtes, ajoute-t-il plus bas, (2) qui les premiers
» inventerent les Fables, ce furent les Républiques & les Légiſlateurs qui le
» firent pour l'utilité publique ; ſe réglant en cela ſur la nature de l'homme :
» car il eſt avide de connoiſſances, & les Fables lui en facilitent l'entrée ;
» par elles les enfans aprennent à être capables d'attention & à ſaiſir des le-
» çons plus élevées. La raiſon en eſt ſimple ; car ce ſont des choſes nou-
» velles pour eux, très-différentes de celles qu'ils connoiſſent, & qui par
» le merveilleux dont elles ſont remplies, piquent encore plus leur curioſité.
» On attire donc les jeunes gens par cet apas, de même que les ignorans
» qui ne ſont pas moins amoureux de Fables & de prodiges. D'ailleurs l'on a
» inventé deux ſortes de Fables, les unes agréables, propres à faire aimer
» la vertu ; & les autres terribles & effrayantes pour rendre le vice odieux,
» enſorte qu'à ce ſecond égard elles ne ſont pas moins utiles & néceſſaires...
» Les Anciens ne connoiſſoient même que ce genre poëtique d'éducation : &
» ſi dans la ſuite on y a joint l'étude de l'Hiſtoire & de la Philoſophie, l'é-
» ducation Poëtique a continué de compoſer l'inſtruction publique, formée
» par les Poëmes d'Homere & par les Piéces de Théâtre... Nos premiers Hiſ-
» toriens eux-mêmes, ont été des conteurs de Fables ; de même qu'Homere
» eſt parti d'un fait vrai.... qu'il a embelli & étendu par une multitude de
» Fables.... Tout le monde d'ailleurs eſt perſuadé que les Poëmes d'Ho-
» mere ſont Philoſophiques, &c.

HOMERE, en effet, placé entre les ſiécles Allégoriques, & ceux où l'on
abandonna cette maniere de raiſonner & d'inſtruire, fut regardé comme un
des plus grands Héros de l'Allégorie ; & parce que ſes Poëmes faiſoient la
baſe de l'inſtruction publique, nombre de Philoſophes Illuſtres ne dédaigne-
rent pas d'en expliquer les Allégories. De ce nombre, furent :

CRONIUS le Pythagoricien, ami de Numenius : PORPHYRE, & MÉTRO-
DORE de Lampſaque. Celui-ci avoit fait voir, non-ſeulement que l'Iliade
entiere doit être priſe dans un ſens Philoſophique, relatif aux grandes vérités les plus néceſſaires aux hommes ; mais que tous les perſonnages qui y

(1) Odyſſ. liv. III. v. 166.
(2) Strab. pag. 18. & ſuiv.

E ij

font introduits, Dieux & Héros, *Jupiter*, *Junon*, *Minerve*; &c. *Agamemnon*, *Achille*, *Hector*, &c. étoient autant d'Êtres Allégoriques.

Si quelque chofe peut nous confoler de la perte de ces ouvrages, c'eft que non-feulement on eft en état dans ce fiecle d'aller beaucoup plus loin que leurs Auteurs, mais qu'il nous refte encore un Traité des Anciens fur les *Allégories d'Homere*, par lequel nous pouvons juger des autres : c'eft celui d'HERACLIDES, que quelques Savans ont cru mal-à-propos être l'Heraclides du Pont dont parlent les Anciens : Ouvrage fi peu connu, que Madame DACIER, malgré fon amour pour Homere, n'avoit pu parvenir à le voir, (1) & qu'il n'a jamais été traduit, que je fache, en d'autre Langue qu'en Latin.

» Si Homere, c'eft ainfi qu'Heraclides entre en matiere, n'a penfé à » l'égard des Dieux que ce qu'il dit, nous ne pouvons le regarder que » comme un impie, un facrilége, un enragé : c'eft un vrai Salmonée & » un fecond Tantale : on doit le déclarer atteint & convaincu de la ma- » ladie la plus honteufe dont un mortel puiffe être attaqué, *une langue* » *effrenée*. Cependant à mefure que les hommes ont été plus religieux, » qu'ils ont fréquenté avec plus de foin les Temples & les autres lieux » Sacrés, & célébré avec plus de zéle les Fêtes Solemnelles, on les a » vu s'attacher avec plus de force à l'impiété d'Homere, réciter avec » plus de ferveur fes chants facriléges & les avoir toujours dans la bou- » che. On fait même fucer fes Inftructions aux enfans avec le lait : Ho- » mere préfide ainfi à l'éducation des hommes : il les accompagne dans » l'âge mur, il fait leur confolation dans la vieilleffe, & l'amour qu'on » a pour lui ne fe termine qu'avec la vie «.

DION CHRYSOSTOME s'exprime à peu près de même fur cette derniere penfée dans le XVIIIe. de fes Difcours. » Homere, dit-il, eft le com- » mencement, le milieu & la fin : c'eft le livre de l'enfance, c'eft celui » de l'âge mur : c'eft encore celui de la vieilleffe : chacun y trouve au- » tant qu'il eft capable de recevoir.

» On n'a donc, continue Heraclides, jamais regardé Homere comme » un impie : on ne le pouvoit même pas : car, il a toujours fait pro- » feffion de refpecter les Dieux.

» Je n'ai jamais, dit il, combattu contre les Dieux immortels.

» Rien n'égale la folie de ceux qui prétendent fe mefurer avec Ju- » piter.

Οὐκ ἂν ἔγωγε θεοῖσιν ἐπουρανίοισι μαχοίμην. *I L. Z.* 129.

Νήπιοι, οἳ Ζηνὶ μενεαίνομεν ἰσοφαρίζειν. *I L. O.* 104.

» Il parla des Dieux, comme s'il avoit été le gardien de leurs Tem-

---

(1) Voyez ce qu'elle dit à ce fujet dans fa Préface fur Homere, pag. LIX.

»·ples, le défenseur de leurs Autels, le protecteur de leur Religion. Ne
» prenons donc point pour guides les IGNORANS, qui ne se doutent point
» du Génie Allégorique d'Homere : jamais ils ne descendirent dans les
» profondeurs de sa sagesse, & ils rejettent, sans savoir pourquoi, une
» vérité qu'ils n'examinerent jamais. S'arrêtant à l'écorce de la Fable,
» ils ne sont jamais parvenus à connoître la Philosophie sublime qu'elle
»·renferme. Pour nous qui avons été instruits avec plus de soin, qui avons
» été purifiés & admis en quelque sorte dans les lieux les plus sacrés
» des Temples, dans les Sanctuaires de la Divinité, recherchons les vé-
» rités qu'envelopent les chants vénérables des Poëtes.

Ici Heraclides entre en matiere, & par divers exemples tirés de l'I-
liade & de l'Odyssée, il prouve que ces Poëmes sont remplis d'Allégories, qui, sous un sens fabuleux & amusant, renferment les leçons les
plus importantes.

Cet essai, car on ne sauroit regarder cet ouvrage d'Heraclides sous
un autre point de vue, est d'autant plus précieux que les Allégories d'Homere sont peut-être les plus difficiles à digérer, pour ceux qui ne voyent
dans Homere qu'une Histoire mise en vers ; & que ses Poëmes ferment
en quelque façon la marche des siécles Allégoriques ; un autre esprit
ayant succédé à celui de ces tems anciens, qui ne subsista plus en quelque sorte que dans les Traditions primitives, que l'on conserva toujours
très-religieusement & comme la base sacrée & le dépôt des connoissances les plus utiles.

§ 2.

Témoignages des Philosophes Payens.

Les Philosophes ne furent pas moins zélés pour la défense du Génie
Allégorique des Anciens.

ARISTOTE dans sa Physique (1) rapporte diverses choses qui prouvent
qu'il a cru, que la Philosophie des premiers hommes étoit renfermée
dans la Mythologie.

PHURNUTUS explique aussi la Mythologie allégoriquement. Dans son
ouvrage divisé en XXXV. Chapitres & intitulé *de la Nature des Dieux* (2),
il explique un nombre presque pareil de Personnages de la Fable, *le Ciel*,
Jupiter, *Junon*, *Neptune*, *Pluton*, *Rhéa*, *Saturne*, *l'Océan*, &c. Il
s'exprime ainsi à la fin de cet ouvrage, adressé à son fils :

» Vous pouvez, mon fils, ramener de la même maniere à la vérité,

(1) ΜεΤα τα φυσιχ· Βιϲ. Α.
(2) Περι της των θεων φυσεως·

» tout ce que l'on a dit de fabuleux fur les Dieux. Soyez bien con-
» vaincu que les ANCIENS n'étoient pas des HOMMES D'UNE SAGESSE OR-
» DINAIRE : mais qu'ils avoient fait une étude profonde de la Nature,
» & le choix le plus heureux des Symboles & des Enigmes les plus pro-
» pres pour en parler en Philofophes. Les Anciens Sages ont traité fort
» au long & avec beaucoup de foin de ces Objets, dont je me contente
» de vous donner ici une légere idée. Cet effai ne laiffera cependant pas
» de vous être utile : mais foit que vous lifiez ce que votre pere abrége
» en votre faveur, foit que vous vous enfonciez dans la lecture des Ou-
» vrages où l'on difcute ces matières d'une maniere plus aprofondie, &
» où l'on traite du Culte des Dieux, foit Domeftiques, foit de la Pa-
» trie, ne perdez jamais de vue qu'ils ont été compofés pour porter les
» jeunes gens, non à la fuperftition, mais à l'amour de la piété, &
» pour leur enfeigner à s'acquitter convenablement & dans les tems
» prefcrits, de tous les devoirs de la Religion «.

Ce paffage eft d'autant plus remarquable, que Phurnutus affure non-
feulement, que les Anciens allégoriferent, mais de plus qu'ils étoient
doués d'une profonde fageffe, & que leurs Inftructions avoient pour objet
les devoirs de l'homme foit envers la Divinité, foit envers le prochain
& la Société.

Ce Philofophe confacre en particulier fon Chapitre XVII aux Fables
venues de la plus haute Antiquité : il dit que l'on voit manifeftement
par diverfes Allégories d'Homere & d'Héfiode, qu'ils les tenoient de
fiécles très-antérieurs à ceux où elles avoient été inventées, les unes par
les Mages, d'autres par les Egyptiens, par les Celtes, par les Lybiens
& par d'autres Nations.

C'eft à ce fujet que fon Commentateur ajoute, que DAMASCIUS dans
fon Traité des Principes (1) enfeigne que la Théologie des Phéniciens,
des Egyptiens & d'Orphée, étoit la même, comme nous aurons lieu de
le démontrer dans la fuite.

SALLUSTE le Philofophe regardoit les Fables (2) comme quelque chofe
de divin. » Les Dieux, difoit-il, infpiroient eux-mêmes les Poëtes qui les
» ont imaginées, & ils s'en font fervis quelquefois auffi pour fe manifefter
» aux hommes. On ne pouvoit trouver la reffemblance & les images de la
» Divinité, que par ce moyen : il falloit donc qu'on s'en fervît pour la con-
» noître. Comme les Dieux répandent les biens fenfibles fur tous les hom-
» mes, tandis qu'ils réfervent les dons de l'efprit à quelques privilégiés ; de
» même les Fables, pareilles aux biens fenfibles, font pour le vulgaire &

---

(1)　Περὶ Ἀρχων.

(2) Dans fon Traité περὶ θεῶν καὶ κόσμου, des Dieux & du Monde, Ch. III.

» les artifans : au lieu que l'intelligence fecrette & particuliere des Myftères
» que renferme la Théologie Symbolique, eft réfervée aux Sages. A pro-
» prement parler, le Monde lui-même n'eft qu'une Allégorie : car il eft com-
» pofé de Corps & d'Efprits : les Corps fe voyent, mais les Efprits font in-
» vifibles ; & on ne les connoît que par l'étude. On rendroit la Divinité
» méprifable, fi l'on en proftituoit la connoiffance aux infenfés & aux igno-
» rans : mais on leur imprime le plus profond refpeᴄᴛ pour les Dieux en
» les voilant, tandis qu'on infpire aux Sages la plus noble ardeur pour per-
» cer à travers le voile, & pour connoître ce qu'il envelope. Enfin, on ne
» doit point être furpris de ce que la Fable attribue aux Dieux des vols & des
» adultères : on n'a fait entrer ces crimes dans la Fable, qu'afin que les Hom-
» mes fentiffent mieux que des récits auffi honteux en aparence, renfer-
» moient de grandes vérités, & qu'il feroit abfurde de s'arrêter au fens que
» préfente la lettre.

Ce raifonnement de Sallufte démontre que les Anciens avoient fait un
grand ufage des Allégories ; que pour les juftifier, ils faifoient valoir l'exemple de la Divinité, qui fe cache fi fouvent : la différence de l'ame & du
corps, & celle des objets fenfibles & fpirituels : & qu'ils regardoient *l'extravagance* des récits Mythologiques, comme un avertiffement donné au
Leᴄᴛeur, que c'étoient autant de myftères dont il falloit pénétrer le fens.
Objets qui rentrent tous dans nos principes.

Proclus juftifie (1) les Fables anciennes par des motifs pareils à ceux-là.
» Les Dieux, dit-il, fe conduifent différemment, felon le génie des hommes; ils
» donnent à tous, les biens fenfibles ; mais ils réfervent les fpirituels, à ceux qui
» font capables de les chercher & de les goûter. Par la Mythologie, on mani-
» fefte les Dieux au vulgaire ; mais on ne découvre leur nature & leurs per-
» feᴄᴛions qu'à ceux qui peuvent les imiter. Découvrir la vérité, c'eft four-
» nir à l'infenfé l'occafion de la méprifer, & rendre les fages pareffeux :
» au lieu que les emblêmes & les Fables qui voilent la Religion, empêchent
» les uns de la méprifer, & engagent les autres à l'étudier avec foin ». Paroles qui pouroient donner lieu à un long Commentaire, non moins inté-
reffant.

§. 3.

Sentimens des STOICIENS en particulier.

Une Seᴄᴛe entiere de Philofophes fe diftingua dans l'Antiquité Payenne,
par fon zéle & fa conftance à foutenir que les Fables étoient Allégoriques : c'eft celle des STOÏCIENS. Nous l'aprenons de CICERON, qui entre à

(1) Dans fes *Differtations* fur les *Livres de la République*, par PLATON.

ce fujet dans un grand détail dans les III. Livres de fes Entretiens fur *la Nature des Dieux* (†).

« Ce qui a encore beaucoup contribué à multiplier les Dieux , fait-il dire
» dans le II. Livre au Stoïcien Balbus » c'eft qu'on a perfonifié diverfes
» parties de la Nature. Les Fables de nos Poëtes, & toutes nos fuperftitions,
» viennent de-là. Zenon , qui a traité cette matiere le premier, Cleanthe &
» Chrysippe, l'ont expliquée plus au long ».

Mais ces trois Philofophes font les Chefs fucceffifs du Portique. Voici ce
qu'en avoit dit Velleius l'Epicurien , dans le premier de ces Livres.

» Zenon, car il eft tems , Balbus, que j'en vienne à vos Stoïciens, Zenon
» divinife la Loi naturelle , & lui donne le pouvoir de nous commander
» ce qui eft jufte, & de nous défendre ce qui eft injufte : . . . . Quand il ex-
» plique la Théogonie d'Héfiode , il fappe toutes les notions établies tou-
» chant les Dieux; car il ne reçoit pour tels ni Jupiter , ni Junon , ni Vefta,
» ni tout autre ; mais il prétend que ce font de purs noms , qui, fous pré-
» texte de quelqu'allufion, furent donnés à des Êtres inanimés & muets. . . .

» Persée, Difciple de Zenon , dit que ceux à qui l'on a donné le titre de
» Dieux , font des hommes qui ont inventé les Arts ; & que ce titre s'eft ac-
» cordé pareillement aux chofes qui nous font utiles & falutaires.

» Chrysippe, qui a le plus rafiné fur les fonges des Stoïciens, affemble
» une troupe de Dieux inconnus, & fi fort inconnus que notre imagination
» ne peut s'en former une idée précife, quoiqu'il n'y ait rien qu'elle ne pa-
» roiffe capable d'embraffer. Il dit que la Divinité confifte dans la *Raifon* ,
» *l'intelligence*, *l'ame de toute la Nature* : que Dieu, c'eft le monde lui-même,
» & cette Ame dont il eft pénétré . . . . que c'eft le principe qui agit en-tout ,
» & qui conferve tout . . . . Il foutient de plus que ce que nous apellons Ju-
» piter , c'eft l'Ether : Neptune, la Mer ; Cérès, la Terre ; & ainfi des autres
» Dieux. Il dit que Jupiter eft auffi cette Loi éternelle , immuable , qui eft
» notre guide , & la régle de nos devoirs : Loi qu'il apelle *néceffité fatale*,
» *éternelle vérité des chofes futures* . . . . Et à voir comment il veut, dans le
» fecond de fes Livres fur *la Nature des Dieux* , accomoder les Fables d'Or-
» phée , de Mufée , d'Héfiode & d'Homere , avec tout ce qu'il a établi dans
» le premier, on diroit que *le pur Stoicisme* régnoit parmi les plus anciens
» Poëtes . . . .

» Diogene de Babylone, (fucceffeur de Chryfippe) dans fon Livre inti-

---

(†) On pourroit même dire, que ce fut là le principal objet qu'il fe propofa en com-
pofant cet Ouvrage : il y met aux prifes un Stoïcien , qui affirme & développe le fens
Allégorique des Fables : Velleius l'Epicurien , qui rejette Allégories, Fables & Dieux:&
un Académicien , qui, doutant de tout , femble jouer le rôle de Médiateur , & qui finit
par avouer que la vraifemblance eft du côté du Stoïcien : ce qui , dans la bouche d'un
Académicien , étoit un vrai triomphe pour celui-ci.

» tulé

● tulé MINERVE, (ou la *Sageſſe*) prétend auſſi expliquer phyſiquement , &
● d'une maniere qui ne reſſente point la Fable, l'Enfantement de Jupiter &
● la naiſſance de cette Déeſſe.

D'après ces principes , Ciceron fait expoſer à Balbus dans ſon ſecond Livre , les idées Stoïciennes ſur un grand nombre de Fables Mythologiques
qu'il prend dans un ſens allégorique , & il lui fait conclure cette expoſition
en ces termes : » Apercevez vous maintenant l'origine des Dieux fabuleux, &
» comment on les a imaginés d'après les objets phyſiques qui ont été utile-
» ment & ſagement découverts ? Voilà ce qui a fait naître de fauſſes opi-
» nions , des erreurs pernicieuſes, des ſuperſtitions pitoyables. On ſait les
» différentes figures de ces Dieux, leur âge, leurs habillemens, leurs orne-
» mens, leurs généalogies , leurs mariages, leurs alliances : on raiſonne par
» rapport à eux, comme s'ils étoient au niveau des foibles mortels ; on les
» dépeint avec les mêmes paſſions, amoureux, chagrins, coleres ; on leur
» attribue même des guerres & des combats.

Ne ſoyons point ſurpris que les Stoïciens, entre toutes les Sectes des Philoſophes, ayent été des défenſeurs ſi zélés de l'Allégorie ; & même, qu'ils
ayent eu des opinions particulieres, ignorées, de la plûpart des autres Sectes.

Ils ſortoient de l'Orient & de ces Contrées où naquirent les Fables Mythologiques pour l'inſtruction des hommes, & où l'on ne put jamais oublier
quelle en avoit été l'origine : car ZENON étoit Phénicien ; & ce fut la doctrine
Phénicienne qu'il aporta avec lui, lorſqu'il vint philoſopher dans l'Occident,
& y fonder une nouvelle Secte, auſſi célèbre par la beauté de ſa Morale &
par ſes idées *chevalereſques* ſur la vertu, que par la ſingularité de ſes dogmes.

Mais les Stoïciens, ſortis de l'Orient, durent être Allégoriſtes ; & cette
Secte Allégoriſte étant venue de l'Orient, nous aprend que dès une haute
Antiquité, l'Orient allégoriſoit, & que cela devoit être, puiſqu'il avoit été
le berceau de la Mythologie.

Il eſt vrai que la Secte Académique rejettoit ces explications des Stoïciens,
ou plutôt, comme dit Ciceron, *ne les trouvoit que vraiſemblables* : n'en
ſoyons pas ſurpris. Si les Stoïciens avoient conſervé des idées juſtes ſur l'origine des Fables, ils n'avoient pu conſerver ou ſe procurer tout ce qui eût été
néceſſaire pour les expliquer toutes, & pour le faire d'une maniere convaincante : ils avoient ſur-tout totalement négligé l'étude des Langues Orientales,
ſans leſquelles il leur étoit impoſſible de retrouver le fil de toutes ces Allégories, & de donner l'explication des noms qui y étoient employés.

Mais d'en conclure, comme font les Adverſaires du Stoïcien de Ciceron ,
que ce ſyſtême eſt faux, parce qu'il ne pouvoit rendre raiſon que d'une
partie de ces noms, c'eſt s'égarer de gaieté de cœur, conclure du particulier au général, ou croire que ce qui eſt clair, doit céder à ce que l'on ignore ;
faute trop ordinaire à la plûpart de ceux qui ſe donnent pour habiles, &
qui dépriſent des choſes très-belles pour une légère tache qu'ils y ont
aperçue.

Génie All. F

D'ailleurs, il n'est pas sûr que Ciceron ait toujours bien rendu les opinions des Stoïciens & des autres Philosophes, dont il raporte les sentimens : il leur fait souvent dire des choses si contradictoires, qu'on ne peut se persuader qu'elles fussent telles qu'il les expose. Ce ne sera point par mauvaise foi ; mais c'est qu'il n'est rien de si difficile, que de bien exposer une Doctrine quelconque : ensorte qu'il n'est pas rare d'entendre ceux dont on a exposé les sentimens, se plaindre de ce qu'on les a mal présentés.

Nous en avons un exemple sensible dans ce que Ciceron attribue ci-dessus à Chrysippe, d'avoir enseigné que la Divinité consiste dans *la Raison*, *l'Intelligence*, *l'Ame de toute la Nature*. Ces expressions semblent dire simplement que ce que nous apellons *Raison*, *Intelligence*, est Dieu, ou que ce sont ici trois termes synonimes pour désigner un même Être. On se tromperoit cependant. Le Stoïcisme étant venu de l'Orient, c'est dans les idées Orientales que nous devons trouver l'explication de ce dogme. Dès-lors, nous apercevons la distinction Orientale relative à la Divinité ; de l'Ê-TRE SUPRÊME, qui soutient tout ; de la RAISON, Parole ou *Logos* qui arrange tout ; & de l'INTELLIGENCE, esprit ou sagesse qui anime & vivifie tout.

§. 4.

Sentiment d'un grand nombre d'autres.

Ne soyons pas étonnés non plus que les PYTHAGORICIENS & tous les PLA-TONICIENS ayent été Allégoristes. Les illustres Chefs de ces Sectes étoient allés dans l'Orient pour y puiser des instructions qu'ils ne trouvoient pas ailleurs : ils y avoient vu la même Doctrine que Zénon aporta avec lui dans l'Europe ; & ayant reconnu qu'elle étoit la plus conforme à la vérité, & la plus digne de la raison, ils l'avoient adoptée & transmise avec soin à leurs Disciples.

Si les Disciples d'EPICURE, & ceux de PYRRHON, les rejettent ; s'ils sont ainsi les précurseurs de cette multitude de Savans modernes qui nient l'existence de l'Allégorie Mythologique, ce n'est point par connoissance de cause : ces Sectes ne se piquerent jamais de science ni d'érudition : mais c'est parce que leurs principes, qui consistoient à tout nier & à ne reconnoître en quelque façon nulle Divinité, les y conduisoient nécessairement.

Malgré cela, le systême que l'Antiquité avoit allégorisé, prit enfin tellement le dessus, que dans les premiers siécles de notre Ere il devint la Doctrine courante parmi les Payens ; & qu'on eût regardé comme un ignorant & un profane, quiconque n'eût pas été persuadé que sans l'Allégorie l'Antiquité étoit inexplicable.

Ces tems moins reculés, nous fournissent deux principaux Allégoristes.

JAMBLIQUE, qui, dans son Ouvrage *sur les Mystères*, a consacré une section entiere (1), à juſtifier la *Théologie ſymbolique* des Egyptiens : cette *boue* ou Ilys, dont ils diſoient que tout avoit été formé : ce *lotus*, ſur lequel la Divinité étoit aſſiſe : *les noms barbares* uſités dans les ſacrifices.

Et PORPHYRE, qui prenoit de même la Mythologie dans un ſens Allégorique.

EUSEBE nous a conſervé quelques-unes de ſes explications (2), dont nous aurons occaſion de parler ailleurs. C'eſt-là qu'il nous aprend que le MONDE ou l'Univers étoit peint chez les Egyptiens ſous la figure d'un Perſonnage debout, revêtu, des épaules aux pieds, d'une *Robe* de diverſes couleurs, & ſoutenant de la Tète un globe d'or.

On peut encore mettre au nombre des Anciens qui ont été les défenſeurs de l'Allégorie, HORUS-APOLLO, ou HOR-APOLLON, qui nous a donné deux Livres ſur les Hiéroglyphes Egyptiens écrits en Langue Greque. Il explique ces Hiéroglyphes, en dévelopant le ſens allégorique qu'ils renferment ; & il le fait ſouvent, par de nouvelles Allégories plus obſcures en aparence que celles qu'il veut expliquer : ce qui n'a pas peu contribué, quoique très-mal à propos, à prévenir contre les Explications Allégoriques.

Tels ſont les noms d'une partie des anciens Philoſophes Grecs qui avoient traité des Allégories renfermées dans les Fables, outre ceux dont nous venons de parler, & qui ont été recueillis par MAUSSAC (3).

Alexandre d'Aphrodiſe (4).	Iſigone, cité par Ariſtote.
Andreas, cité par Athénée.	Julien l'Empereur.
Antigone, de Caryſte.	Lamiſque de Samos.
Apollodore.	Meliſſe.
Apollonides.	Myrſile de Lesbos.
Archelaüs l'Egyptien.	Nicolas de Damas.
Damaſcius, ami de Simplicius (5).	Paléphate (7).
Denys.	Palemon, cité par Athénée.
Dorothée.	Ptolemée, cité dans les Scholies d'A-
Evanthes.	ratus.
Euphorion.	Silene de Chios.
Héraclite (6).	Sotion.
Jamblique, de Deis.	

Quelque nombreuſe que ſoit cette liſte, elle n'eſt ſûrement pas com-

---

(1) Sect. VII.

(2) Prépar. Evangel. Liv. IX. ch. IX. & XI.

(3) Dans le Commentaire ſur le *Traité des Fleuves*, attribué à Plutarque.

(4) Thomas GALE aſſure, dans ſa not. 6. du chap. IX. de Salluſte le Philoſophe, qu'il étoit poſſeſſeur d'un Manuſcrit de cet Alexandre, qui n'avoit jamais été imprimé.

(5) Il vivoit au cinquiéme ſiécle : ſon ouvrage eſt imprimé dans les Anecdotes Grecques de WOLFF.

(6 & 7) Leurs Ouvrages intitulés, *des choſes incroyables*, ſont dans le Recueil des petits Mythologues.

plette : nous pouvons y ajouter l'*Auteur anonyme* imprimé à la suite d'Hé-
raclite, l'Anonyme de la *Vie d'Homere* (8), le *Commentateur* des Proverbes
de Platon, art. IX. & Prodicus de Cea (9) qui soutenoit que ce qui a été
mis au nombre des Dieux, ce sont les choses dont les Hommes retirent de
l'utilité.

Ces questions, qui sembloient n'être pour les Philosophes Payens que de
simple curiosité, donnoient quelquefois lieu à des procès singuliers, d'autant plus importans qu'ils avoient le fisc pour objet. Nous l'aprenons encore
de Ciceron dans son Traité de la Nature des Dieux (10). » Les Censeurs, dit-
» il, ayant exempté d'impôts les Terres consacrées dans la Béotie, aux Dieux
» immortels, nos Publicains nioient que l'on dût traiter d'immortel, qui-
» conque avoit été homme. » Ils voulurent donc soumettre à l'impôt les
Terres consacrées à Amphiaraus (11): ses Prêtres s'y opposerent, soutenant
qu'étant Dieu, il ne pouvoit être soumis à aucun impôt : mais un homme
mort, repliquoient les Publicains, ne sauroit être Dieu.

§. 5.

Sentiment des Peres *de l'Eglise.*

Tel étoit à ce sujet l'état des choses, lorsque les Chrétiens commencerent
à écrire. Nous ne saurions donc négliger leurs Ouvrages sur une question
aussi intéressante. Les premiers Peres de l'Eglise, élevés dans les Sciences
les plus profondes, connoissant le fort & le foible du Paganisme, posses-
seurs d'une multitude d'anciens Monumens qui n'existent plus, deviennent
des Témoins précieux de l'ancienne Tradition & des opinions de leur tems.

Ils traiterent donc du Génie Allégorique de l'Antiquité qui n'avoit pu
leur échaper : mais tandis qu'ils en trouvent des traces précieuses dans les
Livres sacrés, ils rejettent avec un juste mépris toutes les explications Allégoriques que les Philosophes Payens donnoient de la Mythologie sur laquelle s'étoit élevée une Religion absurde & incontestable.

Nous rapporterons ici d'une maniere très-abrégée ce qu'ils ont dit à ces
divers égards. D'un côté, l'on verra ce que nous avons dit de l'existence du
Génie Allégorique, apuyé par l'autorité la plus respectable : d'un autre côté, on ne sera pas tenté de confondre ce que les Livres sacrés contiennent
d'Allégorique avec les Allégories Mythologiques, les Peres de l'Eglise les
ayant distingués avec tant de raison & d'habileté.

En effet, quoique toutes ces Allégories ayent également pris leur origine

(8) Imprimé aussi dans le même Recueil.
(9) De la nature des Dieux par Cicer. Liv. premier.
(10) Liv. III. No. XIX.
(11) Quest. Tuscul. Liv. III.

dans l'utilité qui revenoit aux hommes d'une méthode aussi énergique, & autant à la portée de tous les individus, l'on vit cependant entr'elles cette différence essentielle, que l'Allégorie sacrée n'offusque aucune vérité, n'en affoiblit aucune, & s'unit à des faits historiques qui deviennent plus sensibles & plus intéressans ; tandis que celles des Payens se revêtent si fort des caractères distinctifs de la réalité & de l'Histoire, qu'elles se mettent à la place de l'Histoire & font disparoître la vérité elle-même.

Ainsi, pendant que les unes nous offrent de simples paraboles ou des symboles qui s'expliquent sans peine au moyen des grandes vérités qu'elles accompagnent, & à côté desquelles elles sont placées, les Allégories Payennes, dénuées de ce secours, ne peuvent s'expliquer que par un ensemble & par des recherches, pour lesquelles l'Allégorie ne fut pas faite.

Mais telle est la marche de l'erreur. Les Allégories Payennes, entées sur le Génie Symbolique conforme à la raison & aux besoins de l'homme, se séparerent totalement des Allégories sacrées, dès qu'on eut commencé à en abuser & à prendre pour des Etres réels, des objets Allégoriques, qui n'étoient qu'une ombre du vrai ; & donnerent lieu au Paganisme, qui fut l'altération la plus dépravée de cette Religion primitive qui continua à subsister avec éclat & dans sa pureté dans la Religion des Hébreux.

C'est sur-tout ce qui paroîtra de la maniere la plus sensible dans les dévelopemens de tous ces objets, tout de même que l'on verra dans l'Article VI. de ces recherches sur le Génie Allégorique, les régles constantes & simples, au moyen desquelles on ne pourra jamais confondre les objets Allégoriques avec les faits historiques : régles indispensables pour ne point s'égarer dans la recherche & l'explication des Allégories, & pour ne pas les expliquer arbitrairement.

Deux d'ent'reux, ORIGÈNES & CLÉMENT d'Aléxandrie, illustres par leurs rares connoissances, & élevés à l'Ecole Platonicienne d'Alexandrie, Ville qui étoit alors le centre des connoissances, furent des Partisans zélés de l'Allégorie, qu'ils apliquerent également aux Livres Sacrés des Juifs.

Ce dernier assure (12), » que tous ceux qui ont traité des choses divines, » tant les Barbares que les Grecs, ont caché avec soin les principes des choses : » qu'ils n'ont transmis la vérité qu'en l'envelopant dans des énigmes, des » SYMBOLES, des ALLÉGORIES, des Métaphores & des figures Hiéroglyphi-» ques.

C'est-là où il dit que chez les Egyptiens (13),

Le LION fut le Symbole de la *Force.*

Le BŒUF, celui de l'*Agriculture.*

Le CHEVAL, celui de la *Liberté* & de la magnanimité, & quelquefois celui de la *Navigation*, état qui a tant de raport avec la liberté.

---

(12) Stromat. p. 658. Edit. de Potter.

(13) Pag. 670 - 672.

Il ajoute, que fur les murs de leurs Temples, on voyoit la repréfentation d'une ROUE: qu'ils repréfentoient les Aftres fous la figure des SERPENS,
à caufe de leur marche oblique; & le Soleil, par un SCARABÉE, parce que
cet infecte demeure fix mois fur Terre, & fix mois fous Terre.

Etendant le régne des Allégories, jufqu'à l'Economie Judaïque, il avance
comme un fait reconnu, & dont perfonne ne doute, que Dieu a également parlé à fon Peuple par des Enigmes & par des paraboles, & que c'eft
ce qu'EsAie apelle des *Tréfors ténébreux & cachés* (1).

L'on ne pouvoit en effet nier que les Livres Hébreux ne fuffent marqués
au coin de la plus haute Antiquité, par ce Génie Allégorique qui y brille
par-tout de la maniere la plus fenfible; & en particulier dans les Livres Pro-
phétiques, comme nous aurons occafion de le faire voir dans notre Article IV, & de citer à ce fujet le témoignage de leurs Rabbins, & en particulier de MAIMONIDES, un de leurs Auteurs les plus diftingués.

S. ANASTASE le Sinaïte, Patriarche d'Antioche,& MOYSE Bar-Cepha ou fils
de Cepha Evêque de Beth-Raman & de Beth-Ceno en Syrie, nous fournif-
fent à ce fujet des détails trop remarquables pour les paffer fous filence.

Le premier, dans fes *Contemplations Anagogiques* fur les Ouvrages des
fix jours (2), dit: » que les anciens Interprétes de l'Eglife, PHILON le Phi-
» lofophe, contemporain des Apôtres, le célébre PAPIAS d'Hierapolis, Dif-
» ciple de Saint Jean l'Evangélifte, IRENÉE de Lyon, JUSTIN Martyr, &
» Philofophe, PANTENE d'Alexandrie, CLEMENT dans fes Stromates, &
» leurs Partifans, de même que les deux GREGOIRES de Cappadoce, avoient
» envifagé cet objet d'une maniere Allégorique; & qu'ils avoient relevé di-
» verfes héréfies, nées uniquement de ce qu'on avoit trop pris à la lettre ce
» que la Genéfe rapporte de Dieu & du Paradis Terreftre : les uns, par exem-
» ple, attribuent un corps à la Divinité : d'autres rendent graces aux *Serpens*
» de ce qu'à leur occafion étoit né d'une femme le Sauveur du Genre-hu-
» main : des troifiemes adorent, ceux-ci le feu, ceux-là l'eau, comme des
» êtres incréés, parce que Moyfe ne parle pas expreffément de leur création,
&c. Car ce détail nous meneroit trop loin.

Il dit enfuite (3) qu'ORIGÈNES ayant abufé de la maniere la plus étrange des Allégories, les Peres qui vécurent apres lui, tels que Saint BASILE,
JEAN Chryfoftome, THÉODORE d'Antioche, SÉVERE de Gabala, EUSEBE
d'Emefe, EPIPHANES, CYRILLE, THÉOPHILE, &c. s'en tinrent au fens littéral.

Quant à lui, il fe joint à ceux qui admettoient le fens littéral & le fens
anagogique, réuniffant ainfi la lettre & l'Allégorie. C'eft d'après cette mé-

---

(1) EsAie, Ch. XLV, v. 13.
(2) Bibl. des PP. fol. Par. 1589, T. I. Col. 269.
(3) Ib. Col. 273, 274.

thode qu'il dit que les TÉNÈBRES font le fymbole ou l'emblême du PÉCHÉ, & qu'ils ont tous les deux cela de commun de n'avoir point été créés; & que la NUDITÉ d'Adam & d'Eve défigne qu'ils venoient d'être dépouillés de leur innocence & de leur immortalité.

MOYSE Bar-Cepha s'exprime plus fortement encore dans fon Traité du Paradis (1): »Des Hérétiques, dit-il, foutiennent qu'on ne doit pas don-
» ner au vieux Teftament un fens Myftique & Allégorique différent de
» celui qu'offrent les chofes mêmes, & ils blâment hautement ceux qui le
» font. Mais fi l'on fuivoit leur opinion, il en réfulteroit néceffairement
» une foule d'abfurdités: d'un côté, le Vieux Teftament ne contiendroit
» que de fimples hiftoires; le Saint-Efprit n'y auroit rien renfermé de myf-
» tique: d'un autre côté, triompheroient Manès & Marcion qui ne reconnu-
» rent jamais le Vieux Teftament comme l'Ouvrage de Dieu Pere de Jefus-
» Chrift: d'ailleurs, fi le fens Allégorique eft nul, comment les anciens Pro-
» phètes auroient-ils pû être affurés de la venue de J. C. & s'en réjouir?
» Nous tomberions même dans le Judaïfme en adoptant ce fentiment; car
» les Juifs n'étant plus guidés par l'Efprit-Saint, ne voyent qu'un fens grof-
» fier & charnel».

Faifant enfuite voir que les Prophètes ont annoncé d'une maniere em-blématique un grand nombre d'évenemens relatifs au Peuple Juif, il ajoute qu'ils ont employé les mêmes figures à l'égard de J. C. d'une maniere en-core plus parfaite.....» D'où il faut conclure, dit-il, qu'on doit expliquer » les Livres du V. T. non-feulement d'une maniere littérale, mais auffi d'une » maniere figurée & allégorique, & en en découvrant les fens cachés.

THÉOPHILE VIᵉ. Patriarche d'Antioche, expliqua en IV. Livres les ALLÉ-GORIES des Evangiles; ouvrage qui exifte encore (2), qui fait partie de la Bibliothéque des Peres; & très-utile pour l'intelligence du ftyle Symbo-lique des Livres Sacrés.

S. DENIS l'Aréopagite expliquant dans fa Hiérarchie Célefte la vifion des Roues d'Ezechiel, le fait d'une maniere allégorique ou anagogique. Et fon Commentateur S. MAXIME dit à cette occafion qu'expliquer ana-gogiquement un fujet, » c'eft rendre raifon de Symboles qui fans cela » paroîtroient abfurdes (3).

On voit dans le célebre MAIMONIDES un (4) paffage des plus finguliers au fujet des allégories. C'eft une vive cenfure de ce qu'on trouvoit dans les Livres des Sabéens, relativement aux commencemens de l'Hiftoire Sainte.
» Ne vous laiffez pas féduire, dit-il, par tout ce qu'ils racontent fur

(1) Ib. Col. 409.
(2) Ubi fupra. Col. 867. Cet Auteur eft contenu également dans la grande Bibl. des PP. Tom. II. Part. II.
(3) Grande Bibl. des PP. T. II. p. 184, 186.
(4) Mor. Nevoch. Part. 3. ch. 29.

» le premier Homme, fur le ferpent, fur l'arbre de fcience de bien &
» de mal, fur les vêtemens qui n'avoient pas encore été en ufage ; & ne
» penfez pas que ces objets ayent réellement éxifté de cette maniere : ja-
» mais ils ne furent dans la nature des chofes : avec la plus légere atten-
» tion, vous apercevrez la fauffeté de tout ce qu'ils difent à cet égard,
» & qu'ils n'ont imaginé qu'après avoir eu la connoiffance de notre Loi,
» & de l'Hiftoire de la Création. Car ils la prirent dans le fens littéral,
» & ils en forgerent ces Fables.

Il avoit dit auparavant : » (1) L'on ne doit pas avec le Vulgaire prendre
» à la lettre tout ce qui eft contenu dans le *Bereshit*, ou l'Hiftoire de la
» Création : fans cela, les Sages ne l'auroient pas envelopée de paraboles
» avec tant de foin, & ils n'auroient pas été fi attentifs à empêcher qu'on
» en parlât à la populace ignorante. Car en la prenant dans le fens litté-
» ral, il en réfulte des préjugés qui dégradent la Nature Divine, qui
» renverfent les fondemens de la Loi, qui font naître des héréfies...

JOSEPHE, dans la Préface de fes Antiquités Judaïques, dit également
que Moyfe s'eft fervi d'énigmes & d'allégories :

Τὰ μὲν αἰνιτλομένε τοῦ νομοθέτου
ἀξίως, τὰ δὲ ἀλληγοροῦντ῀ μετὰ σεμνό-
τητ῀· ὅσα δ᾽ἰξ ἐυθίας λέγεθαι συνέ-
φερεν, ταῦτα ῥητῶς ἐμφανίζοντ῀· Τοῖς
μέντοι βελομένοις κỳ τὰς ἀιτίας ἱκάςυ
σκοπεῖν, σελλὴ γίνοιτ᾽ ἂν ἡ θεωρια.

Ce Légiflateur s'eft exprimé énigma-
tiquement, lorfque fon objet l'a de-
mandé : il s'eft auffi fervi d'allegories,
quoiqu'avec beaucoup de retenue ; &
il n'a dit à découvert que ce qui ne
devoit pas être caché. En forte que
l'on s'engageroit à un long travail, fi
l'on vouloit démêler tout ce qui y eft relatif à ces divers objets.

Ce n'eft pas que Jofephe, Maimonides & les Rabbins méritent une
entiere créance, quand il eft queftion de l'intelligence du Vieux Teftament ; car ils étoient, en général, de foibles Critiques : mais leur opinion
conftate du moins, quelle étoit la tradition fur les fujets dont ils traitent ;
& c'eft tout ce que nous voulons en inférer en les citant ici.

C'eft fur les Allégories anciennes, que s'éleverent ceux que l'on apella
dans l'Eglife Primitive GNOSTIQUES, c'eft-à-dire SAVANS par excellence,
parce qu'ils ne connoiffoient pas feulement la Lettre, ou le fens littéral
de la Science ; mais parce qu'ils pénétroient dans les profondeurs cachées
fous cette envelope ; qu'ils en connoiffoient l'efprit.

Tandis que les Juifs confervoient ces Traditions anciennes dans leur
CABBALE, Ouvrage conforme au Génie Allégorique des Anciens, & qui
contient fous ce point de vue des chofes très-précieufes ; mais qu'eux-

---

(1) Part. II. ch. 29.

mêmes ne connoiſſent plus, parce qu'ils ont perdu la clé de leurs Allégories, & qu'ils ont fait de celles-ci l'abus le plus étrange.

C'eſt que l'Allégorie eſt un coûteau à deux tranchans, qui devient auſſi funeſte lorſqu'on l'emploie mal, qu'il eſt utile étant employé à propos. Auſſi n'éxiſte-t-il preſqu'aucune Méthode, aucun Art qui demande d'être dirigé avec plus de ſageſſe & de prudence : malheureuſement, il n'en a pas toujours été de même relativement à l'Allégorie.

Comme s'il n'y avoit qu'à allégoriſer, on le fit ſans principes, ſans régles : l'on n'eut plus de meſure connue pour diſtinguer les vraies Explications, des fauſſes ; & l'Explication Allégorique ne conſiſta plus, en quelque façon, qu'à voir dans un objet ce que l'on vouloit & à le prouver tant bien que mal.

§. 6.

Controverſe agitée entre les Peres de l'Egliſe & les Philoſophes au ſujet des Allégories.

C'eſt alors, que s'éleverent parmi les Chrétiens ces grandes lumieres de l'Egliſe, qui attaquerent avec tant de ſuccès la Religion Payenne. Athénagore, Minucius-Felix Arnobe, Euſébe, Lactance, Saint-Augustin, &c.

Les Philoſophes Payens ſe battoient en retraite par l'Allégorie. Les Chrétiens ne négligerent rien pour leur enlever cette reſſource ; ils le firent avec d'autant plus de ſuccès, que les Payens les plus éclairés expliquoient eux-mêmes les Allégories à l'aventure, plutôt par une ſuite de l'ancienne Tradition que par connoiſſance de cauſe. D'ailleurs, il ne s'agiſſoit plus de ce que la Religion Payenne avoit pu être au commencement, & dans le tems où elle n'étoit qu'Allégorique ; mais de ce qu'elle étoit, dans ce moment où tous les Êtres Allégoriques étoient regardés comme des Êtres réels ; & où les hommes, trop éloignés de l'origine des Allégories, n'en pouvoient plus retrouver la ſource. Elles s'étoient flétries entre leurs mains; & non-ſeulement ils en avoient laiſſé perdre la pureté ; mais au lieu de s'élever par elles aux vérités auguſtes pour leſquelles elles avoient été inventées, ils s'en ſervoient pour obſcurcir ces mêmes vérités.

Ainſi les Peres de l'Egliſe n'étoient point en contradiction avec eux-mêmes, ni ennemis des Allégories ; ils prouvoient, contre les Philoſophes Payens, que leurs Allégories étoient nulles pour la défenſe du Paganiſme ; & non que l'Allégorie fût nulle par elle-même. Auſſi voit-on dans Origènes, que Celse reprochoit aux Chrétiens d'avoir recours eux-mêmes à l'Allégorie, pour voiler des choſes qu'on ne pouvoit excuſer.

Euſebe en particulier conſacra à cet objet, une portion conſidérable

de fa Préparation Evangélique (1). C'eſt-là qu'il fait un long Extrait de
l'Ouvrage de Plutarque que nous avons déja cité, les DÉDALES PLATÉENS,
& des Explications Allégoriques que les Egyptiens & les Grecs donnoient
de leur Mythologie ; & qu'il les réfute d'une maniere triomphante, en
faiſant voir que ces Allégories n'offroient que des puérilités ou des Contradictions. » En leur accordant, dit-il, que Jupiter eſt la Divinité ſu-
» prême, comment prouveront-ils que Saturne, qu'ils diſent être le
» Tems, eſt ſon Pere, & qu'Ops, qu'ils apellent la Puiſſance des Mon-
» tagnes, eſt ſa Mere?.... Comment eſt-ce que Latone, qui eſt la même
» que *Létho* (l'oubli, le caché,) peut être la Mere du Soleil & de la Lune,
» ou d'Apollon & de Diane ? Et pourquoi honoreroit-on, comme des Di-
» vinités, Ops & Cérès, ſi elles ne ſont que des Symboles, l'une des Mon-
» tagnes, & l'autre des Plaines ?

C'eſt ſur-tout au ſujet d'Hercule qu'il preſſe vivement les Allégoriſtes
Payens. » Mais pour m'attacher, dit-il, à un exemple particulier, n'ont-
» ils pas oſé faire du Soleil ſeul, pluſieurs Dieux ? n'eſt-il pas pour eux
» Apollon, Hercule, Bacchus & Eſculape ? Mais comment le même Perſon-
» nage ſera t'il tout à la fois Pere & Fils, Apollon & Eſculape ? Comment
» ſe trouve-t-il métamorphoſé en Hercule né d'une mere mortelle ?
» Comment le Soleil en fureur égorge-t-il ſes enfans ? Il eſt vrai qu'ils di-
» ſent que les douze Travaux d'Hercule repréſentent la courſe du Soleil à
» travers les douze Signes du Zodiaque : mais que feront-ils d'Euryſthée
» qui ordonne au Soleil ou à Hercule d'éxécuter ces Travaux ? De quelle
» maniere appliqueront-ils au Soleil, la chemiſe funeſte teinte du ſang
» infect du Centaure ? Seront-ils plus à leur aiſe, en leur accordant que
» Bacchus eſt le Soleil ? car ſi Bacchus eſt la force qui ſe développe dans
» les fruits, comment peut-il être le Soleil ? Quel rapport voit-on entre cet
» aſtre & cette milice de femmes dont Bacchus paroît toujours environné?
» Le Soleil épouſa-t-il jamais Ariadne ? & ſi Bacchus n'eſt que le Dieu
» des vignobles, le Soleil eſt-il protecteur de ceux-ci plutôt que des champs
» ou des vergers ? En un mot, s'ils regardent ces Dieux comme les vrais
» moteurs des objets auxquels ils préſident, ils les mettent à la place du
» Créateur, du Dieu *Suprême : s'ils diſent qu'ils ne les enviſagent que
» comme des portions de la Divinité renfermées dans ces objets & qui les
» animent, qu'ils admettent donc un ſeul & unique Dieu ! qu'ils expo-
» ſent ſes perfections ſans envelope ! & qu'ils renoncent à jamais à ces
» Fables honteuſes qui changent la Divinité en êtres vils & infâmes, &
» à une Doctrine qui n'eſt qu'un ramas d'impiétés & de crimes.

Il étoit impoſſible aux Payens de répondre à ces raiſonnemens : auſſi leur Religion attaquée de toutes parts ne put se relever ; elle succomba sous des coups aussi vigoureux. Il est vrai qu'un Payen éclairé dans l'Antiquité auroit pu justifier l'origine de ces Fables : mais il auroit toujours été forcé de désavouer l'abus étrange qu'en avoit fait le Paganisme : & désavouer ces abus, c'étoit anéantir le Paganisme.

Ainsi les Fables Mythologiques ne furent plus envisagées que comme un vain artifice, auquel on avoit eu recours pour voiler l'absurdité du Paganisme ; & le Génie Allégorique de l'Antiquité envelopé dans cette destruction générale, parut enseveli pour jamais sous ces ruines (†).

§. 7.

MODERNES partagés à ce sujet, & 1°. de ceux qui sont oposés aux Allégories.

L'opinion que la Mythologie n'étoit point née du Génie Allégorique, & que tout ce que les Payens avoient dit à ce sujet, n'étoit que de vaines défaites pour pallier leurs erreurs, se trouva donc l'opinion courante lorsque les Sciences se renouvellerent en Europe. Aussi influa-t-elle nécessairement sur les premieres idées que les Modernes s'en formerent : ils avoient assez d'érudition & assez de goût pour sentir la force des argumens avec lesquels les Peres avoient autrefois attaqué ce Système. & la foiblesse des Explications par lesquelles les Philosophes Payens avoient essayé d'étayer leur Religion chancelante. Mais il n'avoient pas assez de lumieres, pour séparer la cause de *l'Allégorie* de celle du Paganisme : encore moins pour se former des idées nettes & éxactes de l'Allégorie. L'Allégorie avoit été une des dernieres armes de l'idolâtrie & de la superstition, & elle est toujours toute prête à apuyer les plus mauvaises causes : c'en fut assez pour leur faire rejetter hautement tout ce qui avoit quelque raport à l'Allégorie.

C'est en effet une faute trop ordinaire, de rejetter tout ce dont on a abusé ou tout ce dont on pourroit abuser ; & qui provient, ou d'un sentiment intérieur de sa propre foiblesse qui faisant craindre de ne pouvoir faire qu'un mauvais usage d'une chose, nous y fait totalement renoncer;

(†) Un Manuscrit du onziéme siécle, conservé dans la Bibliothéque de Berne, & qui contient le texte de Prudence avec des Scholies, nous offre une preuve frapante que l'on n'en avoit cependant pas encore alors perdu tout souvenir: le Scholiaste expliquant les Amours de Vénus avec Ado (pour Adonis) tué par un Sanglier, dit qu'Ado est le Soleil; le SANGLIER, l'Hyver; & VÉNUS, la Terre, qui pleure le Soleil caché par l'Hyver. On en peut voir la notice dans le Catalogue des Manuscrits de cette Bibliothéque par M. SINNER, qui en est le Bibliothécaire, & dans le Journal des Savans, Juillet 1764.

ou d'une fi grande averfion pour ceux qui s'en font fervis , qu'elle nous
porte à ne vouloir pas même faire ufage d'une chofe dont ils ont abufé ,
afin de n'avoir rien de commun avec eux.

Aufli , lorfque dans ces derniers tems , on voulut remonter à l'origine
de la Mythologie , la plûpart des Critiques n'y virent qu'une hiftoire altérée par la Tradition , ou par l'ignorance & les équivoques des Langues
Orientales : il y auroit eu un autre parti à prendre , celui de n'y voir
que des Contes à dormir debout : mais ils font une partie fi effentielle
de l'Antiquité , qu'il étoit impoffible qu'une pareille idée pût fe foutenir.

Le Syftême Hiftorique réuniffoit divers avantages : d'un côté , on fe
flattoit de pouvoir rétablir par ce moyen l'Hiftoire ancienne ; d'un autre ,
on n'étoit pas obligé d'accorder de l'efprit aux Anciens , comme on y eût
été obligé en regardant la Mythologie comme l'effet de leur Génie, & en
les envifageant eux - mêmes comme des Perfonnages dignes par cela feul
des plus grands éloges. D'ailleurs , il eft fi défagréable de ne pas fçavoir
à quoi s'en tenir fur un objet : au lieu que la Mythologie réduite en hiftoire , contentoit tout le Monde.

A la tête des Défenfeurs du Syftême hiftorique , on peut placer M.
LE CLERC , fi célébre par la multitude de fes Ouvrages , par fon habileté dans la Critique & par la hardieffe de fes idées.

M. l'Abbé BANIER , qui marchant fur fes traces , forma cette maffe de
la Mythologie hiftorique qui lui a fait tant d'honneur , & où l'on trouve
du moins réuni à peu près tout ce que l'Antiquité a dit à ce fujet.

L'Evêque de Glocefter le célebre WARBURTHON , qui a répandu dans
fa Légation de Moyfe une fi vafte érudition & un fi grand mélange de
vérités utiles & de paradoxes ingénieux.

On peut encore joindre à cette Claffe , tous ceux qui n'ont vû dans la
Mythologie qu'une altération de l'Hiftoire Sacrée , entre lefquels fe dif-
tinguerent HUET, Evêque d'Avranches , Éléve & Rival de BOCHAT , FOUR-
MONT , &c.

Ainfi s'énonce LE CLERC en rendant compte des ouvrages de SELDEN (1) ,
qui avoit expliqué plufieurs Fables Mythologiques dans un fens Allégorique.

» Un troifiéme défaut que Selden n'a pas entierement évité , c'eft
» qu'il admet en quelques endroits *l'Explication Allégorique* des Fables ,
» comme fi c'eût été le deffein de ceux qui les ont débitées les premiers ,
» de repréfenter je ne fais quels myftères , fous l'envelope des Fables.
» Il eft de deux fortes de Fables. . . . . Les unes font l'ancienne Hiftoire de

_____

(1) Bibl. Choif. T. VII. 88-100.

» la Gréce mal entendue. . . . . auxquelles on ajouta de nouvelles Fables.
» Les autres ont pour origine , les équivoques des anciennes Hiſtoires
» écrites en Phénicien. . . . . . Je crois donc que les Explications Allégo-
» riques qu'on a données de *Saturne* & de ſes Enfans, ſont de pures
» chimères. . . . . car elles ne ſont pas ſuffiſantes pour expliquer la plû-
» part des Fables ; & on peut les tourner comme l'on veut, &c.

L'Abbé BANIER aprouvant le ſyſtême de LE CLERC, s'attache à le
déveloper & à en faire ſentir la juſteſſe dans la Préface qu'il mit à la
tête de ſa Mythologie , & dans les deux Chapitres par leſquels il en
fait l'ouverture ; & s'il eſt obligé de convenir que la Mythologie renferme quelques Allégories , il ſe tire d'affaire en diſant qu'elles n'y ont été
ajoutées qu'à la longue, & qu'elles n'en ſont qu'une très-petite partie.

» Mon deſſein dans cet Ouvrage , dit-il (2) , eſt de prouver que ,
» malgré tous les Ornemens qui accompagnent les Fables, il n'eſt pas
» difficile de voir qu'elles renferment une partie de l'Hiſtoire des premiers
» Tems, & que l'*Allégorie* & la *Morale* n'ont pas été le premier objet
» de ceux qui les ont inventées. . . . . Ce n'eſt pas qu'il n'y ait quelques
» fictions particulieres, où l'on chercheroit vainement quelques traits d'Hiſ-
» toire ; mais, en général, elles y ont preſque toutes quelque raport. . . .
» Autrefois, les Mythologues croyoient avoir pénétré le ſens d'une Fable,
» lorſqu'ils avoient ſçu en tirer quelqu'Allégorie ou quelque Moralité. . . . .
» Il faut déformais renoncer *de bonne grace* à y trouver aucun ſens raiſon-
» nable , ou les raporter à l'Hiſtoire.

Et voici ſa recette , pour trouver par-tout une explication hiſtorique.
» Lorſqu'une Fable paroît hiſtorique (3) , il faut en ôter le ſurnaturel
» qui l'accompagne. . . . Il eſt inutile & impoſſible en même tems, d'ex-
» pliquer toutes les circonſtances des Fables, dont la plûpart n'ont été
» inventées que long-tems après, &c. . . .

Je doute fort que ſa recette ſoit du goût de tout le Monde : elle a
ſi peu plu à un Savant Anglois, que dans des Lettres ſur la Mythologie
il dit (4) » : Le Syſtême de l'Abbé Banier bannit toute Poëſie. . . . . Il n'é-
» toit rien moins que Poëte. . . . . . *Ses réflexions ſont inſipides.* . . . . C'eſt
» une pure HYPOTHÈSE, que de dire que les Fables ſont hiſtoriques. . . . .
» Chez lui, pas un mot de la ſageſſe des Anciens, de la profondeur de
» leurs idées, de la force de leur imagination, ni du ſervice qu'ils ont
» rendu à l'humanité en civiliſant des Tribus Sauvages. . . . . Il s'efforce
» de rendre la Mythologie odieuſe, &c.

WARBURTHON s'eſt montré zélé défenſeur du ſens hiſtorique des Fables,
en attaquant vivement les explications de l'Auteur de l'Hiſtoire du Ciel ,

---

(2) Préface , p. X. Edit. de 1738. *in*-12.
(3) T. 1. p. 30.
(4) BLACKWELL , T. II. p. 11-16.

qui regarda la Mythologie comme une fuite des Allégories Egyptiennes ou de leur Écriture Hiéroglyphique.

Il en eft de même de M. HUET. Cet Evêque diftingué par fon érudition, mais qui vécut malheureufement dans un tems où le goût étoit encore peu épuré, crut fervir utilement la Religion Chrétienne en faifant voir, que la Mythologie entiere n'étoit qu'une altération de l'Hiftoire Sacrée : fans doute, elles ont quelques traditions communes, relatives à la premiere origine des hommes, ou aux tems qui précéderent la difperfion : mais il feroit impoffible d'y trouver des raports plus étroits : voir dans Moyfe ou dans Jofué, tous les Dieux, Bacchus, Hercule, Apollon, &c. c'étoit s'aveugler ou fe mettre dans le cas de n'être cru de perfonne.

Tel fut encore l'écueil contre lequel s'alla brifer l'érudition de Mr. FOURMONT : il fut un exemple trop fenfible qu'on peut exceller dans les Langues & les deviner, fans avoir le goût néceffaire pour réuffir fur des objets d'une toute autre efpéce. L'ouvrage qu'il fit pour établir que tous les Dieux étoient nés de la Famille d'Abraham, n'eut pas le fuccès que promettoit la réputation de l'Auteur : perfonne n'admit un Syftéme dont toutes les preuves fe réduifoient à de prétendus raports de mots décompofés à difcrétion ; & nuls, dès qu'on les auroit décompofés de toute autre maniére. Ce fut l'abus le plus étrange qu'on eût encore vû des Etymologies, & qui ne fit qu'augmenter les préventions qu'on avoit conçues depuis long-tems contr'elles.

§. 2.

MODERNES *qui fe font déclarés pour l'Allégorie.*

Quoique depuis un millier d'années, on eût perdu de vue que l'Antiquité s'étoit exprimée allégoriquement fur les objets les plus importans ; & malgré le nombre & la réputation de ceux qui s'étoient déclarés pour l'explication hiftorique des Fables, cette explication laiffoit tant de lacunes, elle étoit fi peu d'accord avec elle-même, elle donnoit fi fort à l'arbitraire, elle expliquoit fi peu de chofe, qu'un grand nombre de Sçavans aimerent mieux rifquer de s'égarer avec les Allégoriftes, que d'avoir raifon avec les Hiftoriques : auffi les Allégories comptent-elles un grand nombre de Défenfeurs dans ces derniers fiécles ; & prefque tous d'une grande réputation.

1°. *Le Chancelier* BACON.

Nous mettrons à la tête, l'illuftre Chancelier BACON. Dans un Traité

qu'il compofa exprès fur cette matiere & qu'il intitula , SAGESSE DES·
ANCIENS (†), il s'efforce de donner une grande idée de leur Génie Allégorique (1). Dans l'Epitre Dédicatoire au Comte de Sarisbury, Grand Tré-
forier d'Angleterre , il dit » : l'Antiquité primitive; relativement au tems ,
» mérite la plus haute vénération : & relativement à fa maniere d'enfei-
» gner, (elle mérite notre admiration) renfermant dans l'Allégorie comme
» dans une riche caffette, tout ce que les fciences ont de plus précieux :
» & devenant par cette Philofophie , la gloire du genre-humain. Quoi-
» qu'aujourd'hui nous l'abandonnions aux enfans , je regarde cependant
» ces Allégories comme la connoiffance la plus excellente après la Religion ,
» & comme la fource de la politique , dont l'étendue eft fi vafte.

Il dévelope beaucoup plus cette idée dans une Préface qui fuit cette Epitre : il y dit » : J'avoue fans peine que je fuis perfuadé que dès leur origine, les
» Fables anciennes furent allégoriques & renfermerent des leçons importan-
» tes : foit que j'aye conçu la plus haute idée de ces premiers temps ; foit que
» j'aperçoive dans la plûpart de leurs Fables un raport fi fenfible avec l'ob-
» jet repréfenté, & dans le tiffu même de la Fable , & dans la valeur des
» noms qu'y portent leurs Perfonnages, qu'il eft impoffible de fe refufer à
» l'idée que ceux qui les inventerent avoient réellement ces objets en
» vue.... & fi quelqu'un s'obftine néanmoins à n'y vouloir rien apercevoir
» de pareil, nous ne le tourmenterons point pour penfer comme nous; mais
» nous le plaindrons d'avoir la vue fi trouble & l'entendement fi bouché &
» fi lourd.

Il explique enfuite les Allégories contenues dans XXXI. Fables. Choi-
fiffons-en une ; elle a pour objet le SPHYNX ; & elle paroît faite exprès pour
la matiere que nous traitons.

Perfonne n'ignore que les avenues des Temples d'Egypte, étoient formées
par un double rang de Sphynx ; & qu'à Thébes de Béotie , Ville,qui a tant
fourni aux Fables Mythologiques, fut un Sphynx qui fe tenoit à la porte de
la Ville, propofoit des Enigmes aux paffans & déchiroit ceux qui ne pouvoient les expliquer : & qu'Œdipe,mettant fin à fa tyrannie par l'explication
de la principale de ces Enigmes, obtint l'Empire de Thébes promis pour ré-
compenfe à celui qui l'auroit en effèt expliquée.

L'on fait de plus qu'Œdipe fignifie *celui qui a les pieds percés*, parce que

---

(†) Ce terme de SAGESSE , qui vient du Latin SAPIENTIA , ne fe prend pas ici dans le
fens que ce mot préfente ordinairement : il défigne effentiellement le SAVOIR, UNE DOC-
TRINE ÉMINENTE. C'eft dans ce fens qu'on apelloit SAGES , ceux qui fe livroient à l'é-
tude ; nom qu'ils portent encore dans l'Orient , & que les Grecs changerent dans le terme modefte de PHILOSOPHES ou Amis de la Sageffe. La Sageffe des Anciens eft donc la
même chofe que leurs connoiffances Philofophiques. Comme l'étude devoit influer néceffairement fur la conduite , on donna également à celle-ci le nom de Sageffe , qui
défignoit déja la capacité & le favoir.

(1) Cet Ouvrage fait partie du fecond vol. de fes Œuvres en 5 vol. fol. p. 346-386.

dans fon enfance, il avoit été expofé & attaché par les pieds à un arbre ; & que le Sphynx étoit repréfenté avec le vifage, les mains & la voix d'une Fille, le corps d'un Chien, les yeux d'un Dragon, les griffes d'un Lion, & les aîles d'un Oifeau. Sa réfidence ordinaire étoit le Mont *Phicée*, en Béotie.

Aucun de ces caractères n'a été choifi au hazard : leur enfemble doit donc donner le mot de l'Enigme : il a été cependant manqué par l'Abbé Banier, qui n'y a vû qu'une Princeffe devenue Chef d'une Troupe de Bandits qui du Mont Phicée commettoient mille défordres aux environs de Thébes, & en-traînoient fes habitans dans les brouffailles de la Montagne. Mais pendant qu'il fe perd dans ces brouffailles, écoutons notre Chancelier, avec quelques légers changemens.

Le Sphynx, dit-il (1), eft la fcience envelopée d'Allégories : c'eft un monftre ; car cette fcience eft un amas de prodiges de toute efpèce : elle eft re-préfentée avec un vifage, des mains & une voix de Femme, pour marquer fes attraits & fes graces ; fes aîles marquent le vol élevé des Sciences, & qu'elles font faites pour fe communiquer rapidement à tous les efprits. Ses griffes font la profondeur & la force irréfiftible & pénétrante de fes argumens & de fes axiomes : *les paroles des Sages*, dit Salomon, *font des aiguillons & des cloux plantés profondément*. Cet être extraordinaire fe tient fur les avenues, par-ce que nous ne connoiffons que les furfaces, les aparences, l'écorce des chofes. Il a reçu des Mufes les Enigmes qu'il propofe, parce qu'elles font la fource de toute fcience. Il habite le Mont Phicée ; car ce mot Phénicien qui fut adopté par les Grecs (2), fignifie *habile*, *fin*, *clair-voyant*, *fubtil*, *pénétrant*. Ce-lui-là feul explique fes Enigmes qui a les pieds percés & malades : car ce n'eft pas en fe hâtant qu'on devine les Enigmes du Sphynx. Enfin, deux conditions font attachées à ces Allégories : *d'être déchiré*, fi on ne peut les expliquer ; ou d'être *Roi*, fi on les déchiffre. En effet celui qui ne peut les déveloper, a l'ef-prit continuellement déchiré ; & celui qui les déchiffre, eft Roi dans le fens allégorique & philofophique, c'eft-à-dire, eft un Sage, comme s'exprimoient les Stoïciens, *le Sage eft Roi* ; il regne fur lui-même & fur la nature qu'il connoît.

Les autres Allégories qu'explique Bacon & dans le même goût, font charmantes & très-ingénieufes ; mais comme quelques-unes font moins fen-fibles & qu'il n'en explique d'ailleurs qu'un très-petit nombre, dont on ne peut tirer aucune conféquence pour le refte de la Mythologie, il n'eft point étonnant que cet effai foit peu connu & qu'il n'ait eu aucun effet.

Un Journalifte parlant de cet Ouvrage, s'exprimoit ainfi (3) : » On y trouve
» le même génie original & inventif, que dans fes autres Ouvrages. Ne vou-
» lant pas marcher fur les traces de ceux qui l'avoient précédé, gens, difoit-il,

_____

(1) Fab. XXVIII.
(2) ⲟⲓⲍ.
(3) Biblioth. Brit. Avril-Juin 1740, p. 144.

» don

» dont le favoir ne s'étendoit pas au-delà d'un certain lieu commun, il s'ou-
» vrit une nouvelle route : il pénétra dans les recoins les plus cachés de
» ce pays inculte & ténébreux ; de forte qu'il trouva moyen de dire quel-
» que chofe de nouveau fur un fujet connu & rebattu : & quand même on
» ne pourroit convenir avec lui de ce fens phyfique, politique & moral qu'il
» prétend être caché fous les Fables de l'Antiquité, il faut avouer qu'il devoit
» avoir une pénétration peu commune pour fe tromper avec tant d'aparence
» de raifon : & s'il eft encore douteux que les Anciens ayent été auffi éclairés
» qu'il entreprit de le prouver, cette entreprife même fait voir au moins la
» profondeur & l'étendue de fes connoiffances. (†)

2°. *BLACKWELL.*

B L A C K W E L L, fon Compatriote, eft beaucoup plus dévelopé : fon Ouvrage (1), fans être profond, fans remonter aux principes, fans avoir aperçu
la premiere origine des Mythologies, eft rempli de beautés de détail tout-à-
fait intéreffantes, très-bien vues, & qui font honneur à la fineffe de l'efprit
& à la jufteffe du goût de l'Auteur.

C'eft-là que s'adreffant à une perfonne qui avoit pris un goût décidé pour
ces objets, il lui dit: » je vous félicite de cette nouvelle tournure d'efprit, qui
» vous porte à chercher le fens de ces Enigmes Mythologiques, de ces Contes
» extravagans, de ces incongruités aparentes que notre Savant Chancelier
» BACON a daigné apeller LA SAGESSE DES ANCIENS & *une fource conftante*
» de plaifirs pour un homme qui penfe, vû qu'elles contiennent les idées les
» plus fublimes de la Nature & de l'Art.... Nous devons avoir affez de mo-
» deftie pour croire que ce qui a occupé la tête des Philofophes, la langue des
» Poëtes & la main des Peintres pendant un fi grand nombre de fiécles, eft
» capable de nous procurer quelque amufement.

On y voit (2) cette Defcription Pittorefque de la Mythologie : » La robe
» enchantée de la Mythologie eft un triple tiffu, fur lequel font repréfentés le
» Ciel, la Terre, l'Air, la Mer, & tout ce qu'ils contiennent, dans toutes les
» pofitions poffibles. Elle varie, fuivant le jour dans lequel on la regarde:
» L'Hiftoire de la Création ou la naiffance de l'Univers, ce que nous apellons
» Philofophie naturelle & que les Anciens nommoient Théogonie, forme le

---

(†) Cet Homme fi extraordinaire lui-même par ces grands aperçus, l'étoit encore par
une bifarrerie bien finguliere de la Nature. A toutes les Eclipfes de Lune, qu'il le fçût
ou qu'il ne le fçût pas, il tomboit en défaillance, & ne revenoit à lui que lorfque l'Eclipfe
étoit paffée. Ce fait, joint à quelques autres auffi finguliers, pourroit donner lieu à des
recherches phyfiques intéreffantes.
(1) Lettres fur la Mythologie, traduites en François en 2 vol. *in-12.* Paris 1771.
(2) Lettre X^e.

» fond de cette Robe. Les Puiſſances qui gouvernent le Monde , & pour leſ-
» quelles nous n'avons point de Noms ſéparés , forment les figures & le deſ-
» ſein , tandis que les paſſions des Hommes , l'Harmonie de l'Ame humaine ,
» la Philoſophie morale , lui donnent l'éclat & le coloris, qui augmente ou
» ſe ternit, ſelon que ces paſſions ſont plus ou moins fortes : enſorte que par
» une eſpèce de magie ſecrette , elle paroît quelquefois prendre feu & jetter
» des flammes.

» Telle eſt la Robe merveilleuſe de la Science, qui enchanta pendant ſi
» long-tems les hommes ; qui les transforma , de brûtes & de ſauvages , en
» des créatures civiliſées ; & de lions & de loups , en Hommes ſociables.
» Ce fut elle qui fit danſer les arbres , qui arrêta par ſa mélodie le cours des
» rivieres & qui ſe fit ſuivre des rochers.

» La Mythologie , dit-il ailleurs d'un ton plus ſimple , eſt une inſtruction
» déguiſée ſous le Voile d'un Conte. Elle ne ſe borne pas à la ſimple narra-
» tion : elle emploie quelquefois les Signes , les Symboles , les Cérémonies &
» les repréſentations matérielles pour inſtruire les Hommes par des repréſen-
» tations matérielles de la vertu & du vice : par des Statues & des Tem-
» ples ... par des Rits accompagnés de formules pieuſes .... par les Cérémo-
» nies inſtituées en l'honneur des Dieux & des Héros.

Il a très bien vu auſſi (7) que l'Allégorie fut antérieure aux Platoniciens,
» puiſque, dit-il , les premieres Fables des Egyptiens & des Grecs ſont apelées
» Cosmogonies & Théogonies ; c'eſt-à-dire , ſtructure & formation de
» l'Univers.

3°. B A S N A G E.

N'oublions pas le Savant Basnage , qui conſacra à cette matiere un Volume preſqu'entier, des cinq dont eſt compoſée ſon excellente Hiſtoire des
Juifs. Il y établit (8) que le Génie Allégorique fixa de tout tems ſon ſiége
dans l'Egypte (†) ; que de-là il ſe communiqua aux Grecs , aux Juifs, & aux
Gnoſtiques : qu'ainſi naquirent les Fables des Grecs , la Cabale des Juifs, &
les Dogmes étranges des Baſilidiens & des autres hérétiques des premiers ſiécles de l'Egliſe : de même que le Génie Allégorique de la plûpart des Peres
Grecs de ce même tems.

Mais comme tout ce qu'il dit à ce ſujet eſt relatif à la Cabale des Juifs, qu'il

---

(7) Vol. II. au commencement.
(8) Hiſt. des Juifs , Liv. III. Chap. X-XXIX.
(†) Ce Savant tombe ici dans la même faute qui a égaré l'ingénieux Auteur de l'Hiſtoire du Ciel. N'ayant pu remonter à l'origine des Connoiſſances communes aux plus
anciens Peuples, on l'a preſque toujours cherchée dans l'Egypte , illuſtre par ſes lumieres dès les premiers tems : mais il ne faut jamais oublier que les Egyptiens perfection-
nerent , mais n'inventerent pas ; & qu'il eſt une ſource, plus ancienne qu'eux, des connoiſſances premieres. Ne voir qu'eux , c'eſt s'arrêter à moitié chemin.

démontre n'être qu'un tiſſu d'Allégories, il ſe ſert indifféremment des mots *Cabbale* & *Allégorie.*

» La Cabale, dit-il (9), ou l'Allégorie, eſt regardée comme une ſcience
» noble, ſublime, qui par une route aiſée conduit les Hommes à la connoiſ-
» ſance des vérités les plus profondes.... Les Anges n'ont pû paroître ſur la
.» terre.. qu'en revêtant un corps.. Dieu qui eſt infini, a été obligé pour com-
» muniquer ſes idées & ſes conſeils aux Hommes, de s'enveloper des termes
» proportionnés à la foibleſſe de leur eſprit, &c...

† » Cette méthode de peindre les opérations de la Divinité ſous des figures
» humaines, étoit fort en uſage chez les Egyptiens. Ils peignoient, par exem-
» ple, un homme avec un viſage de feu & des cornes: une croſſe à la main
» droite, ſept cercles à ſa gauche, & des ailes aux épaules : par-là, ils repré-
» ſentoient Dieu, ou le Soleil & les effets qu'il produit dans le monde. Le
» *feu* du viſage, ſignifioit la chaleur qui vivifie toutes choſes ; les *cornes*, les
» rayons de lumiere ; la *barbe*, indiquoit les Elémens, de même que dans la
.» Cabale ; ſa *croſſe* eſt le Symbole du pouvoir qu'il exerce ſur les corps ſublu-
» naires : ſes *cuiſſes*, la Terre chargée d'arbres & de moiſſons ; les *eaux* ſor-
» tent de ſon nombril ; ſes *genoux* indiquent les Montagnes & les parties ra-
» boteuſes de la Terre ; ſes *ailes*, les vents & leur viteſſe : les *ſept cercles*,
» les Planettes ſur leſquelles il domine. » (†)

Après le dévelopement des principaux myſtères de la Cabale, on y voit
(10) l'Allégorie enſeignée avec éclat par les ESSENIENS, admiſe par PHILON,
par JOSÉPHE, par tous les Thalmudiſtes, ſe déployer dans tous les Dieux de
l'Egypte & dans ſes Animaux ſacrés : paſſant de-là chez les Grecs, préſider aux
Poéſies d'Orphée & d'Homere & à la Philoſophie de Platon : ſe manifeſter
chez les Juifs dans leurs dix ſplendeurs, baſe de leur Cabale ; & chez les
GNOSTIQUES dans leurs trente Eons, ou Génies, & dans leurs ABRAXAS, ou
565 Cieux : & produire chez tous, les ravages les plus étranges par l'abus des
Lettres, des mots, des nombres, & du langage Allégorique.

4°. *L'Abbé Antoine* CONTI.

M. L'Abbé CONTI, Noble Vénitien, eſt un autre tenant diſtingué des
Allégories (11).

Après avoir poſé pour principe dans ſa *Poëtique*, que tous les beaux

---

(9) Ch. X. n. I.
(†) C'eſt un Perſonnage auquel on donna le nom de PAN, c'eſt-à-dire TOUT, l'U-
.nivers : & dont le Symbole eſſentiel étoit la flûte ou l'Orgue à ſept Tuyaux, harmonie de l'Univers.
(10) Ib. Chap. XVI & ſuivans.
(11) Dans ſes Ouvrages imprimés à Veniſe, *in-4.* en 1739. ſous ce titre : *Proſe è Poe-
ſie del Signor Abbate ANTONIO CONTI, Patrizio Veneto*, annoncés dans le Journ. des
Sçav. Fév. 1740, auquel nous devons ce que nous en raportons ici.

Arts conviennent dans l'imitation comme dans une idée commune, laquelle ne perd jamais ni sa nature ni ses propriétés, & avoir déterminé. en quoi diffèrent la ressemblance & l'imitation, il passe à l'examen de l'imitation Poétique qui l'a conduit à un Traité sur l'Allégorie.

Selon ce Savant Venitien, les Poëtes anciens se sont servis de l'Allégorie pour instruire sans orgueil, pour louer sans affectation, pour accuser sans péril, & pour rendre les choses grandes & admirables, sans. les exposer à l'irrévérence & au mépris ; soit qu'ils enseignassent les dogmes, ou qu'ils révélassent des Mystères, soit en blâmant, soit en louant, ils ont cherché avec sagacité à administrer à l'esprit ces Syllogismes inatendus, dans lesquels notre amour - propre se plaît tant : lorsque nous. tirons nous mêmes, & sans le secours d'autrui, le précepte de l'exemple, le panégyrique & la satyre des faits, & la vérité de la fiction.

Mais l'Allégorie, cette partie si importante de la Poësie ancienne, est. aujourd'hui fort obscure, parce que nous ignorons les vues particulieres du Poëte, & les circonstances & les faits qui pourroient nous en instruire. Et parce que l'Allégorie est facile ou difficile à deviner, notre Auteur la divise en Allégorie claire & en Allégorie obscure ; l'Allégorie. claire servoit aux Anciens à enseigner la Morale aux enfans, aux femmes & aux peuples ; & ils employoient l'obscure, pour voiler les secrets de la Politique ou. de la Religion.

Il détermine l'origine & la nature des Apologues, des paraboles, des Proverbes & des emblêmes, des devises & des plus simples hiéroglyphes; il ne néglige pas même l'énigme ; il observe que l'on trouve dans les Allégories des Poëtes Grecs, l'obscur & le clair mêlés l'un avec l'autre. Par exemple, dit il, on voit clairement les vues politiques d'Homere dans l'Iliade, & les vues de Morale dans l'Odyssée. Mais qui pourroit bien entendre la nature des Divinités d'Homere, considérées même comme des Symboles Allégoriques? On a beau distinguer dans ces Divinités, ce: qui appartient aux opinions populaires & ce qui peut être susceptible d'une interprétation Philosophique ; il y reste tant de contradictions à sauver, que la Divinité y paroîtra toujours dégradée : il en est de même de la Théogonie d'Hésiode : il en est de même aussi des Allégories contenues dans les autres Poëtes, soit Lyriques, soit Dramatiques: on en entend une partie, l'autre est fort difficile, pour ne pas dire impossible à découvrir : on ne pourroit y parvenir que par des hypothèses, mais qui seront toujours fort incertaines. Il ajoute qu'il a examiné avec beaucoup de soin si la Thébaïde de Stace étoit un Panégyrique indirect des actions de Domicien, comme l'Enéïde en est un des actions d'Auguste.

L'imitation & l'Allégorie, ajoute-t-il, appartiennent à l'Histoire & à la Philosophie aussi-bien qu'à la Poësie. La Cyropédie de Xénophon, quand bien même ce seroit une Histoire, ne laisse pas d'être un emblême ou une peinture Allégorique des vertus requises en un Général d'armées. La République de Platon, par le moyen de l'imitation exprimée dans le dialogue, renferme plusieurs Allégories de la vie civile & politique. Mais ce qui est propre à la Poésie & qui n'appartient qu'a elle seule, c'est l'enthousiasme & l'harmonie réguliere des mots. Et traitant de l'une & de l'autre, il distingue deux sortes d'enthousiasme, l'un tranquille & l'autre mêlé de trouble.

Il conclut de toutes ces différentes observations, que la Poésie n'est rien autre chose qu'un concert d'imaginations extrêmement agréables, représentatives des choses divines & humaines, quelquefois avec l'*Allégorie*, mais toujours avec l'enthousiasme & l'harmonie; le tout dirigé par la Morale pour enseigner la vérité & la vertu.

Il en est à peu près de même de la Poésie Sacrée; celle-ci très-supérieure aux autres, exerce, dit-il, infiniment la raison. Chez elle, non-seulement les mots signifient des choses, mais les choses en signifient d'autres: en même tems qu'elle raconte tout ce qui s'est passé dans l'ancienne Eglise, elle retrace les Mystères de la nouvelle Eglise, & donne tout-à-la-fois des instructions pour cette vie & des espérances pour la vie future.

5°. M. l'Abbé BERGIER.

Entre les Ouvrages qui ont paru sur cette matiere, on en doit distinguer un très-récent, où l'on a aprofondi cette question avec plus d'exactitude qu'on n'eût encore fait, & qui mérite d'être beaucoup plus connu qu'il n'est. C'est le Discours que M. l'Abbé BERGIER a mis à la tête de son Ouvrage sur *l'Origine des Dieux du Paganisme* (12), & qui contient plus de 300 pages.

L'Auteur faisant l'exposition de son Système fondé sur la Théogonie d'Hésiode, avance ces quatre Propositions sur lesquelles roule tout son Discours: 1°. Que les Dieux ne furent point des hommes ou des Rois qui vécurent sur la terre; mais des Intelligences, des Génies qu'on croyoit présider au gouvernement des différentes parties de la Nature. 2°. Que les Payens, afin de rendre sensibles les objets de leur culte, les peignirent d'abord par des Symboles & par des figures; & leur érigerent ensuite des Statues. 3°. Que les noms donnés à ces Dieux Administrateurs, & empruntés des Elémens auxquels ils présidoient, étant devenus inintelligibles, on prit toutes les opérations de ces Dieux, c'est à-dire les phénomènes de la Nature, pour des actions humaines; erreur qui fut augmentée par le style figuré des Poëtes. 4°. Enfin que l'Apothéose des Hommes célébres & des Héros, très-postérieure à l'établissement de la Religion publique & à la naissance des Fables, fut uniquement l'effet de l'Idolâtrie, & n'en fut point la cause.

---

(12) En 2 vol. *in-12*. Paris, 1767.

» Les Fables, dit-il, font de pures Allégories.... C'est l'Histoire Natu-
» relle.....déguisée fous des expreffions dont on ne comprit pas enfuite le
» fens, ou dont on abufa volontairement.

» Mais ces Allégories étoient auffi groffières que leurs Auteurs encore à
» demi-Sauvages: ainfi les feules reffources qu'on a pour débrouiller ce cahos,
» font une Phyfique groffière; les équivoques & l'abus de l'ancien langage.

Que la Mythologie foit allégorique, c'eft ce qu'on montre enfuite, en
faifant voir: 1º. Que les Philofophes Grecs avoient déja reconnu que les Fables étoient des Allégories; & qu'on n'a jamais pu démontrer le contraire.

2o. Tandis que l'explication hiftorique de ces Fables n'a jamais été apuyée
de preuves fatisfaifantes.

Après avoir réfuté le fyftème de ceux-ci dans les VIII premiers Chapitres,
M. l'Abbé Bergier fait voir dans le IXe que ceux qui veulent expliquer les
Fables par l'Histoire font forcés de reconnoître des Fables Allégoriques, &
d'abandonner à cet égard tous leurs principes. C'eft à ce fujet qu'il s'exprime ainfi:

» L'on fera furpris fans doute que des Mythologues auffi favans....ayent
» fondé leurs fyftèmes fur des preuves fi foibles. Si on avoit pu en donner de
» meilleures, elles ne leur auroient furement pas échapé. On l'eft encore da-
» vantage, quand on voit la hauteur avec laquelle certains Savans ont traité
» ceux qui fuivent l'opinion contraire: ils fe plaignent de ce que le Figu-
» rifme.... n'a pu encore perdre....le vieux crédit dont il a joui pendant
» tant de fiécles.

Il tire de là cinq conféquences dévelopées fort au long dans autant de Chapitres: ces conféquences font:

1º. Que la plûpart des Fables font des Allégories.

2º. Que les fources des Fables furent 1º. une explication groffière des Phénomènes de la Nature: 2º. Les équivoques d'un langage furanné: 3º. L'abus
du ftyle figuré de la Poëfie.

3º. Que les Cérémonies du Paganifme naquirent des mêmes fources.

4º. Que les Fables Grecques, du moins une partie, ne vinrent ainfi ni de
l'Egypte ni de la Phénicie.

5º. Enfin que la comparaifon des Langues, & fur-tout de celles de l'Orient,
eft d'une grande utilité pour découvrir le fens des Fables.

Et à la fin de ce Difcours, M. l'Abbé Bergier nous aprend que cet Ouvrage
fur l'origine des Dieux feroit une aplication du beau principe qu'il avoit dévelopé dans fes Elémens primitifs du langage, » que l'étude de ces Elémens
» & la comparaifon des Langues peuvent fervir à diffiper les ténébres répan-
» dues fur l'Hiftoire des anciens Peuples; & à nous faire diftinguer avec plus
» de certitude, les événemens réels d'avec les imaginations fabuleufes. »

On peut voir au même endroit la manière noble & modefte avec laquelle
il releve celle dont on avoit critiqué fes Elémens primitifs, & qui ne devroit
jamais être employée par les Gens de Lettres.

Je me suis étendu d'autant plus volontiers sur ce discours de M. l'Abbé Bergier, que, courant à peu près la même carriere, & nous étant rencontrés sur de grands principes, sans avoir été à même de nous concerter, cet accord fait déjà lui seul un puissant préjugé en faveur de nos vues.

III.

Auteurs de diverses Nations qui ont pris le parti du Sens Allégorique.

Outre tous ceux qui ont traité de cet objet en grand, nous pouvons en indiquer un très-grand nombre & très-distingués par leurs lumieres, qui ont également soutenu que l'Antiquité avoit fait un usage perpétuel de l'Allégorie.

En Angleterre, Théophile GALE dans ses divers Ouvrages (1).

HUTCHINSON, qui a commencé à déchiffrer, dit-on, avec succès, les Symboles des Livres Hébreux.

Voici de quelle maniere s'exprime à ce sujet le P. HOUBIGANT (2): » On » a l'obligation à M. Hutchinson d'avoir commencé à déchiffrer avec méthode les Symboles de l'Ecriture. C'est une science que les Savans n'ont jamais cultivée : on diroit qu'elle n'est pas digne de leur attention. Les Académies proposent des prix à ceux qui découvriront la clef des Symboles » de l'Egypte : mais il n'est encore venu dans l'idée de personne de proposer des récompenses à ceux qui donneront la clef des Symboles de l'Ecriture. Jusqu'ici l'on a préféré le goût des oignons de l'Egypte à celui de la » Manne. Il faut espérer que les premieres ouvertures que nous donnent les » Anglois, exciteront le Génie François à se tourner de ce côté, lorsque » les disputes de Religion seront finies. Un premier a déchiffré(M. Hutchinson), mais trop hasardé de conjectures ; un second qui a suivi le goût du » premier (M. Forbes, dont nous allons parler), a été plus sage ; un troisiéme qui viendra, peut profiter des fautes du premier, & perfectionner les » vues du dernier.

Et FORBES, qui marcha sur les traces d'Hutchinson, mais avec plus de sagesse, dans ses pensées sur la Religion Naturelle & Révelée (3); il y fait voir la nécessité dont furent les Symboles & les Emblêmes, pour peindre les grands objets de la Religion, & pour en transmettre le souvenir : il dit en particulier à ce sujet, sur les Chérubins, ou sur les Animaux à tête de Bœuf, de Lion & d'Aigle, &c. des choses très-intéressantes, comme étant les Symboles du Feu, de la Lumiere & de l'Air, &c.

---

(1) Dans sa Philosophie générale, imprimée en Latin, Londr. 1676. in-8. & dans sa Court of the Gentiles, imprimée à Oxford en 2 vol. in-4. quatre ans auparavant.
(2) Avertissement du P. Houbigant à la tête des Ouvrages de M. Forbes, p. VI.
(3) Traduites par le P. HOUBIGANT. Par. 1769. in-8.

C'eft à l'occafion de cet Ouvrage que le même P. Houbigant s'exprime ainfi au fujet des Symboles de l'Ecriture : » Pour bien expliquer les Symboles » de l'Ecriture, il faut examiner les faits qui y ont donné lieu & faire voir en » même tems comment les Juifs, qui n'ignoroient point les faits, y trou- » voient l'intelligence des Figures. C'eft le même chemin qu'on doit faire » aujourd'hui pour bien expliquer les Cérémonies de l'Eglife. On remonte » jufqu'à leur fource ; on y voit les raifons de leur établiffement ; & dans » elles, tous les enfeignemens qu'elles préfentent pour régler la Foi & con- » duire les mœurs. Les Figures de l'Ancien Teftament font un chiffre dont » il faut avoir une clef, & même une clef générale, pour fervir aux igno- » rans comme aux Savans. C'eft cette clef que cherche M. Forbes (4)

Il fait fentir de plus la néceffité des Symboles dans la Religion primiti- ve, en ajoutant ces paroles remarquables (5) : » il falloit des Symboles avant » l'Ecriture, pour foutenir la foi.

En Italie, ALEANDER. Celui-ci expliquant la TABLE HÉLIAQUE ou du So- leil, & un beau Monument qui repréfente l'Enlèvement de Proferpine, fait voir qu'ils peignent de très-belles Allégories, dont il dévelope le fens avec beaucoup d'érudition.

Et VICO, Jurifconfulte Italien, dans fon profond Ouvrage, intitulé SCIENCE NOUVELLE ; & qui eft prefque dans le goût & le ftyle des Sages de l'Antiquité, dont il veut expliquer les Inftitutions & le Génie.

En Hollande, CUPER, dans fon Apothéofe d'Homere, & dans fon Har- pocrate.

En Allemagne, BUDÆUS, qui affure (6) que les premiers Poëtes furent les inventeurs de l'Allégorie ; que l'on doit expliquer allégoriquement leurs Ouvrages, de même que ceux de PLATON qui fuivit en cela leurs traces ; & qu'on ne doit pas être furpris qu'Origènes ait imité à cet égard & Platon & les Poëtes, puifqu'il étoit Platonicien lui-même.

Dans ce Royaume, PETIT (7) expliqua dans fes Mélanges, avec beau- coup de goût & d'érudition, quelques Allégories de l'Antiquité.

M. De la BARRE avoit entrepris de prouver que la Phyfique eut beaucoup de part aux anciennes Fables ; mais qu'on ne pourroit avec fon feul fecours, fans celui de l'ALLÉGORIE & de l'Hiftoire, dévoiler les Myftères qui y font contenus. Et après avoir juftifié les explications Allégoriques, & avoir prouvé que les Dieux n'avoient jamais été hommes, il ajoute (8) : » Ces Al- » légories n'avoient pas pour objet de faire connoître des chofes com- » munes ; mais par ces chofes communes, de rendre refpeçtables les grandes » vérités, & le cúlte qui y avoit raport.

---

(4) Ib. p. IV.
(5) Ib. p. V.
(6) Franc. BUDÆI Parerga Hiftorico-Theologica. Hall. 1703. in-8. Diff. quinta.
(7) Samuelis PETITI Mifcellaneorum. Libri IX. Parif. 1630, in-8.
(8) Mém. des Infcr. T. XVI. 51.

M. l'Abbé

M. l'Abbé MIGNOT, dans un des derniers Volumes des mêmes Mémoires, avoit également essayé de concilier les Explications Allégoriques avec les Historiques.

Ajoutons à tous ceux là, l'Auteur ingénieux de l'HISTOIRE DU CIEL, qui avoit très-bien aperçu que le fond de la Mythologie étoit Allégorique, quoiqu'il n'ait pas été heureux dans ses dévelopemens & dans ses preuves.

Cette Liste, qui sûrement n'est pas complette, deviendroit bien plus considérable, si nous y ajoutions tous ceux qui ont cru voir dans la Mythologie une Allégorie perpétuelle du grand œuvre, & des procédés chymiques qui peuvent y conduire, selon eux : tels que TOLLIUS, Savant Hollandois du dernier siécle ; & D. PERNETTY, qui a essayé de renouveller ces idées, dans quelques Ouvrages qu'il a donnés dans ces derniers tems sur les Fables Payennes.

§. 8.

Empire de l'Allégorie, encore existant au milieu de nous, & se liant avec l'Antiquité.

Mais avons-nous besoin de toutes ces autorités, pour démêler quel rang tint l'Allégorie dans la masse des connoissances & des institutions des Peuples ? Et lorsque tous les anciens Monumens auroient disparu de dessus la face de la terre, lorsque personne ne réclameroit en faveur du Génie Symbolique de l'Antiquité, pourrions-nous le méconnoître ? Pourrions-nous nier l'existence de l'Allégorie, & refuser de croire à ses Symboles, en jettant les yeux sur nous-mêmes, sur tout ce qui nous environne ; sur nos Langues, sur nos Poësies, sur nos Peintures ? Ne pourrions-nous pas dire aujourd'hui, comme autrefois, TOUT N'EST QU'ALLÉGORIE ?

Nos Langues ne sont-elles pas remplies d'une multitude de termes figurés, métaphoriques, emblématiques ; & nos conversations, de tournures Symboliques ? La Langue Françoise, comme toute autre ? Les Etrangers ne sont-ils pas sans cesse étonnés de la trouver si gigantesque dans ses expressions, si outrée dans ses figures ? N'en soyons pas surpris : on ne sent jamais mieux l'énergie d'une expression figurée, que lorsqu'on la compare avec son sens littéral : mais c'est cette comparaison, que ne font jamais les Naturels du Pays, qui, accoutumés à se servir des figures employées par leurs Peres, ne se sont jamais avisés de les analyser en dernier ressort ; & de les comparer à un sens littéral, qui leur importe fort peu.

Il en est de même de nous, lorsque nous étudions les Langues étrangeres : raprochant sans cesse leurs figures du sens littéral, seul moyen pour nous d'en connoître l'énergie & la beauté, nous sommes toujours étonnés de les trouver en aussi grand nombre, & aussi fortes : ce sont sur-tout les Langues Orientales qui produisent sur nous ces effets au plus haut degré : leurs figures nous surprennent sans cesse ; sans cesse nous les trouvons fort au-delà de la nature.

Cependant celui qui examine les Langues de fang-froid, & fans s'étonner de rien, les trouve toutes jettées au même moule, toutes figurées, toutes Symboliques, toutes Métaphoriques; il voit qu'elles ne different que du plus au moins; & il en conclut, que l'Allégorie & fes figures font d'une néceſſité indifpenfable pour les hommes; même pour ceux qui habitent les climats les plus glacés & les plus propres à éteindre toute imagination; tandis qu'elle eſt embrâſée dans les climats où fe leve le Soleil, & qui y exalte les Efprits, par fes effets toujours les mêmes.

Nos Poëfies ne font-elles pas remplies d'Allégories & de Symboles de toute efpéce? Eſt-ce dans le fens littéral que nous prenons toutes ces Divinités qui en font la baſe? Les Mufes, les Graces, Apollon, le Parnaſſe, Vénus, Cérès, Neptune en courroux foulevant les flots agités, Flore & fes guirlandes, Zéphir qui l'aime, & une multitude d'autres pareilles, dont elle ne ſauroit en quelque façon fe paſſer, fans devenir froide & languiſſante.

Lors même que notre Poëfie ne fait point intervenir ces Divinités, lorſqu'elle fe livre aux Inſtructions les plus exactes & les plus philofophiques, n'a-t-elle pas une marche & un langage qui lui eſt propre? Ne multiplie-t-elle pas les Comparaiſons, les Antithèſes, les Métaphores, les Allégories & les Figures de toute efpèce, fort au-delà de ce qui eſt en ufage dans la Profe?

Celle-ci n'a-t-elle pas auſſi fes Figures propres, qu'elle employe avec plus ou moins de pompe, mais au plus haut degré dans les difcours oratoires? Et l'excellence de ceux-ci ne confiſte-t-elle pas fur-tout à dire d'une maniere extraordinaire, ce qui n'auroit paru que très-commun, ſi on l'eût dit d'une maniere ordinaire? enforte que les difcours oratoires les plus brillans, fe réduiroient fouvent à peu de choſe, ſi on les paſſoit au creuſet de l'Analyſe là plus févere.

Mais ſi notre langage, notre Poëfie, notre Profe cadencée, fourniſſent tant de figures & tant d'expreſſions Allégoriques, que fera-ce de notre Peinture & des Ouvrages de nos plus grands Artiſtes? Pour qui font-ils intelligibles & intéreſſans? ſi ce n'eſt pour ceux-là ſeuls qui font verſés dans le langage Symbolique & dans les Emblêmes confacrés à ces Arts, qui en conſtituent l'énergie & la beauté, qui en font la baſe. Autant ils font vifs, animés, remplis de feu & de génie pour ceux qui font faits à leurs Symboles & à leurs Allégories, autant font-ils froids & muets pour ceux qui n'y voyent que des Perſonnages & des Figures ordinaires.

Ce feroit bien pis encore, ſi ceux-ci s'aviſoient de les analyſer: ils n'y verroient alors que de l'extravagance & du ridicule. Plus ces tableaux feroient fublimes & énergiques, & plus ils leur paroîtroient abſurdes: effet néceſſaire de tout jugement dénué des principes & des objets qui peuvent ſeuls les éclairer, & prêter à l'illuſion que doit faire l'Art. Car tel eſt l'effet de ces Tableaux, que, quelque plaiſir que produiſe la fublimité de leur exécution, & les charmes de leur coloris, ils font encore plus piquans par l'allufion qu'ils renferment, & par le fens qu'ils offrent.

D'où nous viennent cependant toutes ces Allégories ? Ne les voyons-nous pas remonter à la plus haute Antiquité ? Sur quel Ouvrage des Grecs ou des Romains pouvons - nous jetter les yeux , qu'il ne nous faffe voir auffi tôt ces mêmes Allégories en ufage chez eux?

Nous n'aurons pas plus de peine pour nous affurer qu'ils les tinrent eux-mêmes de tems & de peuples plus éloignés, dès que nous ferons attention à l'ignorance dans laquelle ces Peuples furent toujours fur l'origine de toutes ces chofes, aux fauffes explications qu'ils en donnent fi fouvent, & à l'air étranger de ces Allégories.

Ainfi, foit que nous remontions aux tems les plus éloignés, foit que nous nous en tenions à ce qui exifte, & qui eft en ufage de notre tems, nous ferons forcés de convenir que le Génie Allégorique eft naturel aux hommes; qu'ils ne peuvent & n'ont jamais pu s'en paffer, & que la feule chofe qui nous diftingue à cet égard de l'Antiquité, c'eft que celle-ci en ufa beaucoup moins fobrement ; & qu'elle donna lieu par-là, & fur-tout dans les tems de ténébres qui fe font toujours gliffés entre les fiécles éclairés, aux abus les plus étranges, & à tous les excès dans lefquels l'efprit de l'homme eft entraîné par une fuperftitieufe ignorance.

ARTICLE IV.

L'Allégorie est une clef essentielle & une base fondamentale de l'Antiquité.

MAIS pourquoi chercher des Témoignages sur cet objet, lorsque la vue même de l'Antiquité nous aprend que ce n'est que par la parfaite connoissance de son Génie Allégorique, que nous pourrons parvenir jusqu'à elle, & que nous la verrons sans voile & sans nuage?

Par-tout nous marchons sur l'Allégorie : aucun Monument dans lequel elle ne se présente à nous : elle nous dit hautement d'enlever cette écorce qui la couvre, & qu'alors nous trouverons les choses précieuses qu'elle renferme : cette écorce s'ouvre elle-même de toutes parts : c'est la robe flotante des jeunes Lacédémoniennes, qui s'entr'ouvre pour donner une idée des beautés qu'elle cache.

Ce n'est que de ce moment que la Mythologie se présente à nous dans tout son éclat, réunissant l'utilité de l'instruction, la pompe de la Poësie, les charmes d'une imagination brillante ; & intéressant l'amour-propre lui-même, flaté de ce qu'on ne lui parle qu'à demi-mot, & qu'on ait eu assez bonne opinion de lui pour lui laisser le plaisir & la gloire de deviner.

§. I.

Fables anciennes qui font manifestement Allégoriques.

Il n'est aucun Partisan des explications historiques, qui ne soit forcé d'avouer que l'Antiquité a eu un langage Allégorique, & que la plus grande partie des Fables sont des Allégories. Quelqu'un d'eux a-t-il jamais pu rendre dans le sens littéral ou historique, les Objets suivans ?

La Chaîne d'or de Jupiter ; & ses deux Tonneaux.

Junon, suspendue entre le Ciel & la Terre, avec un poids à chaque pied.

Le Coucou, qui surmonte son sceptre ; & Jupiter qui prend cette forme, la premiere fois qu'il voit son Epouse.

Vénus, & sa ceinture, son char & ses Colombes.

Son Mariage avec Vulcain.

Ses Amours avec Mars.

Harmonie qui naît de ces Amours.

Les Prieres, boiteuses & tardives.

Promethée, qui avec le secours de Minerve, crée l'homme.

Les Parques & leur Fuseau.

Eole, ses Vents & leurs Cavernes.

Hébé ou la Jeunesse, Echansonne des Dieux.

Les Aventures de l'Amour & de Psyché.

La naissance de Cupidon l'ancien, fils de l'Abondance & de la Pauvreté.

Les Muses & les Graces & toute leur Généalogie.

Le mariage des Graces; de l'aînée, avec Vulcain; de la cadette, avec le Dieu du Sommeil; tandis que la troisieme est Compagne fidelle de Vénus.

Cérès, ses Dragons, & son Histoire entiere.

Pan, ses pieds, ses cornes & son orgue à sept Tuyaux.

Vesta, & sa Virginité.

Saturne, sa faulx, son clepsydre, ses Enfans qu'il dévore; ses amours avec Philyra sous la forme de Cheval, & Chiron qui en est le fruit.

Thyeste & Atrée, leur repas & le Soleil qui en recule d'horreur.

Lycaon, & son repas aussi.

Vulcain boiteux, ses forges, & sa chûte à Lemnos.

Esculape & ses quatre filles, Jaso, Panacée, Aeglé & Hygée, ou la Santé.

La Famine, ennemie de Cérès; comme l'Envie, l'est de Minerve.

Até, ou le Péché chassé du Ciel; & Astrée, ou la Justice, qui s'y réfugie.

Et une foule d'autres, ainsi que les Métamorphoses dont la Fable est remplie.

Cependant ces Fables, si manifestement allégoriques, ne sont point distinguées des autres : elles sont toutes exprimées de même, toutes nous sont données comme également vraies; & elles ne forment qu'un seul tout auquel on donna le titre auguste de MYTHOLOGIE, ou *science de la Parole* par excellence, *Discours sacré & vrai* (1), qui commençant avec le développement du cahos ou la création du Monde, descend jusqu'à la guerre de Troye qui en fait comme la clôture, & qui se termine par un embrâsement, comme une Fête finit par un feu d'artifice.

_____

(1) Ce mot vient du Grec ΜΥΘ MYTH, discours, dont les Langues du Nord ont conservé la racine dans le mot MORTH, prononcé *Mouth*, & qui signifie bouche, & non, comme le prétendoit M. le Clerc, de l'Oriental *Muth*, Mort, d'où il concluoit que la Mythologie ne parloit que des hommes morts & déïfiés.

§. 2.

Les Fables Hiſtoriques ſont également remplies de traits manifeſtement Allégoriques.

D'ailleurs, que l'on choiſiſſe telle que ce ſoit de ces Fables qu'on apelle HISTORIQUES ;

L'Hiſtoire de MERCURE : celles d'HERCULE, de BACCHUS, d'OSIRIS, de CADMUS, d'EUROPE, &c.

Le Voyage des ARGONAUTES ;

La guerre même de TROYE, &c.

On y verra toujours briller une multitude de traits allégoriques, qui en font la beauté & l'intérêt.

Ces traits allégoriques embarraſſent;& l'on croit en enlever la difficulté, en les apellant des falſifications de l'Hiſtoire, des traits Fabuleux qu'on y a ajoutés par amour pour le merveilleux, ou par des mépriſes ſur le ſens des mots ; & en ne les faiſant pas entrer dans l'explication des Hiſtoires dont elles ſont partie, & dont on ne rend ainſi compte qu'à moitié.

Mais, comment prouveroit-on que ce ne ſont que des additions ou des altérations de ce qu'il plaît apeller *Hiſtoire?* Ces traits Allégoriques ne ſont-ils pas ſi étroitement liés avec l'enſemble, qu'ils ne peuvent avoir été ajoutés aprés coup ? Quelles regles d'ailleurs ſuivra-t-on pour faire ces retranchemens ? Qui aſſurera que l'on n'aura ôté que ce qu'avoit ajouté une main profane ou menſongere ?

Sans doute, on ôtera tout ce qui déplaira, tout ce qu'on ne comprendra pas, tout ce qui paroîtra fabuleux, & il ne ſera pas difficile enſuite de donner un ſens au reſte.

Mais ce ſens, ſera-ce le ſens de la choſe même ? l'aura-t-on expliquée? ne ſera-ce pas plutôt un Être de raiſon que l'on aura forgé & qui n'aura de réalité que dans une fauſſe Critique ?

§. 3.

On ne peut expliquer la Mythologie par l'Hiſtoire.

Ce qui auroit dû dégoûter depuis long-tems de l'explication hiſtorique des Fables, c'eſt que l'on n'a jamais pu fixer cette prétendue hiſtoire. Jamais ou n'a pu indiquer la véritable ſcène de ces événemens, bien moins encore en fixer la Chronologie.

Qui a jamais pu arranger la ſucceſſion d'URANUS, de SATURNE, de ſes trois fils ; & nous aprendre dans quels États ils regnerent ? N'a-t-on pas été obligé d'imaginer pour cet effet, des Empires plus fabuleux, que lès Fables même que l'on vouloit expliquer ? Qu'eſt-ce que cet Empire des Celtes qui s'étendoit depuis la Phrygie juſques à l'Océan ; & qui traverſant la Méditerranée , s'élevoit juſques au ſommet de l'Atlas ? Ou cet Empire Grec , antérieur à tous les États de la Gréce , qui les renfermoit tous & qui ne relevoit que de la famille de Jupiter (†) ? De pures viſions, avec leſquelles cependant on vouloit prouver que les Fables étoient hiſtoriques.

Ceux qui prétendent que la Mythologie n'eſt qu'une hiſtoire , s'en tiennent toujours à des généralités qui ne prouvent rien. CÉRÈS , diſent-ils , étoit une Reine de Sicile. PLUTON , un Roi d'Etolie. HERCULE , un Capitaine de Navire Marchand. BELLEROPHON & la CHIMERE , des Marins qui ſe battent , &c. Mais on leur demanderoit en vain , dans quels tems vécurent ces Perſonnages ? Quelle portion des Contrées qu'on leur aſſigne , fut le Siége de leur Empire ou celui de leur réſidence ? Quel intervalle s'écoula entre le tems de leur vie , & celui où ils furent adorés comme des intelligences céleſtes ? Avec des aſſertions vagues , on croit démontrer tout , & l'on ne prouve rien.

Qui a jamais pu concilier avec l'Hiſtoire & avec la Chronologie , les deux enlévemens d'Hélene , & ſon âge & ſa beauté , lors du Siége de Troye ? Qui a même jamais pu dire ſi elle avoit été à Troye ou non ?

A-t-on été plus heureux à l'égard de l'Epoque de ce Siége ? N'a-t-on pas différé de pluſieurs ſiécles ſur le Tems où il eſt arrivé ?

N'a-t'on pas même été réduit à apeller FABULEUX & INCONNUS , ces prétendus Tems hiſtoriques ?

C'eſt donc là la lumiere qu'on promettoit ! Et après avoir annoncé une hiſtoire , on ſe rejette dans les bras de cette même Fable que l'on vouloit éclaircir , & l'on ſe perd dans le ſein de la nuit la plus profonde ! Eſt-ce expliquer la Fable par l'Hiſtoire ?

On n'eſt pas moins embarraſſé , lorſqu'il s'agit de déterminer quels Lieux ſervirent de théâtre à ces grands événemens. A en juger par les Grecs , ils arriverent tous dans leurs Contrées ; tous leurs Héros furent Grecs.

§. 4.

La Mythologie Grecque née dans l'Orient.

Mais ſi nous paſſons dans l'Orient , nous y retrouvons toutes les Fables Grecques , tous leurs Héros , tous leurs Dieux.

(†) PEZRON eſt le premier, je crois, qui ait imaginé ces anciens Empires ; c'eſt dans ſon Traité des Celtes. Depuis lors , nombre de Savans l'ont fait entrer dans leurs Recherches ; tels les Auteurs Anglois de l'Hiſtoire univerſelle : BASNAGE , dans ſon Hiſtoire des Juifs : LENGLET , dans ſa Chronologie , &c.

Hercule le Thébain, devient l'Hercule de Phénicie.

Bacchus est d'Origine Egyptienne & Arabe.

Le Vaisseau des Argonautes est celui d'Osiris.

Les douze Grands Dieux & ceux qui présidenr aux Planettes, se retrouvent dans l'Orient.

Les Dioscures sont Phéniciens tout au moins.

Minerve est Egyptienne.

Ceres & ses Fêtes d'Eleusis, sont nées hors de la Grèce, & en Egypte.

Le Cheval de Troye paroît l'imitation d'une Cérémonie Egyptienne, en faveur de l'Agriculture.

Le Minotaure en est une du Bœuf Apis ; comme le Labyrinthe de Crète fut une imitation de celui d'Egypte.

Deucalion n'appartient pas plus étroitement à la Grèce. Son histoire est toute Orientale.

Toutes ces Fables ont un air Oriental qui les décéle, & qui prouve qu'elles en vinrent avec les Colonies qui peuplerent la Grèce : qu'on chercheroit donc inutilement à les concilier avec l'Histoire & la Chronologie des Grecs.

§. 5.

L'Explication Allégorique, très supérieure à l'Historique.

Prendre toutes ces Fables au sens historique, c'est donc méconnoître l'Antiquité, insulter à ses Sages, manquer à l'humanité entiere qui n'a jamais pu dégénérer au point de bouleverser ainsi l'histoire & de nous donner des fictions absurdes, pour des faits réels.

Cependant, tous les Peuples se sont apropriés ces fictions ; tous ont fait consister la sagesse à les connoître, à s'en nourrir, à les transmettre avec soin à la postérité la plus reculée.

D'où proviennent un pareil renversement d'esprit & des idées si fausses ?

C'est qu'on ne les envisagea pas dans les commencemens comme des réalités : qu'on ne crut pas qu'elles fussent des faits historiques ; mais de pures allégories, de vraies fictions, utiles à tous les Peuples & à tous les âges, parce qu'elles portoient sur les grands objets de la Morale, de la Religion & de la Nature ; objets qui sont de tous les tems, de tous les lieux & de tout Peuple ; & qui deviendront nôtres si nous voulons, comme elles furent les Fables des Grecs, après avoir été celles des Chaldéens, des Egyptiens, de tous les anciens Peuples.

Quels plus grands intérêts pouvoit-on proposer aux hommes ? Qu'est l'histoire d'un Roitelet de la Grèce, du Chef d'une Isle ou d'un Rocher stérile ? Qu'est même l'histoire d'un grand Prince, du Conquérant le plus

renommé,

renommé, à côté de celle de l'Univers, de la Création, du Déluge, du renouvellement de la Terre, de celui du Soleil & de la Lune, de leurs révolutions falutaires? A côté des tems où l'on femera, où l'on recueillera, où l'on danfera & où l'on boira enfemble à côté de fes Gerbes; & de ce que l'on a à craindre ou à efpérer, après cette vie?

Voilà les feules chofes vraiment importantes : tout le refte n'eft que fonge, fumée, ou gloriole; & tels furent les grands objets chantés par les premiers Légiflateurs, & par les premiers Poëtes, Peintres de la Nature, amis du genre humain.

Telles font les chofes dont ils formerent la maffe de leur Mythologie, qu'ils ornerent des graces du ftyle, de la fublimité des idées, de la magnificence des Tableaux les plus gracieux, de toute la pompe de la Poëfie héroïque, affortie à la danfe la plus majeftueufe.

Ainfi, réduire la Mythologie à n'être que l'hiftoire de quelque perfonnage obfcur & fans intérêt, c'eft la dénaturer, c'eft rétrécir fon génie & l'imagination; c'eft prendre ceux qui mériterent le plus du genre-humain, pour des perfonnes qui, contre leur propre confcience, érigeoient le vice en Dieu, le crime en vertu, n'avoient ni arts, ni loix, broûtoient l'herbe des champs, & ne purent fortir de cet état que par des hazards inconcevables. C'eft traveftir, en un mot, en objets puériles, les Hiéroglyphes de l'Egypte, fes Symboles, fes Perfonnages emblématiques, les Fables de la Phénicie & de la Gréce, les Hymnes d'Orphée, les Poëfies d'Homere lui-même.

C'eft enfin, mettre en avant une hypothèfe qu'on ne pourra jamais prouver, & dont on ne fe fert que comme d'un bouclier pour repouffer toute autre explication.

§. 6.

Réponfe à diverfes objections.

On opofera, il eft vrai : 1°. Que les Grecs eux-mêmes ont toujours parlé des Héros de la Mythologie, comme s'ils n'avoient vu en eux que des Rois réels.

2°. Qu'ils en ont inféré les époques dans leur Chronologie.

3°. Que plufieurs de ces Perfonnages font préfentés comme la fource des Familles les plus diftinguées chez cet ancien Peuple.

Mais ces raifons ne font que fpécieufes : commençons par la derniere, qui paroît la plus preffante.

Chaque Famille avoit fes Divinités tutélaires, dont fes membres fe difoient les Fils chéris, comme s'ils en étoient defcendus en effet; elle les apelloit fes Dieux Paternels. Cette expreffion prife au pied de la lettre, fut caufe qu'on crut que ces familles defcendoient en effet de ces Dieux; mais comme cette idée étoit abfurde, on s'imagina l'expliquer en difant

que ces Dieux , avant d'être mis au rang des Divinités , avoient été autant d'hommes : ce qui étoit faux. Et si on veut persister à le croire , que
l'on croye donc les Bramines , lorsqu'une de leurs Tribus se dit la Postérité du Soleil ; & une autre , la Race de la Lune : les Incas du Pé-
rou , lorsqu'ils se donnoient pour les fruits du mariage du Soleil avec
la Lune : Enée , lorsqu'il se dit Fils de Vénus ; & Romulus , quand il se
donne pour Fils de Mars.

2°. La Chronologie Grecque ne fournit pas de meilleures preuves en faveur de la Mythologie prise dans un sens historique. Ces événemens seroient antérieurs à l'établissement des Olympiades : mais qu'est-ce que la
Chronologie chez les Grecs avant cette époque ? Sur quels calculs assurés s'a-
puie t elle ? Citera-t-on comme un monument authentique, lumineux &
digne de confiance dans tous ses points , la Chronique de Paros,
Chronique précieuse certainement , & d'autant plus conforme aux connoissances Chronologiques des anciens Grecs , que ses dates gravées sur le
marbre n'ont pû s'altérer ? Mais qui ignore que cette Chronique est d'un
tems très-moderne relativement aux Epoques Mythologiques ? Qu'elle n'est
ainsi d'aucune authenticité pour ces tems Mythologiques ? Qu'elle nous présente seulement la maniere dont on se peignoit alors leur succession ?
Qu'elle a infiniment trop racourci les tems ; & qu'elle a brouillé totalement
les Origines Grecques , en bornant à la Gréce le Déluge de Deucalion qui
n'est nullement Grec ?

3°. Si les Grecs ont parlé d'Hercule , de Bacchus , de Jupiter , de Cadmus , &c. comme de Rois réels , on n'en peut rien conclure en faveur
du système qui en fait autant d'Êtres qui ont vécu sur la terre : il falloit nécessairement les représenter sous ce point de vue , dès qu'on en faisoit
des Êtres personifiés : l'Allégorie eût été sans cela dénuée de tout sel & de
toute grace.

Il y aura eu sans doute des Princes apellés Jupiter , Hercule , ou du nom
de quelqu'autre Dieu comme Jovien , Yao , Héraclius , Apollonius ,
Horus , &c. Mais ils n'avoient de commun avec les Dieux que le nom.
Les trente ou quarante Hercules que l'on a imaginés , sont aussi fabuleux
que son histoire : ils ne prouvent que le désespoir de ceux qui ont voulu
expliquer les Fables par l'Histoire , & qui pour cet effet nous donnent
une Histoire fabuleuse : pareils à ces anciens Astronomes , qui , pour
rendre raison du mouvement des Cieux , multiplioient les Cercles sans
fin ; & en imaginoient de nouveaux , pour chaque difficulté qu'ils n'avoient
pas prévue.

Ajoutons que les Anciens prenoient indifféremment pour leurs Allégories des noms déja connus & des noms imaginaires : tout leur étoit
bon , pourvu que l'Allégorie fût bien conçue & bien présentée. Ils adop-
toient sur-tout de préférence, les noms qui prêtoient d'eux-mêmes à l'Allégorie , par les divers sens dont ils étoient revêtus.

Celui de CADMUS, par exemple, étoit sans prix pour un Allégoriste : car par sa propre signification, il désignoit non-seulement un personnage humain ; mais l'Orient, un Oriental, le Soleil qui préside à l'Orient, l'Ancien des jours, &c.

EUROPE n'étoit pas un nom moins merveilleux : non-seulement il désignoit une femme ; mais l'Occident, les Ténébres la Nuit, l'Ancienne des nuits ou la Lune ; la portion de Globe que nous habitons, &c.

THÉBES étoit susceptible d'autant de métamorphoses. Ce nom désignoit des Villes, des Vaisseaux, un Coffre, une Arche, le Systême Solaire composé de sept Planettes qu'on peignoit dans un Vaisseau, une Ville à sept Portes, &c.

Ne soyons donc pas étonnés que les Anciens se soient saisis de ces noms, qu'ils en ayent fait la base d'une multitude d'Allégories ; qu'ils en ayent composé des Familles nombreuses, dont l'histoire étoit toujours merveilleuse.

I L

Si le Culte des Fétiches anéantit l'Explication Allégorique de la Mythologie.

Il existe à cet égard un Systême que nous ne saurions passer sous silence & que nous proposerons ici dans toute sa force. Il consiste à rejetter également les Explications Historiques de la Mythologie & ses Explications Allégoriques : à soutenir qu'elles sont presque toujours également fausses ; qu'elles supposent toutes deux dans les hommes plus de connoissances, plus de sagacité, plus d'intelligence qu'ils n'en eurent : que la Religion Payenne naquit dans des Tems de barbarie atroce, où des Peuples à peu près pareils aux brutes, se forgerent, par stupidité & par crainte, des Divinités Terrestres, regardant comme un Être Divin, excellent & redoutable, le premier être matériel qui leur venoit dans l'idée ; un os, une pierre, un fleuve, un chat, un rat, une plume, &c. que telles furent les Religions anciennes ; & que ce qu'on apelle ALLÉGORIES, fut une extravagance de plus pour plâtrer des opinions dont on rougissoit & qu'on ne pouvoit détruire.

§. 1.

Dévelopement de ce Systême.

Ce Systême est sur-tout dévelopé avec le plus de force & de la maniere la plus spécieuse, dans un Ouvrage très-intéressant par ses détails sur le Culte des DIEUX FÉTICHES (1), qu'on attribue à un Magistrat célébre par ses connoissances & par le bon usage qu'il en fait.

---

(1) Du Culte des Dieux Fétiches, ou Parallèle de l'ancienne Religion de l'Egypte avec la Religion actuelle de la Nigritie. in-12. 1760. pag. 285.

Le but de cet Ouvrage eſt de prouver que les Explications Allégoriques des derniers Philoſophes Payens, ou le FIGURISME, comme il l'apelle, n'ont aucun fondement : qu'on a été plus heureux, à la vérité, lorſqu'on a voulu expliquer l'ancienne Mythologie par l'Hiſtoire des Peuples, de leurs opinions, de leurs Souverains ; par l'intelligence des anciennes Langues ; par la connoiſſance des *Homonymies*, qui ne conſiſtant qu'en differentes épithètes d'un même être, ſembloient en faire autant d'êtres differens, & le multiplier à l'infini : mais que ces clés, très-bonnes pour l'intelligence des Fables hiſtoriques, ne ſuffiſent pas pour rendre raiſon de pluſieurs opinions dogmatiques & des Rites pratiques des premiers Peuples.

» Ces deux points de la Théologie Payenne, dit-il, roulent ou ſur
» le Culte des Aſtres, connu ſous le nom de Sabéiſme ; ou ſur le Culte,
» peut-être non moins ancien, de certains objets terreſtres & matériels
» apellés FÉTICHES chez les Négres Africains, parmi leſquels ce Culte
» ſubſiſte ; & que par cette raiſon, j'apellerai FÉTICHISME (†). . . . Reli-
» gion générale, répandue fort au loin ſur toute la Terre, qui doit être
» examinée à part, comme faiſant une Claſſe particuliere parmi les di-
» verſes Religions Payennes. . . .

» C'eſt ici. . . . . un des grands Élémens qu'il faut employer dans l'exa-
» men de la Mythologie, & dont nos plus habiles Mythologues ne ſe
» ſont pas aviſés, ou n'ont pas ſu faire uſage, pour avoir regardé d'un
» trop beau côté la choſe du Monde la plus pitoyable en ſoi. Il eſt conſ-
» tant que parmi les plus anciennes Nations du Monde, les unes tout-

---

(†) Notre Savant Auteur croit que ce terme a été forgé par nos Commerçans du Sénégal ſur le mot Portugais FETISSO, qui ſignifie *choſe fée*, *enchantée*, *divine*, *ou rendant des Oracles*, de la racine latine FARI, parler ; d'où vinrent *Fanum*, Temple ; & *Fatum* Deſtin ; Sort, dont on fit FÉTICHE. Je doute fort que le Portugais *Fetiſſo*, ſoit venu de *Fatum* : il tient à un autre mot plus énergique dans le ſens même que lui donne notre Auteur : le mot *Fade*, *Fae*, *Fée*, uſité avec ces diverſes prononciations en diverſes Contrées. Je croirois encore moins que les Négres aient emprunté des Portugais, qu'ils regardoient comme des impies, le nom de tout ce qu'ils ont de plus ſacré : il ſera venu chez tous, d'une origine commune, de peuples beaucoup plus anciens : ſoit des Carthaginois, Maîtres de l'Afrique & du Portugal : ſoit de Peuples antérieurs encore à ceux-là. Les Négres tiennent donc de leurs Ancêtres & les Fétiches, & leur nom même. Car nous trouvons dans l'Antiquité les mêmes objets, nous en convenons avec l'Auteur, & le nom même que les Modernes leur donnent. Les Dieux des Egyptiens, des Phéniciens, des Cananéens, &c. étoient comme ceux des Négres, de vilaines petites Idoles, apellées *Phta*, *Phetic*, *Phateiq*, dont les Grecs firent le mot *Pataïques*, & qui ſe conſervant ſans altération chez les Négres, eſt exactement leur mot *Fétique* ou *Fétiche*. Ce ſont ces Fétiches, que les Cananéens de Jéruſalem mirent ſur les murs, lorſque ſerrés trop vivement par David, il ne leur reſtoit d'autre reſſource (1).

(1) II. Liv. de SAMUEL V. 6-8. ſelon l'Hébreu, ou II. Liv. des ROIS ſelon la Vulgate.

» à-fait brutes & groſſieres, s'étoient forgées, par un excès de ſtupidité
» ſuperſtitieuſe, ces étranges Divinités Terreſtres, tandis que d'autres
» Peuples moins inſenſés adoroient le Soleil & les Aſtres.

» Ces deux ſortes de Religions, ſources abondantes de la Mythologie
» Orientale & Grecque, & plus anciennes que l'Idolâtrie proprement dite,
» paroiſſent demander divers éclairciſſemens que ne peut fournir l'exa-
» men de la vie des Hommes déifiés. Ici les Divinités ſont d'un autre
» genre, ſur-tout celles des Peuples Fétichiſtes .... Croyance ſi ancienne
» & ſi long-tems ſoutenue, malgré l'excès de ſon abſurdité.

» On n'a point encore donné de raiſon plauſible de cet antique uſage,
» reproché aux Egyptiens, d'adorer des Animaux & des Plantes de toute
» ſorte..... Il doit ſa naiſſance aux tems où les Peuples ont été de purs
» Sauvages, plongés dans l'ignorance & dans la barbarie.... Une partie
» des Nations ſont reſtées juſqu'à ce jour dans cet état informe : leurs
» mœurs, leurs idées, leurs raiſonnemens, leurs pratiques, ſont celles
» des Enfans. Les autres, après y avoir paſſé, en ſont ſorties plutôt ou
» plus tard, par l'exemple, l'éducation & l'exercice de leurs facultés.
» Pour ſçavoir ce qui ſe pratiquoit chez celles-ci, il n'y a qu'à voir ce
» qui ſe paſſe actuellement chez celles-là ; & en général, il n'y a pas de
» meilleure méthode de percer les voiles des points de l'Antiquité peu con-
» nus, que d'obſerver s'il n'arrive pas encore quelque part ſous nos yeux,
» quelque choſe d'à peu près pareil.

L'Auteur exécutant lui-même ce qu'il vient de propoſer, donne une
deſcription très-détaillée & très-intéreſſante du Fétichiſme actuel des Négres
& des autres Nations Sauvages. Mettons-en un exemple ſous les yeux
du Lecteur, afin qu'il ſaiſiſſe mieux ſon raport avec le Fétichiſme des anciens Peuples.

Dans le Royaume de Juidah, on reconnoît quatre Fétiches communs
à la Nation entiere.

1°. Le Serpent-rayé, animal gros comme la cuiſſe d'un homme,
long d'environ ſept pieds, rayé de blanc, de bleu, de jaune, & de
brun, à tête ronde, les yeux beaux & fort ouverts, ſans venin, d'une
douceur & d'une familiarité ſurprenantes.

2°. Les grands Arbres, ou Bois Sacrés.

3°. La Mer & le Fleuve Euphrate.

4°. Une petite Idole d'argille, hideuſe, qui préſide aux Conſeils,
& devant laquelle ſont toujours trois plats de bois, contenant une ving-
taine de petites boules de terre pour le ſort.

La ſeconde ſection de cet Ouvrage fait voir les raports de ce Fétichiſme, avec celui des Peuples anciens, Egyptiens, Cananéens, Grecs,
&c.

Dans la troiſiéme & derniere, on examine les Cauſes auxquelles on
a attribué juſques-ici l'origine de cette Religion abſurde ; & en les com-

parant toutes, on en conclut (1) qu'elle fut uniquement » l'effet de » la crainte & de la folie dont l'esprit humain est susceptible, & la fa-» cilité qu'il a dans de telles dispositions à enfanter des superstitions de » toute espéce ; qu'elle est du genre de ces choses si absurdes, qu'on peut » dire qu'elles ne laissent pas même de prise au raisonnement qui vou-» droit les combattre : à plus forte raison, seroit-il difficile d'alléguer des » causes plausibles d'une Doctrine si insensée.

Telle est l'analyse fidelle de cet Ouvrage, dont l'historique est exact, autant que curieux & intéressant.

Nous admettons également toutes les objections qu'on y voit contre les explications trop métaphysiques que donnerent des Fables les Philoso-phes Platoniciens : ils n'y eurent recours en effet, que parce qu'ils ne voyoient rien de mieux.

Et nous admettons également le principe, qu'il faut juger de ce qui a été, par ce qui est : que rien n'est plus propre à expliquer les tems passés, que les tems actuels. Principe, qui est une des grandes bases de notre Travail : le Monde ancien comparé au Monde moderne.

C'est d'après cela, qu'on voit que le Serpent de Juidah est le Serpent des Chaldéens, des Egyptiens, &c. que leurs Bois Sacrés sont ceux des Cananéens & des anciens Peuples si renommés : que leur Culte de l'Eu-phrate & de la Mer, est analogue à celui que ces mêmes Peuples, & sur-tout les Egyptiens, rendoient à l'Eau ; & que leur vilaine petite Idole est parfaitement semblable au PHTA des Egyptiens, qui indigna si fort Cambyse & ses Mages.

Ce fait a trop de raport à l'objet dont nous traitons actuellement pour le passer sous silence. Voici comment HÉRODOTE, à qui nous le devons, le ra-porte (2).

ὡς ἢ δὴ καὶ ἐς τὸ Ἡφαίσε ἱρὸν, ἦλθε, καὶ πολλὰ τωγάλματι κατεγέλασε· ἔςι γὰρ τε Ἡφαίσε τὤγαλμα τοῖσι Φοινι-κηίοισι Παταïκοῖσι ἐμφιρέςατον, τὰς οἱ Φοίνικες ἐν τῆσι πρώρησι τῶν Ἰριηρίων περιάγεσι. ὃς ἢ Ἰότης μὴ ὄπωπε, ὧδε σημανέω Πυγμαίε ἀνδρὸς μίμησις ἐςι.

ἐσῆλθε ἢ καὶ ἐς Ἰῶν Καβείρων Ἰὸ ἱρὸν, ἐς Ἰὸ ἢ θέμιτόν ἐςι ἐσιέναι ἄλλόν γε ἢ ἢ Ἰὸν ἱρέα. Ταῦτα ἢ Ἰἀγάλματα καὶ ἐνέ-πρησι, πολλὰ κατασκώψας· ἔςι ἢ καὶ Ἰαῦτα ὅμοια Ἰε Ἡφαίςε· Ἰότε ἢ σφέας παῖδας λέγεσι εἶναι.

CAMBYSE entra dans le Temple de Vulcain (à Memphis), & se moqua beaucoup de sa statue : elle ressembloit, en effet, aux Pataïques Phéniciens, que ce Peuple place autour des proues de ses Trirêmes. Or ces Pataïques sont parfaitement semblables à des Magots ou à des Pygmées.

Ce Prince entra aussi dans le Temple des Cabires, où leur Prêtre seul a droit d'entrer. Les statues de ceux-ci sont précisément comme celles de Vulcain, qui passe même pour leur Pere. Cam-byse ne les ménagea donc pas davan-tage dans ses railleries, & il finit par les faire brûler.

_____

(1) Ib. pag. 182 & suiv.   (2) HÉROD. L. III. N°. 37.

Que le Culte des Fétiches eut dans l'origine une cause raisonnable.

Mais, en rendant à ce Savant Auteur la justice qu'il mérite, & persuadés qu'on ne peut lui faire de la peine en discutant des objets de pure critique, sur tout quand on n'y est conduit que par l'ensemble d'une multitude d'autres recherches, nous ne saurions convenir que toute explication Allégorique des Fables religieuses des Anciens, soit dénuée de tout fondement : bien moins encore, que le Culte des Fétiches, qui, tel que nous le croyons & tel qu'il nous est présenté par des Voyageurs qui méprisent tout ce qu'ils ne connoissent pas & qui ne jugent que d'après le Peuple, est une extravagance & une folie sans égale, fut dans l'origine ce qu'il devint lorsqu'on en eût abusé.

Nous osons même dire, qu'il n'y a peut-être aucun fait dans l'Antiquité, qui prouve plus que le Culte des Fétiches, l'existence de ce Génie Allégorique qui présida, selon nous, à la formation de la Mythologie & à l'établissement des Cérémonies Religieuses.

C'est la crainte, dit notre Auteur, qui enfanta la superstition absurde du Fétichisme : on l'avoit déja dit, que la crainte a fait les Dieux.

Pourquoi en excluroit-on la reconnoissance & l'admiration ? Ces deux Passions ne sont-elles pas aussi capables que la crainte, de faire des Dieux ? L'expérience n'est-elle pas même d'accord ici avec nous ? Tous les Peuples Sauvages n'admettent-ils pas deux Principes ; l'un bon, qui ne doit pas être craint ; l'autre méchant, à qui il faut sacrifier pour prévenir les maux auxquels il se plaît ?

Si la crainte a fait adresser des Hommages à celui-ci, elle n'entra pour rien dans l'idée qui conduisit à celui-là.

Cette distinction qui est de fait, & qui se trouve chez tous les Peuples, méritoit d'être moins négligée par les beaux Génies qui ont traité de l'Homme & de ses Opinions.

Mais quel de ces deux sentimens, aura produit le Culte des Fétiches ?

Ce ne sera pas la crainte, considérée comme ce sentiment qui nous porte à ne rien faire qui puisse déplaire à un Être que nous regardons comme notre supérieur & comme la source de notre félicité : car on n'a pu envisager les Fétiches sous ce point de vue.

Sera-ce la crainte considérée comme le sentiment de notre foiblesse, qui nous remplissant de terreur, nous force à chercher la protection d'un être plus puissant que nous & capable de nous protéger ?

Mais, comment cette crainte pourroit-elle avoir produit le Culte des Fétiches ? Comment le Sauvage saisi de terreur, aura-t-il cru qu'un oignon, une pierre, une fleur, de l'eau, un arbre, une souris, un chat,

&c. pouvoit être fon Protecteur , & le foutenir contre tout ce qu'il apréhendoit ?

Je fais bien , que la crainte ne raifonne pas ; mais ce n'eft pas dans ce fens : on craint très-fouvent un objet fans favoir pourquoi ; mais lorf-qu'on s'adreffe à un Protecteur , on fait toujours pourquoi ; c'eft dans la perfuafion qu'il pourra nous défendre : perfuafion , qui a toujours un fondement , une bafe. Mais dans l'adoration du Fétiche , où eft le mo-tif ? qu'eft-ce qui raffure contre la frayeur ? Qui a dit qu'il étoit au deffus de l'homme ?

Dira-t-on que c'eft par imitation ? ce n'eft donc plus par crainte : mais il ne s'agit pas ici d'imitation ; il s'agit des motifs qui déterminerent le premier qui prit cet oignon , cette pierre , cette fleur , cet oifeau , cette fouris , &c. pour fon Protecteur , & qui le regarda comme l'être le plus capable de calmer fa crainte , de diffiper fes terreurs , de lui procurer les plus grands biens.

Il eft impoffible de concevoir un Être affez fouche , affez ftupide , affez épouvanté , pour s'imaginer que des Êtres inanimés tels que ceux-là , foient infiniment au-deffus de lui , beaucoup plus puiffans que lui , en état de connoître fes befoins , fes maux , fes frayeurs , fes angoiffes , & de le dé-livrer de toutes ces agitations en reconnoiffance du bien qu'il lui fera.

Quel raport apercevroit ce Sauvage entre fa frayeur extrême le fenti-ment du befoin qu'il a d'un fecours extraordinaire , & la protection d'un tel Être ? Cependant , fe déterminera-t-il , fans la perfuafion d'un pareil raport ?

D'ailleurs , notre Auteur ne nous aprend-il pas lui-même , que les Sau-vages ne font ufage d'un Fétiche qu'après qu'il a été confacré par le Prêtre?

La confiance au Fétiche eft donc infiniment plus compliquée qu'on ne dit; elle fupofe beaucoup plus de combinaifons qu'on n'en accorde à des Sau-vages brûtes , fans intelligence.

En effet , cette Confécration antérieure démontre :

1°. Que ce Sauvage eft très-perfuadé que fon Fétiche ne fauroit le pro-téger par lui-même.

2°. Qu'il peut être mis à même , par une impulfion étrangere , de le pro-téger.

3°. Que la Confécration du Prêtre produit cet effet.

4°. Qu'il y a donc dans cette Confécration , une efficace qui change la Nature de Fétiche.

5°. Qu'alors , le Fétiche devenu très-fupérieur à ce qu'il étoit auparavant, eft en état de le protéger.

Mais par quel prodige , ces paroles du Prêtre peuvent-elles le raffurer contre fes frayeurs ? Comment fe perfuade-t-il que le Prêtre ne le trompe pas , & qu'il peut fe confier dans fon Fétiche ?

C'eft , felon moi , ce à quoi on eût dû faire attention , avant de déclarer tous les premiers hommes, de quelque Contrée que ce soit, foux & imbécilles au premier Chef.

Dès-lors, on voit de la maniere la plus fenfible que ces premiers hommes reconnurent un Ètre fupérieur à tout ce qui exifte.

Que cet Ètre devoit être honoré par certaines Cérémonies, dont le Prêtre étoit le Directeur.

Que fans le fecours de cet Ètre, on ne pouvoit rien.

Qu'on peut fe le rendre favorable par fa conduite: fur-tout en réverant les Ètres, par lefquels il fe plaît à faire du bien aux hommes.

Et en confacrant quelques-uns de ces Etres, comme le gage des bienfaits futurs qu'on recevra de cet Etre fuprême & de fa préfence au milieu des Créatures, qui le fervent & qui implorent fa protection.

Il y aura dès-lors des Fétiches confacrés, de quelque nom qu'on les nomme, Theraphim, Betyles, Marmoufets, Statues, Animaux, Oignons, &c.

Il y en aura pour chaque Famille, pour chaque Ville, pour chaque Tribu, &c. Car tous ont également befoin de la Protection Divine.

On honorera ces Fétiches comme gages de la préfence & de la protection Divine.

On punira celui qui leur aura nui, comme troublant l'ordre public & particulier; comme ne refpectant pas un objet de Culte, fur lequel il n'a aucun droit; & comme ayant commis une action qui peut indifpofer la Divinité.

Tout s'explique par ce moyen. On voit même comment cet ufage, qui n'étoit dans l'origine qu'un figne, qu'un Symbole allégorique de la Préfence Divine, fe fépara infenfiblement de fon vrai motif: pourquoi des Peuples ignorans, ne peuvent plus rendre raifon de leur croyance & des vues qui firent établir ce qu'ils ne font plus que par imitation & par habitude: & combien on rifque de fe tromper en jugeant des ufages des Peuples par leur conduite poftérieure, fans remonter à leur origine & aux vraies Caufes qui purent feules faire recourir à ces ufages; & en ne diftinguant point l'ufage d'une chofe, de ce qui y a conduit.

C'eft ainfi que les Arts font fondés fur des principes qui échapent à celui qui les exécute en fimple manœuvre & par routine; & fans lefquels cependant on ne feroit jamais parvenu à les perfectionner.

Ajoutons que ce feroit une finguliere maniere de raifonner, d'expliquer les ufages des Peuples policés, uniquement par ceux des Nations Sauvages; & pour nier ce que les Anciens difent, de fe fervir de ce que l'on fait dire, ou que l'on attribue à des Modernes, peut-être encore très-mal à propos.

Il eft bien plus naturel, ce me femble, & plus aifé de comprendre que des Peuples, après avoir eu des idées faines de la Divinité, les laiffèrent altérer peu-à-peu par diverfes révolutions, que de croire qu'ils avoient commencé par des idées abfurdes, & qui ne peuvent tomber dans l'efprit d'une Société d'hommes encore toute neuve, & que rien ne lie par le préjugé.

§. III.

Ce Syftéme ni aucun autre ne peuvent fe paffer des Explications Allé-goriques.

Enfin, lors même que nous accorderions tout cela, il refteroit encore à expliquer une multitude d'Allégories qui ne font point partie de ce Culte groffier; mais qui tiennent à l'Agriculture, au Calendrier, aux Fêtes, aux Loix, à tout ce qui conftitue un Peuple fage & agricole.

Ainfi, il faut toujours revenir aux Allégories, quelque Syftême que l'on embraffe : ce n'eft donc plus différer que du plus au moins.

En effet, l'Hiftoire & la fuperftition n'étant point fuffifantes pour rendre raifon de la maffe entiere des Fables, tous les Syftêmes étant obligés de convenir que les Anciens ont employé les Allégories, & l'Antiquité entiere n'étant fans elles qu'un cahos inconcevable, il en réfulte que l'on a trop dédaigné les Allégories; & qu'on s'eft privé par-là d'une clé fans laquelle on ne fauroit pénétrer dans l'Antiquité.

L'Hiftoire de chaque Peuple eft mêlée de faits Allégoriques, qui l'embrouillent & l'obfcurciffent fi l'on ne fait point en féparer ces chofes.

Les Symboles de chaque Peuple, de chaque Ville, &c. font de vraies Allégories.

Sans le fecours de celles-ci, il eft impoffible de débrouiller les Hiérogly-phes Egyptiens.

La Théologie de ces mêmes Peuples, liée avec leurs Hiéroglyphes, eft inintelligible fans les Allégories.

La Théologie des Indiens, de ces anciens Sages fi vantés, n'eft qu'un cahos d'abfurdités, fi on la prend au pied de la lettre : tandis qu'elle paroît quelquefois brillerd'une vive lumiere, & qu'on y découvre des traits d'une grande fublimité, dès qu'on la prend dans le fens Allégorique.

Il en eft de même des ARABES. M. LE CLERC, ennemi déclaré de l'Allé-gorie, ne peut s'empêcher de convenir (1) que le goût de ce Peuple pour la Philofophie ne lui fit point perdre l'amour qu'il avoit pour les ALLÉGO-RIES, & que leurs Savans propoferent la plûpart de leurs Découvertes Phy-fiques en les embelliffant par des paraboles & des narrations fabuleufes : tant il eft vrai qu'il en faut toujours revenir aux Allégories Orientales.

Les CELTES Septentrionaux ont également une Mythologie confervée

---

dans l'Edda, inintelligible fi on ne l'éclaircit par l'Allégorie, & que nous expliquerons dans la fuite, en la comparant en même tems avec celles des autres Peuples.

Il n'eft pas jufqu'aux CHINOIS, chez qui l'on ne trouve des traces frapantes de ce Génie : toutes leurs Hiftoires des tems qui précéderent le fiecle d'YAO, eft entiérement dans ce goût : auffi a-t-elle été inintelligible pour ceux qui n'ont pas penfé à la confidérer fous ce point de vue.

Enfin les Hébreux eux-mêmes ont fait un ufage fréquent des Emblêmes, des Symboles, des Allégories & des Types. : leur Hiftoire, leurs Coutumes, la conduite & les difcours de leurs Prophètes, font fouvent inintelligibles, fi l'on n'a pas recours aux Allégories.

Auffi les Interprètes & les Critiques les plus éclairés, ont démontré dans tous les tems, comme nous l'avons vu plus haut, que les Livres facrés des Hébreux étoient remplis d'Allégories de la plus grande beauté : qu'elles brillent dans les premiers Chapitres de la GÉNÈSE, dans toutes les parties qui compofoient l'Arche & le Tabernacle, dans les habillemens & les ornemens du Souverain Sacrificateur, dans le ftyle figuré des Prophètes & dans leurs actions emblêmatiques : telles que le mariage d'OSÉE, le fommeil d'EZÉCHIEL, les animaux de DANIEL, &c.

C'eft encore allégoriquement que les bénédictions de la Loi Mofaïque furent prononcées de deffus le Mont GARIZIM & les malédictions, de deffus le Mont HEBAL ; parce que celui-là étant très-fertile, tandis que celui-ci eft ftérile & aride, on faifoit connoître par la circonftance même des lieux où fe pafferent ces cérémonies que fi le peuple Hébreu étoit jufte, fon Pays feroit comme le Mont Garizim ; tandis que s'il fe conduifoit autrement, fes Terres deviendroient un défert comme le Mont *Hebal*.

Ne foyons donc pas étonnés fi les Ouvrages des Rabbins font remplis d'Allégories : ils s'étoient inftruits à l'école des Anciens Sages de l'Orient. C'eft à ce fujet que MAIMONIDES difoit (3) » : leurs *Allégories* font des Fa- » bles dont la Morale n'eft pas difficile à découvrir, & qui font relatives à » des manieres de parler qui étoient communes dans ces tems-là & aifées à » entendre.

§. 2.

Oracles & Enigmes Allégoriques.

Ajoutons que ce langage Allégorique fe fait également fentir de la maniere la plus vive dans les Oracles de l'Antiquité facrée & profane, foit

(3 Cité dans la Bibl. Angl. T. II.

qu'ils ayent été annoncés de vive voix, ou qu'ils ayent été manifestés par des songes & des visions.

Dans Homère (1) les huit petits du Passereau & leur Mere dévorés par un Dragon, sont neuf années pendant lesquelles les Grecs se consumeroient en vain contre la Ville de Troye, & une dixieme où ils la prendroient. Celle ci est le Dragon qui dévore les neuf autres.

Tout comme dans Moyse, sept Vaches grasses dévorées par sept Vaches maigres, sont sept années d'abondance auxquelles succedent sept ans de famine.

Aussi, les Poëmes d'Homère sont dénaturés dès qu'on n'en connoît pas le Génie Allégorique. S'ils faisoient une si vive impression chez les Anciens, s'ils les regardoient comme des Ouvrages Divins, tandis que nous n'y voyons rien de si merveilleux, s'ils sont pour nous comme un Corps sans ame, c'est sur-tout parce que les Anciens apercevoient sous cette écorce, les beautés sublimes qu'offroient à chaque pas les Allégories dont ces Poëmes sont remplis, tandis que ces beautés sont perdues pour nous. C'est ainsi que les Comédies sont insipides d'une Nation à une autre, lorsque des allusions en font le principal mérite, & que ce mérite devient nul dès qu'on n'est pas au fait de l'allusion.

Nous voyons également le goût des Fables & des Enigmes, répandu dès la premiere Antiquité chez les Peuples éclairés.

La Fable du frere d'Abimelech, fils de Gédéon, dont nous avons déja parlé & destinée à détourner les Sichémites de prendre Abimelech pour Roi, est une preuve de l'existence de l'Allégorie chez les Hébreux, dès la plus haute Antiquité.

Celle de Minétius, de l'Estomac & des Membres du Corps, & par laquelle il réconcilia le Peuple de Rome avec le Sénat, & qui est dans le même goût, démontre l'existence de ce Génie chez les Romains.

Diogène Laërce nous a conservé cette Enigme de CLÉOBULE, un des sept Sages, & en vers Grecs : » douze Enfans d'un même Pere eurent chacun » trente Filles brunes & trente Filles blondes, qui eurent la vertu d'être im» » mortelles : aucune cependant ne fut exempte de la mort.

Il en existe une très-remarquable dans l'ECCLÉSIASTE de Salomon (2).

» Les Gardes de la maison tremblent; ses Hommes forts se courbent : cel- » les qui avoient accoutumé de moudre, sont réduites à un petit nombre & » deviennent oisives : ceux qui regardoient par les fenêtres sont obscurcis : » les deux battans de la porte sont fermés vers la rue : les filles de l'harmonie » sont abaissées : l'amandier fleurit, le cable d'argent se déchaîne, les ci-

(1) Iliad. B.
(2) Ch. XII.

» gales fe rendent pefantes , le vafe d'or fe débonde , la cruche fe brife fur
» la fontaine , & la roue fe rompt fur la citerne.

Telle étoit alors la vogue des Enigmes & des Allégories, que les Rois faifant affaut de bel-efprit , mettoient une partie de leur ambition à fe faire
des défis à qui les expliqueroit le mieux : que les jeunes filles s'en amufoient
dans leurs jeux , comme l'on s'eft enfuite amufé de rebus, de logogryphes
& d'énigmes : & que les Sages ne les dédaignoient pas.

Tel étoit alors le vafte Empire de l'Allégorie , dont on voudroit en vain
nier aujourd'hui l'exiftence.

ARTICLE V.

Caufes qui avoient fait perdre de vue le Génie Allégorique.

L Es Preuves par lefquelles nous venons de démontrer que l'Antiquité faifoit le plus grand cas de l'Allégorie, & qu'elle ne ceffa de s'en fervir, pour tranfmettre aux Hommes les connoiffances les plus utiles, auront fans doute paru auffi fortes & frapantes que nouvelles à nos Lecteurs : mais étonnés de leur folidité & de la lumiere que ces Obfervations jettent fur l'Antiquité, ils feront peut-être plus furpris encore que l'intelligence des Allégories ait pu échaper aux Hommes : que le fouvenir s'en foit tellement effacé, qu'on ait toujours pris pour des Vifionnaires & pour des efprits fyf-tématiques, indignes d'aucune créance, ceux qui ont foutenu l'exiftence de l'Allégorie chez les Anciens, & qui ont voulu expliquer la Mythologie par ce moyen. Etoit-il poffible, dira-t-on, qu'une méthode auffi conftante, auffi commune, & inventée pour l'inftruction des hommes, tombât totale-ment dans l'oubli ? Que la tradition en laiffât perdre le fil, qu'il ne s'en fût confervé aucun veftige, qu'elle eût échapé à nos Savans Modernes qui ont répandu tant de lumieres fur l'Antiquité ; & que ceux qui ont voulu expli-quer ce qu'ils prenoient pour des Allégories, n'euffent pas mieux réuffi, s'il y avoit quelque chofe de réel dans leur fyftême ?

Nous ne faurions donc nous difpenfer, pour ne laiffer aucun doute fur les grandes vérités que nous propofons, d'entrer ici dans quelque détail fur les caufes qui firent anciennement perdre de vue le fens des Allé-gories Primitives, & qui n'y laifferent apercevoir que des Traditions Hiftoriques ; & fur celles qui s'opoferent à ce qu'on pût enfuite en re-trouver l'intelligence.

Ces caufes ne feront pas difficiles à trouver : elles fe préfentent en foule : nous indiquerons d'abord celles qui firent oublier que la My-thologie fut Allégorique, & enfuite celles qui empécherent qu'on refti-tuât les Allégories Anciennes.

I.

Caufes qui anéantirent la Connoiffance des Allégories.

Ces Caufes furent en grand nombre. On peut défigner comme prin-cipales :

1°. Le penchant qu'ont les hommes pour le merveilleux.
2°. L'altération des Langues & l'infuffifance des Traductions.

3°. Le respect pour les choses sacrées.

4°. Les révolutions terribles qui bouleverserent les connoissances primitives, avec les Empires qui les avoient vu naître.

§. 1.

Amour pour le merveilleux.

Trop de causes s'oposoient à la conservation & au maintien des Allégories Anciennes, pour qu'elles pussent être long-tems entendues & qu'elles ne fussent pas altérées de la façon la plus étrange, en les prenant au pied de la lettre.

Le penchant qu'ont les Hommes pour le merveilleux étoit seul suffisant pour causer tout ce ravage.

Mais qu'y a-t-il de plus merveilleux que la lettre de la Mythologie ? Quel Ouvrage peut-on mettre en parallèle à cet égard avec elle ? Toujours étonnante, on n'y voit jamais rien de naturel, tout y est porté à l'extrême, tout y est hors de régle : l'imagination y est toujours exaltée.

Les Dieux descendent sur la terre, ils s'y associent à de simples mortelles, ils y bâtissent des Villes, ils y gardent les troupeaux des Rois; le Ciel se peuple de mortels qui y vivent d'ambroisie, qui y hument le Nectar, qui épousent des immortelles.

La Nature offre par-tout les monstres les plus étranges dans le Ciel, dans l'air, sur la terre & dans l'onde : elle abonde en Centaures, en Sphynx, en Satyres, en Tritons, en Harpyes, en Phénix, en Griffons; les Serpens y sont semés à pleines mains & de toutes les façons; Serpens à plusieurs têtes, Serpens Symboliques, Serpens attelés aux chars des immortels, Serpens divins, Serpens qui instruisent les hommes, Serpens qui terminent des corps d'hommes & de femmes, Serpens qui servent de chevelure, & qui ornent jusqu'au bouclier de la Déesse de la Sagesse.

Ici, des personnages à cent têtes, à cent bras, qui se jouent de la Nature, qui sans effort entassent montagnes sur montagnes, qui veulent prendre par escalade & d'assaut, non les murs de quelque chétive Ville, mais le Ciel lui-même, demeure éternelle & exhaussée des Immortels; & qui se rient de leurs foudres & de leur puissance redoutable.

Là des Héros qui exécutent seuls, ce que des Peuples entiers ne pouvoient faire.

Par tout les Etres naturels s'animent & se revêtent des idées les plus gracieuses & les plus pittoresques. Ce n'est plus l'Air, le Feu, la Terre, l'Eau, le Bled, le Vin, le Soleil, la Lune &c. qu'on voit & dont on parle : c'est plus que tout cela, ce sont des Divinités : c'est Junon, Vesta, Cybéle, Neptune, Cérès, Bacchus, Apollon & Diane; Frere & Sœur, &c.

Rien ne s'opere que par le concours des Divinités : elles combattent avec les hommes, pour & contr'eux : elles les bleffent, elles en font bleffées : elles affiégent leurs Villes, elles les prennent quelquefois, & quelquefois elles font repouffées. C'eft tout comme les Contes des Fées.

Des événemens qui font les Dieux fi petits & les hommes fi grands, feroient ils faux ? Non fans doute : les hommes abandonneront-ils des récits auffi glorieux, en y attachant un fens hiftorique, qui en fera difparoître le merveilleux en le réduifant à fa jufte valeur ? Encore moins. Fera-t on l'affront aux anciens Philofophes, aux Poëtes les plus diftingués, à Homere lui-même, de ne pas prendre au pied de la lettre ce qu'ils ont enfeigné fur les Dieux, comme s'ils avoient voulu tromper les hommes ? Cela ne fe pouvoit.

Ainfi, plus la Mythologie renfermoit de merveilles abfurdes en les prenant au fens littéral, & plus on s'affermiffoit dans l'opinion qu'elle n'avoit rien d'Allégorique.

§. 2.

L'altération des Langues ; & l'infuffifance des Traductions.

Si les mots tiennent aux idées, les idées tiennent également aux mots, fur-tout dans les Sciences qu'on fe tranfmet par tradition ; mais telle étoit la Mythologie : elle paffoit de pere en fils, par tradition & fans examen : elle tenoit donc effentiellement aux mots, dont on fe fervoit pour l'exprimer ; & fur-tout aux noms Allégoriques, qui en faifoient la bafe effentielle.

Ces noms durent donc être regardés, par des Peuples qui ne réfléchiffoient pas, comme des noms propres d'êtres réels ; & de-là, l'exiftence néceffaire de ces Etres.

Auffi, lors même que les Langues changeoient, on laiffoit fubfifter ces noms comme n'ayant aucun fens particulier ; enforte que la Religion de ces Peuples étoit chargée de noms barbares & dont on ignoroit totalement le fens ; mais que l'on prenoit par conféquent pour des noms de Dieux réellement exiftans.

C'eft ainfi que les Myftères de Samothrace avoient confervé les noms Orientaux de leurs Divinités, tel que celui de CABIRES, qui d'Allégoriques, devinrent ainfi des Noms propres dont toute l'énergie étoit dénaturée. C'eft ainfi que les Latins confervant le nom Allégorique de la Divinité, IEOV, en firent le Dieu *Iove* ou *Iou-piter*, que nous prononçons Jove & Jupiter, & qui ne préfentoit plus de fignification.

C'eft ainfi que les FRERES ARVAUX, Ordre de Prêtres Romains, s'exprimerent toujours dans leurs Actes & dans leurs Infcriptions, même au tems des Empereurs, en termes empruntés de l'Antiquité & qui n'étoient

plus

plus en ufage : » ce qui fe faifoit aparemment, dit à ce fujet M. le CLERC (1)
» pour fuivre l'ancienne Coutume : comme l'on faifoit en tout ce qui
» regardoit la Religion, où l'on confervoit avec foin les anciens For-
» mulaires.

Lors même qu'on auroit voulu changer ces noms en d'autres équiva-
lens, le Peuple s'y feroit opofé ; il eût cru qu'on vouloit changer fes
Dieux : auffi les mots confacrés à la Religion font-ils dans toutes les
Langues ceux qui ont le moins changé, enforte qu'il en faut toujours
chercher la fignification dans des Langues plus anciennes.

La Religion Chrétienne eft elle-même remplie d'une multitude de mots
Grecs, tels que Dieu, Apôtre, Myftère, Synode, Symbole, Evêque,
Prêtre, Diacre, Ecuménique, Catholique, Baptême, &c.

Et cependant la plûpart des Peuples qui profeffent cette Religion n'entendent point le Grec & ne peuvent fentir par leur propre langue l'é-
nergie de ces termes, très-fignificatifs en Grec.

Il en fut de même chez les Anciens : toujours ils fe fervirent de mots
facrés, antérieurs à leur fiécle, à leur Langue : & il en faut aller chercher la fignification dans de plus anciennes, jufqu'à ce que de Langue
en Langue on arrive à la Primitive.

C'eft une obfervation qui a échapé aux Savans qui ont cru qu'il étoit
abfurde qu'on cherchât dans l'Orient l'origine des noms portés par les
Divinités Grecques : ils ne confultoient en cela que leur averfion pour
les étymologies orientales, & non la nature : encore moins, les Grecs
eux-mêmes, qui avouoient qu'avant l'arrivée des Colonies orientales, leurs
Dieux n'avoient point de noms.

L'Hiftoire Allégorique de ces Dieux fe traduifoit à la vérité d'une Langue
dans une autre.

En Egypte, par exemple, d'abord écrite en caractères hiéroglyphiques,
ou en peintures à tapifferie, elle fut traduite de bonne-heure en Langue
vulgaire par le fecond Thot. Les Mythologues Phéniciens traduifirent dans
leur Langue, ce qu'ils trouverent à cet égard dans les anciens Monumens de leur Pays. Toutes ces Traditions orientales furent rendues par
les Grecs dans leur propre Langue ; & traduites encore de nouveau par
les Romains.

Mais il étoit impoffible que ces Traductions fuffent exactes & que le
fens Allégorique fe maintînt long-tems fans erreur & fans dépravation
au milieu de tous ces chocs & de tant de Traductions, quelque foin qu'on
y aportât.

D'un côté, les mots d'une Langue ne correfpondent jamais exactement
aux mots d'une autre, fur-tout dans les fens figurés & Allégoriques: mais

(1) Bibl. Choif. Tom. XIV. p. 17.
Génie All.   M

un mot pour un autre en pareille occasion, dénature totalement une Allégorie : elle s'altere fur-tout lorfque l'on rend un nom apellatif & allégorique par un nom propre. C'eft ainfi que Sanchoniaton devient inintelligible, dès qu'on traduit les noms de SHEM & de HERTH, qui fignifient le *Ciel* & la *Terre*, par ceux d'URANUS & de GHÉ, comme on l'a fait dans toutes nos Traductions modernes.; car ces noms d'URANUS & de GHÉ n'offrant à l'efprit que les idées ordinaires d'un homme & d'une femme, on prend tout ce qu'on en dit pour un récit hiftorique, parce qu'il n'y a plus rien qui avertiffe que c'eft une Allégorie.

D'un autre coté, on ne pouvoit plus comparer les dernieres copies avec l'original, avec le texte de la premiere de toutes les Mythologies; il étoit donc impoffible de les ramener au fens primitif & de s'apercevoir qu'on en avoit totalement dénaturé l'efprit, jufques à ce que dans ces derniers tems on eût vu naître la connoiffance des Langues anciennes de l'Orient & l'art de la critique porté à un fi haut point, dont les Anciens n'avoient nulle idée.

Ainfi les Traductions, comme celles de Sanchoniaton, loin d'être utiles pour la vérité, faifoient difparoître de plus en plus la force & la beauté de l'Allégorie, par la perfuafion où avoient été tous les Traducteurs que ce qu'ils traduifoient étoit un récit purement hiftorique, enforte qu'ils négligeoient fans s'en apercevoir tout ce qui auroit été capable de ramener au fens Allégorique.

§. 3.

Refpect pour les chofes facrées.

Peut-être à force d'abfurdités, eût-on foupçonné que la Mythologie n'étoit qu'une fuite d'Allégories, fi elle ne s'étoit pas incorporée avec tout ce que les Anciens avoient de plus facré : fi elle n'avoit pas fait une partie effentielle de leur culte : fi elle n'avoit pas tenu de la maniere la plus étroite à leurs Cérémonies les plus auguftes & les plus refpectables à leurs yeux.

La Mythologie tenoit en effet à la Religion de tous les Peuples Payens, à leurs Dieux, à leurs Temples, à leurs Forêts facrées, à leurs Fêtes, à leurs Sacrifices, aux Traditions qui faifoient la bafe de tous leurs Rits, &c.

Mais plus la Mythologie étoit liée avec tout ce qu'il y avoit de plus facré, & plus on dut s'attacher au fens littéral & lui facrifier le fens Allégorique. Sacrifier le premier au fecond, c'eût été fe détacher de tous ces objets auxquels on mettoit toute fa confiance ; c'eût été rentrer dans une fimplicité dont on étoit incapable ; c'eût été ne plus penfer en Peuple.

Le Peuple accoutumé à une Mythologie littérale, à des Dieux qu'il envifageoit comme réels, à des peintures qu'il croyoit être des repréfentations hiftoriques, flatté du fpectacle agréable que ces Tableaux lui offroient ; touché de pouvoir fe rendre fenfibles les objets de fon culte; perfuadé fermement que ces chofes étoient telles qu'il les voyoit, & qu'on les lui avoit toujours préfentées; toujours entraîné par fes fens qui lui perfuadoient que ce qu'on avoit toujours pratiqué & toujours cru, étoit néceffairement tel qu'il le voyoit & tel qu'on l'avoit toujours vu ; le Peuple, en un mot, à qui il faut des faits & non des raifonnemens abftraits, dut perdre de très-bonne-heure toute idée de Dieux Allégoriques, & de Cérémonies Symboliques : il dut prendre tous ces objets, dans le fens le plus littéral.

Dès qu'on fut accoutumé à cette Religion dégradée, à ces Dieux qui avoient remplacé des Etres Allégoriques, à ces Cérémonies qui n'avoient plus de fens, à cette lettre qui tue, ils ne furent plus capables de remonter au fens Allégorique de ces chofes ; & tout ce qui y fut relatif, ne fut plus regardé que comme des vifions, & comme une infulte aux Dieux, que rien ne pouvoit expier.

De là, le filence auquel furent condamnés fi long-tems à ce fujet les Savans du Paganifme, & leurs vains efforts pour rétablir le fens Allégorique, lorfqu'ils furent obligés par les motifs les plus preffans, à y recourir, pour pallier une Religion dont l'abfurdité fe manifeftoit de toute part, & qui ne pouvoit plus en impofer aux hommes.

D'ailleurs le Peuple n'a ni le tems ni la volonté d'étudier & de fe plonger dans les abftractions de la Métaphyfique : il s'attache donc auffi tôt à la lettre, qui eft à fa portée, qui n'éxige aucun effort & qui devient pour lui un flambeau toujours vifible. Je croirois donc volontiers avec l'illuftre Auteur du Culte des Fétiches, que la plûpart des Payens actuels ne voient rien au-delà de leurs Fétiches ; & que chez ceux de l'Antiquité, un grand nombre ne s'élevoit pas au-delà de leurs Animaux facrés, des Théraphims, des Bétyles, des Statues Sacrées, &c. vrais Fétiches pour eux.

§. 4.

Révolutions anciennes.

Les Sciences, effet unique du loifir & des plus profondes méditations, ne peuvent naître, fe cultiver & fe tranfmettre que dans le fein de la paix & du bonheur. Ce n'eft pas lorfque les fortunes font anéanties, l'ordre renverfé, les Savans difperfés, les Bibliothèques diffipées ou jettées au feu, les Peuples réduits à chercher leur fubfiftance, emmenés en exil & en captivité ou livrés aux fureurs d'un foldat altéré de fang & de carnage, qu'on peut fe livrer à des recherches littéraires.

Les Connoiffances primitives, & fur-tout celles qui étoient fondées fur la bafe fine & délicate de l'Allégorie, durent donc recevoir les plus terribles atteintes par les révolutions étranges qui fondirent fur les anciens Empires de l'Orient, berceau de l'Allégorie, & qui les anéantirent les uns après les autres. Des fiécles de ténèbres durent néceffairement fuccéder à des fiécles de lumiere, éclipfer tout leur éclat. Les Sages d'alors durent périr, fans laiffer des Difciples capables de les remplacer ; & avec eux, durent s'anéantir leurs écoles & leurs connoiffances : tandis que les Monumens qui échaperent à ces convulfions défaftreufes, fondés fur des Allégories que marquoit la lettre, déformais feule, ne pouvoient fupléer à cette perte. & n'étoient propres qu'à induire en erreur.

Ceci arriva d'autant plus aifément, qu'il y avoit alors beaucoup moins de lumiere ; que les Lettres étoient en très-petit nombre ; qu'on avoit peu de moyens de rendre les connoiffances communes ; que celles-ci renfermées entre les principales familles d'un Etat, périffoient néceffairement avec ces familles, toujours les premieres victimes des révolutions qui accabloient les fociétés dont elles faifoient partie.

On demanderoit en vain aux Nations qui habitent actuellement les Contrées où fleurirent autrefois les Empires les plus célébres ; aux Guébres defcendans des anciens Perfes & de leurs Mages ; aux Coptes defcendans des anciens Egyptiens fi illuftres par leurs connoiffances ; aux Arabes qui errent avec leurs nombreux Troupeaux dans les plaines que fertilifoient avec tant de fuccès les Chaldéens fi vantés ; on leur demanderoit en vain à tous, le fens qu'attachoient leurs devanciers aux monumens qui fubfiftent encore parmi eux ; encore moins s'ils connurent jamais l'Allégorie.

La fageffe des Orientaux paffa avec eux comme une ombre ; quelques débris ont échapé à cette ruine ; mais la plûpart ne difent rien ou paroiffent de la plus grande abfurdité, fi l'on ne va pas au-delà de ce qu'ils femblent dire, fi l'on ne rétablit le fens Allégorique auquel ils durent leur exiftence.

II.

Caufes qui empêcherent le rétabliffement du fens Allégorique.

1°. La Dégradation du Paganifme.

Lorfqu'une fois les Peuples ont laiffé échaper quelque vérité, il eft très-difficile de les y ramener, fur-tout lorfque l'erreur s'eft incorporée avec la maffe des connoiffances les plus intéreffantes, & qu'elle tient aux préjugés les plus puiffans.

Mais, tel étoit le cas de la fubftitution de la lettre à l'Allégorie chez les Payens.

Accoutumés à une Religion dégradée & à des Dieux qu'ils s'étoient faits, ils ne pouvoient être ramenés à celle qu'ils avoient perdue de vue. Plus les efprits s'étoient avilis, en prenant à la lettre des récits que leurs Auteurs avoient cherché à rendre abfurdes & extravagans, afin qu'on fentît la néceffité de n'en voir que l'allégorique, & plus il étoit difficile de remonter les refforts de ces ames dégradées, dont les yeux ne pouvoient plus fou-

tenir l'éclat du vrai. Cet oubli même fe tournoit en preuves , contre l'exiftence primitive des Allégories.

C'eft par cette raifon qu'il fut impoffible de ramener le Paganifme à fon
inftitution premiere & allégorique.

2°. *L'ignorance des derniers Philofophes Payens.*

Les derniers Philofophes Payens, à la vérité, qui virent que la lettre alloit
anéantir pour jamais le Paganifme , auquel la Religion Chrétienne portoit
les atteintes les plus terribles , crurent pouvoir fauver le culte des Idoles ,
en revenant enfin à ce fens allégorique abandonné depuis fi long-tems : alors
l'Allégorie parut fe réveiller avec un grand éclat ; mais ce ne fut que pour
un inftant & pour difparoître avec la Religion qu'elle vouloit défendre.

N'en foyons pas furpris. La Religion Payenne étoit parvenue à un tel
point de démence , qu'il étoit impoffible d'en pallier toutes les erreurs ,
toutes les extravagances ; & elle s'étoit fi fort éloignée de ce qu'elle étoit dans
le tems que l'Allégorie n'avoit rien d'obfcur , que le retour à l'Allégorie
ne pouvoit excufer toutes les parties de cette Religion , fur-tout les plus
choquantes.

D'ailleurs ces Philofophes avoient fi peu de connoiffance de l'Antiquité &
des Langues qui avoient donné lieu à toutes ces chofes , ils étoient fi peu au
fait des Mythologies étrangeres & antérieures à la leur , & fi peu verfés
dans le genre d'érudition qu'éxige l'explication des Allégories , qu'ils devi-
noient plutôt qu'ils n'expliquoient ; & qu'ils ne purent jamais élever leurs
fyftêmes fur une bafe folide.

Auffi ne perfuaderent-ils perfonne, pas même les Payens, qui continuerent
à prendre la Mythologie dans le fens le plus littéral.

L'Allégorie mal défendue par les uns , & regardée comme des chimères
par les autres , demeura donc fans effet , & ne put juftifier la Religion
Payenne. Cette tentative lui devint également funefte à elle-même : car
non-feulement l'on fut dès-lors perfuadé qu'elle ne pouvoit fe foutenir que
par des Syftêmes erronés, mais on en redouta l'ufage , comme s'il conduifoit
néceffairement à l'erreur, & qu'il ne fut bon que pour donner à celle-ci des
couleurs fpécieufes.

3°. *L'abus même des Allégories.*

Si les combats que les Peres de l'Eglife livrerent avec tant de fuccès aux
explications imparfaites & hafardées que les Philofophes Payens donnoient
des Allégories Mythologiques , avoient porté le coup le plus funefte au
Génie Allégorique qui avoit préfidé à leur formation , l'abus énorme qu'on
avoit fait de l'Allégorie facrée avoit produit à peu près le même effet , relativement à une autre branche de ce génie , les portions Symboliques &

Allégoriques des Livres Sacrés. Etude qui eſt aujourd'hui autant négligée qu'on en étoit avide dans les premiers ſiécles de l'Egliſe.

Les Hommes, fatigués d'explications dénuées de preuves ſolides, qui n'éclairciſſoient rien, qui obſcurciſſoient plutôt des paſſages très-clairs & très-ſimples, & qui tendoient à faire dire aux Auteurs Sacrés tout ce qu'on auroit voulu, ſi une fois on les avoit érigées en principes, les Hommes, dis-je, ſentirent aiſément le vuide & le danger d'une pareille méthode : ils s'en dégoûterent donc ; & s'attacherent de plus en plus au ſens littéral, perſuadés qu'il valoit mieux étudier ce qui étoit, que de connoître juſques où pouvoit s'étendre le Génie inventeur des hommes, en donnant l'entorſe dans tous les ſens à un texte, pour y faire apercevoir des choſes qui n'y pouvoient pas être, qu'on n'avoit point cherché à y mettre, qui étoient néceſſairement l'effet d'une imagination déréglée.

Ainſi, à meſure qu'on ſe raprochoit de la vraie maniere d'étudier, qu'on ſe perfectionnoit dans la connoiſſance des Langues, de l'Antiquité, d'une ſaine Critique, qu'on ne vouloit plus que des faits, des choſes, on s'éloignoit néceſſairement des explications Allégoriques, qui n'étoient aſſujetties à aucune régle, qu'on ne pouvoit juger d'après aucun principe, & au moyen deſquelles avec un peu de génie, il étoit auſſi aiſé de défendre l'erreur que la vérité.

I I I.

Cauſes qui ont fait renaître les Explications Allégoriques.

1°. *Leur néceſſité.*

Cependant, malgré le dégoût pour les Allégories, malgré le danger de leur uſage, malgré l'attachement au ſens littéral & hiſtorique, on ne pouvoit ſe diſſimuler que ce ſens littéral & hiſtorique n'exiſtoit pas ſeul ; qu'on ne pouvoit pas tout expliquer par-là ; que l'Allégorie exiſte dans la nature ; qu'elle exiſte néceſſairement ; que l'Antiquité en offre des traces frapantes, & qu'on en eſt toujours convenu : qu'il pouvoit y avoir du vrai dans tout ce qu'on avoit dit autrefois à cet égard ; & qu'il ne ſeroit peut-être pas impoſſible de retrouver le fil des Allégories anciennes.

Auſſi depuis le renouvellement des Sciences, dans un tems où il n'étoit plus à craindre qu'on favoriſât le Paganiſme par des Explications Allégoriques, & où l'on a porté au plus haut degré l'intelligence des Langues anciennes & des Ouvrages de l'Antiquité, un grand nombre de Savans ſont revenus, comme nous l'avons dit plus haut, à l'Allégorie ; & ils ont fait les plus grands efforts pour ſéparer les Objets Allégoriques de ceux qui ſont purement Hiſtoriques, & pour en démêler le vrai ſens.

S'ils n'ont pas eu tout le ſuccès qui eût été à déſirer, ce n'eſt point que cette méthode ou ce genre de recherches ſoit chimérique, ou d'une exé-

cation trop difficile ; mais parce qu'on fe hâta trop d'expliquer ce qu'on regardoit avec raifon comme des Allégories ; que ces Savans, éblouis de la
beauté de ces nouvelles vues & des grands avantages qui en réfulteroient,
s'empreíferent trop à en former un fyftême : que la découverte exacte du
fens Allégorique ne devoit pas être l'effet uniquement de l'imagination ou
de l'efprit de ceux qui voudroient y parvenir ; mais celui de la comparaifon
réitérée d'une multitude de matériaux, de faits, de monumens, de connoiffances qu'on n'avoit encore pu réunir ; & que ce n'étoit que par elle-
même, & par fon enfemble, que l'Antiquité Allégorique pouvoit s'expliquer.

Heureufement, il n'y a point de prefcription contre la vérité ; & malgré
les mauvaifes méthodes, malgré l'erreur, la précipitation, les préjugés, l'i-
gnorance & la longueur du tems, elle reprend toujours le deffus.

2°. *Le rétabliffement des connoiffances anciennes, & fur-tout du Langage
Allégorique.*

Le Génie des Anciens ayant été Allégorique, il falloit néceffairement que
le voile qui le couvroit fût un jour enlevé en tout ou en partie ; mais feulement lorfqu'on auroit remédié aux Caufes qui l'avoient fait difparoître,
qu'on auroit diffipé l'obfcurité de fon langage, qu'on auroit conftaté la vraie
valeur de fes termes Symboliques.

Il en eft de l'Allégorie comme des autres Sciences qui ont chacune
leur langage propre. En vain fans l'intelligence de ce langage, on fe
flatteroit de parvenir à celle de ces fciences : l'Allégorie a de même fon
langage particulier, qu'il faut entendre pour la faifir.

Telle eft la propriété de cette Langue, qu'elle ne differe point du langage vulgaire ; qu'elle en emprunte tous fes mots ; que chacun par ce moyen
croit l'entendre. Rien de plus fimple que fes récits ; ils femblent tous hiftoriques : au merveilleux près, ce font toujours des événemens anciens, amu-
fans, récréatifs, qui ne préfentent rien d'énigmatique, ou de difficile à
faifir.

Mais c'eft précifément en quoi confifte fon artifice & fa beauté : ici, aucun de ces mots fi aifés à comprendre en aparence, qu'on doive prendre
dans le fens qu'il paroît offrir. Ceux qui femblent être des noms de Perfonnages qui exifterent, font prefque toujours des mots fictifs qui défignent des Objets perfonifiés : tandis que ceux qui femblent n'indiquer que
des Etres Fabuleux dont l'Original n'exifte nulle part, peignent toujours
des Objets qui exiftent réellement dans la Nature.

Ainfi, CÉRÈS, VESTA, BACCHUS, PAN, &c. noms qui femblent défigner des Perfonnages qui exifterent réellement, ne défignent que des Objets
perfonifiés tels que les Moiffons, le Feu, la Vendange, la Nature Univer-
felle, &c. Tandis que le SPHYNX, les CENTAURES, le PHÉNIX, &c. qui

peignent des Objets qui n'exifterent jamais, font néanmoins relatifs à des Objets réels, tels que les Travaux champêtres, les Cycles, &c.

Ce n'eft donc point à la connoiffance des Langues ou à l'Etymologie, qu'il faut avoir recours pour déterminer le fens & la valeur de ces mots : elles feroient d'un foible fecours pour cet effet, comme on ne l'a que trop éprouvé. On ne peut y parvenir que par la comparaifon de toutes les portions de la Mythologie, par les lumieres qui réfultent de l'enfemble qu'elles forment, par les analogies que donnent leurs raports.

Semblables en cela aux Énigmes, qu'on ne peut deviner que par l'enfemble des caractères qui les compofent, mais dont on ne fauroit dès-lors manquer le mot.

L'habileté, le grand art de celui qui voudra pénétrer dans le fens de ces vieilles énigmes, fera donc d'abandonner tout fyftême, toute explication particuliere, toute méthode purement étymologique, routes trompeufes & illufoires qui fe prêtent à tout, & qui perfuadent qu'on a réuffi, parce qu'on n'a éprouvé aucune réfiftance.

Il fera au contraire très-convaincu, qu'il n'exifte qu'une route propre à développer ces grands objets : que cette route ne doit dépendre ni de lui ni de tout autre ; qu'elle doit être donnée par les Allégories même : que ces Symboles & ces Fables Mythologiques furent toujours l'effet de la réflexion ; qu'elles eurent toujours un but, qu'aucune circonftance, qu'aucun Perfonnage n'y font de trop ou fans raifon : que la confidération de toutes ces circonftances, qui font partie d'un même tout, doit donc néceffairement donner la clé du tout, & faire connoître de la maniere la plus fenfible & la plus fatisfaifante, les Objets qu'on y peignit : tandis que fi l'on omettoit, ou fi l'on manquoit le fens de quelqu'une de ces circonftances néceffaires, il n'y auroit plus d'enfemble, plus d'harmonie, plus de vérité.

A mefure qu'on avancera dans cette comparaifon, qu'on découvrira le fens de quelque mot, de quelque caractère Symbolique, de quelqu'Allégorie, on le mettra en note, on en fera un article du Dictionnaire des Termes & des Peintures Allégoriques de l'Antiquité : cette découverte en amenera d'autres : jufqu'à ce que de découvertes en découvertes, de raports en raports, il ne refte plus de Symboles & d'Allégories à déchiffrer ; & que l'explication de la Mythologie préfente enfin un tout complet, fimple, fatisfaifant, naturel, digne de ceux qui l'inventerent, de l'ufage que l'on en fit, & d'avoir été tranfmis, de main en main, jufqu'à nous, avec autant de foin, de fidélité & d'enthoufiafme.

I. V.

Avantages qui en réfultent pour l'Hiftoire.

Mais, dira-t-on peut-être, que devient dès ce moment la certitude de l'Hiſtoire? Par quelle audace oſe-t-on retrancher de ſes faſtes un ſi grand nombre d'événemens, & les déclarer figurés & emblématiques? Sous quel prétexte dépouille-t-on de leur exiſtence tant de Princes & de Héros, dont on montre la Patrie, dont on déſigne les Peres, la Famille, les Etats, dont on indique le Tombeau, dont le tems lui-même a reſpecté la mémoire conſervée avec tant de ſoin.

Séduits par de vaines terreurs, ne craignons pas que l'Hiſtoire s'aviliſſe, & qu'elle perde toute créance, parce qu'on en aura ſéparé quelques objets, qui s'étoient mal-à-propos confondus avec elle?

Cette ſéparation, loin de lui être funeſte, lui devient au contraire très-avantageuſe à tous égards: l'Hiſtoire n'a rien à gagner par ſon mélange avec la fiction, & elle y a tout à perdre. Sa pureté, ſa candeur, ſa naïveté, ſemblables à celles d'une belle vierge, en demeurent flétries: on craint tout pour elle, dès qu'on y aperçoit un principe d'erreur: on craint que la maſſe entiere n'en ſoit corrompue: tandis qu'elle reparoît dans tout ſon éclat, dès qu'elle eſt purgée de ces vices étrangers.

N'apréhendons pas qu'en voulant ôter de l'Hiſtoire ce qu'on a confondu avec elle, on aille trop loin: qu'on regarde comme enfans de la fiction des Faits réels, ou que l'Hiſtoire qui par ſon mélange avec l'Allégorie s'étoit concilié l'attention, la confiance & les hommages des Mortels, en ſoit dédaignée & abandonnée, dès qu'on ſera convaincu qu'à quelques égards, on s'en étoit formé de fauſſes idées.

Les Faits réellement hiſtoriques ſont déterminés par des caractères ſi énergiques, ſi propres, ſi frapans, qu'on ne riſquera jamais de les confondre avec d'autres, dès qu'on s'y rendra attentif; tandis que les Faits Allégoriques ne pourront pas eux-mêmes être regardés comme des impoſtures ou comme des altérations de l'Hiſtoire: leurs caractères ſont ſi différens & ſi marqués, que leur réunion avec les faits hiſtoriques, ne peut cauſer la moindre confuſion, & qu'il eſt impoſſible de s'y tromper: qu'un examen attentif de ces objets ſuffit pour en faire apercevoir la différence extrême; & pour convaincre que leurs premiers Auteurs n'eurent ni l'intention de tromper, ni celle d'altérer les Traditions anciennes; mais qu'ils furent animés de la noble ambition de mettre ſous les yeux du Public, les objets d'inſtructions les plus ſublimes & les plus intéreſſantes; & leurs leçons en acquierent un tout autre prix.

La moindre apréhenſion à cet égard, prouveroit ſeulement qu'on n'a pas aſſez réfléchi ſur ces matieres, ou qu'on prête trop au préjugé.

L'Hiſtoire de nos Etats modernes a t-elle perdu quelque choſe de ſa véracité, pour avoir été ſéparée des faits raportés dans tous nos anciens Romans, & ſur-tout dans ceux de Chevalerie? L'Hiſtoire de Charlemagne eſſuya t-elle le moindre échec, lorſqu'on fit voir que l'Hiſtoire de l'Archevêque Turpin, & celles de Roland & des Chevaliers de la Table ronde, n'étoient que des Contes?

L'Hiſtoire Egyptienne, ou celles de Crète & de Rome, perdront-elles leur crédit, lorſqu'on fera voir que le maſſacre d'Oſiris, la proſtitution de Paſiphaé ou la Louve qui nourrit Romulus & ſon frere, ne ſont pas des faits réels?

L'Antiquité a donc tout à gagner, & rien à perdre, dans cette maniere de voir la Mythologie. On n'eſt plus arrêté par les doutes que faiſoient naître en foule ces commencemens fabuleux de tous les Peuples : l'Hiſtoire en devient plus belle, parce qu'elle n'eſt plus chargée de faits qu'on ne pouvoit concilier ; & ceux-ci acquierent le plus grand prix, par les grands objets qu'ils préſentent, & par leurs raports avec nos plus grands intérêts.

Si quelque choſe étoit capable en effet d'ôter à jamais toute confiance aux anciens Hiſtoriens, ce ſeroit ce mélange révoltant de fictions & d'événemens réels qu'ils offrent ſans ceſſe, & qui feroient ſi peu d'honneur à leurs lumieres ou à leur bonne foi, ſi l'on étoit convaincu qu'ils regarderent tous ces objets comme des faits également hiſtoriques.

Mais dès qu'il reſteroit prouvé, qu'ils ne prétendirent donner ni comme des faits hiſtoriques, ni comme des altérations de l'Hiſtoire, les récits fabuleux par leſquels commencent leurs Ouvrages ; qu'ils n'y virent eux-mêmes que des objets Allégoriques mis en œuvre pour le bonheur des Peuples & relatifs aux inſtitutions les plus utiles, on les enviſagera d'un tout autre œil. On les trouvera dignes des plus grands éloges, pour avoir conſervé ces précieuſes traditions, pour en avoir fait la baſe de l'Hiſtoire du genre-humain, & pour avoir éclairé par ce moyen leurs Contemporains & la Poſtérité la plus reculée, en réuniſſant l'agréable & l'utile.

Loin d'être étonné que l'Hiſtoire & la Fable ſe trouvent ainſi unies, & que la Fable précede même en quelque ſorte l'Hiſtoire, on le ſeroit plutôt, que le contraire fût arrivé ; & l'on demeurera convaincu que ces phénomènes ſont dans la nature des choſes, & conformes à ce grand Ordre qui dirige tout, qui régle tout, qui amene tout & hors duquel rien n'eſt bien ; puiſqu'il fallut que les Sociétés euſſent fait des choſes dignes de l'Hiſtoire, avant que celle-ci exiſtât ; qu'elles ne purent exécuter ces grandes choſes, ſans y avoir été préparées par des Inſtructions & par des Connoiſſances, ſans leſquelles les Sociétés ne ſont que des Hordes de Sauvages à peine au-deſſus des Animaux, auxquels ils diſputent les fruits de la Terre ; & que les Peuples, qui n'eurent que des hommes pour guides, ne purent marcher à ces inſtructions que par l'Allégorie & par la Fable, ſeul moyen que ceux-ci euſſent entre les mains d'affecter vivement leurs ſemblables, d'embraſer leur imagination, de leur communiquer l'enthouſiaſme du travail, de la vertu & de la gloire ; de les élever au-deſſus de leur ſiécle, de leurs préjugés, de leur ſtupide & indolente liberté, d'en faire véritablement des Hommes.

En effet, des Sociétés dans l'enfance, qui n'avoient rien vu, qui ne

connoiſſoient rien, dont la faculté intellectuelle & propre au raiſonne-
ment n'étoit point formée, pouvoient-elles être traitées comme les Sociétés
qui ſont arrivées au plus haut dégré de perfection ? Ne falloit-il pas un
tout autre langage, de tout autres motifs, & crayonner par des traits gi-
gantesques & étonnans, propres à ébranler des Peuples entiers, les attraits & la néceſſité de l'ordre & de ſon obſervation ? Toute autre Inſtruction eût-elle pu être entendue ?

Ainſi dans notre enfance, nos Nourrices commencent à former notre
cœur & notre eſprit par des Contes & par des Fables, dans un tems où
nous ſommes incapables de ſaiſir les grands événemens hiſtoriques, &
dont les Perſonnages ſont trop éloignés de l'intérêt que nous pouvons trouver à ce qui n'eſt pas nous. Nous prenons cependant ces récits, pour des
faits réels : nous verſons des pleurs, ou nous nous réjouiſſons tour à tour, ſuivant que l'on nous conte des aventures heureuſes ou malheureuſes : les exemples de géneroſité, de vertu, de bonté, nous émeuvent & nous touchent :
ceux de méchanceté nous font frémir & nous révoltent : & en promet-
tant avec des mots mal articulés, d'éviter les uns, d'imiter les autres,
nous acquérons de la ſenſibilité, de la force, & des vertus.

Ainſi les Peuples n'ont que des Poëtes & des Romanciers, lorſqu'encore enfans, ils n'auroient ni le tems ni la force de ſaiſir de longs raiſonnemens philoſophiques, ou des hiſtoires trop compliquées, incapables de les émouvoir par leur peu de raport avec leur état, leurs beſoins,
& leur foibleſſe.

En ramenant à l'Allégorie les commencemens fabuleux de l'Hiſtoire ancienne, on rentre donc dans la Nature, on rend raiſon de tout : l'Hiſtoire devient plus certaine ; les premiers Inſtituteurs du Genre-Humain
ſont des génies dignes des plus grands Éloges. Les Fables même, ces
Fables qu'on dédaignoit, ou dans leſquelles on ne voyoit que des altérations déplorables, brillent du plus grand éclat, acquierent le plus grand
prix, deviennent une baſe eſſentielle de l'Hiſtoire intéreſſante du Genre-
Humain ; & nous aprennent ce dont ces mêmes faits ne pouroient jamais
nous inſtruire, ſi l'on s'obſtinoit à les regarder comme les débris d'une
vieille hiſtoire altérée, corrompue, & ſans utilité réelle, lors même
qu'on la rétabliroit dans ſa premiere pureté.

Par ce moyen, l'on s'accorde avec l'Antiquité qui ſe déclara toujours
pour l'Allégorie : avec les Grecs eux-mêmes, qui, lorſqu'ils s'aproprioient
les Allégories Orientales & en tranſportoient la ſcène chez eux, ne purent
jamais ſupoſer que les Perſonnages qui en étoient les objets, fuſſent nés
chez eux, & euſſent exécuté dans la Gréce, ces faits qui leur étoient portés de Phénicie ou d'Egypte. C'eût été le comble de l'extravagance.

Lorſque le reſpect que nous avons pour les Grecs, nous oblige à regarder leurs récits Mythologiques comme des débris de leur hiſtoire, & à
nier qu'ils connuſſent l'Allégorie, nous manquons donc eſſentiellement

& à la vérité, puifque ces récits furent Allégoriques; & aux Grecs eux mêmes, puifqu'ils furent toujours perfuadés que la Mythologie renfermoit des objets Allégoriques : & qu'on leur feroit l'affront le plus fanglant en les croyant capables d'avoir pris au pied de la lettre ce que leur racontoient les Etrangers Phéniciens, & de n'avoir pu connoître dans quel fens leurs premiers Poëtes employerent les expreffions Symboliques qu'ils voyoient dans leurs ouvrages.

Leur Religion eût été dès fon origine fort au-deffous du Fétichifme le plus groffier. Ceux qui fe confient en leurs Fétiches font des aveugles, qui attribuent à la matiere, des vertus qu'elle n'a pas : mais les premiers Auteurs de la Mythologie chez les Grecs feroient des impies, qui auroient attribué à la Divinité des vices infames, qui la croiroient fouillée de vols, d'inceftes, d'intempérance, de gourmandife : nul crime qu'on n'eût pu juftifier par l'exemple divin; leur Théologie avant même fa dégradation, auroit été impudente & abominable : mais quel Légiflateur, quel Chef de Peuple, quel Sage, quelle Société humaine euffent jamais ofé fe former des idées pareilles de la Divinité ? fe profterner enfuite devant elle & la donner pour modéle aux jeunes gens, aux Chefs de famille, à l'Univers entier ?

Il eft donc tems d'abandonner un Syftême qui a tout contre lui, & rien pour lui; qui ne fubfifte & ne fe maintient que par l'attachement mal entendu pour un vieux préjugé, & par la crainte plus mal entendue encore, que la vraie Hiftoire ne puiffe plus être diftinguée de l'Allégorie qui a pris fi fouvent fon mafque : un Syftême enfin, qui laiffe fur l'Antiquité un voile impénétrable, qui nous prive des grands principes & des vérités intéreffantes cachées fous ces Allégories; qui n'a pu fe foutenir que par l'ignorance & qui nous feroit plus de tort que la barbarie des fiécles les plus groffiers; auquel les Savans auroient dû renoncer depuis long-tems; & par raport auquel, on ne pourra concevoir comment il fut capable de faire illufion, lorfqu'une fois on s'en fera défabufé.

ARTICLE VI.

L'Explication des Allégories ne doit pas être arbitraire ; mais se démontrer rigoureusement.

LE nombre & la force des Preuves que nous venons de donner pour établir qu'on a toujours cru que la Mythologie & les Fables religieuses de l'Antiquité, ne devoient se prendre que dans le sens Allégorique, & que l'Allégorie seule pouvoit en fournir la vraie clé, auront sans doute frapé nos Lecteurs ; elles les auront convaincus de la solidité de ces principes ; mais ils objecteront que quelqu'importans que soient ces objets pour prévenir les esprits en faveur de notre maniere de voir, il en est cependant un autre beaucoup plus essentiel, & dont dépendra nécessairement toujours le succès de toute Explication Allégorique.

C'est de trouver entre toutes les Explications Allégoriques possibles, celle qui peut être la seule véritable, qui seule convient aux Allégories anciennes, & qui par l'accord le plus parfait à cet égard, soit au dessus de tout doute.

On dira qu'il ne s'agit pas simplement d'établir que l'Antiquité fit le plus grand usage de l'Allégorie, & qu'on ne peut l'expliquer parfaitement que par ce moyen ; propositions purement spéculatives, & de la vérité desquelles on conviendra aisément sans conséquence ; mais qu'il faut trouver & prouver qu'on a trouvé la vraie maniere d'expliquer les Allégories anciennes, & qu'il ne peut en exister d'autre explication.

On ajoutera que si jusques-ici l'on a été en garde contre les Explications Allégoriques de l'Antiquité, c'est que leurs Auteurs ont toujours vu à cet égard tout ce qu'ils ont voulu ; que l'Allégorie prend entre leurs mains les formes les plus oposées ; & qu'on n'a jamais vu qu'aucune de ces différentes explications fût la vraie, & qu'elle n'en laissât point désirer d'autre.

Que plus il seroit démontré que ces objets sont Allégoriques & leur explication intéressante, & plus il importe que cette explication soit apuyée sur une base à toute épreuve ; qu'on ne puisse la confondre avec celles qu'on a déja données & qui ont été sans effet ; & qu'on n'erre plus dans le vague immense des conjectures.

En effet, le vrai seul intéresse : lui seul a droit aux hommages des hommes : c'est vers lui seul que doivent se diriger leurs recherches ; & il est aussi inutile qu'absurde de multiplier sans raison des systêmes erronés.

Cependant jusqu'ici, ceux même qui ont été le plus prévenus en faveur

des Allégories , & qui ont effayé d'expliquer l'Antiquité par ce moyen , paroiffent s'être plutôt occupés de déveloper leurs idées, que de pofer des
principes & d'établir des régles au moyen defquelles leurs explications puf-
fent s'attirer quelque confiance , & on pût être afluré qu'elles offriroient les
Objets que les Anciens eux-mêmes avoient peints dans ces Allégories , &
non ce qu'il plairoit aux Modernes d'y apercevoir.

Quelle force n'euffent pas aquis leurs fyftêmes par ce moyen ? Pourroit-
on rejetter une explication des Allégories qui , fufceptible de la plus grande
démonftration, embrafferoit la maffe de la Mythologie , & s'accorderoit
fi parfaitement avec elle, qu'il feroit égal d employer ces Allégories ou leurs
objets ? Enforte que ne pouvant plus douter que nous ne jouiffions de la fageffe des Anciens, leurs Fables deviendroient les nôtres, & nous en adop-
terions le langage, parce qu'il conviendroit autant à notre état qu'à celui
des Anciens, par leurs raports intimes avec les grands Objets de la Nature
& avec l'Ordre Univerfel , toujours conftans.

L'on ne fauroit cependant douter que les Allégories anciennes n'ayent eu
un but ; que ce but étoit digne des hommes auxquels on les propofoit ; qu'il
tendoit à leur inftruction ; qu'on les préfenta de la maniere la plus propre
à produire ces effets ; & qu'il feroit inconcevable que toute trace s'en fût
perdue , au point de ne pouvoir être retrouvée, en fe plaçant dans le point
de vue néceffaire.

Mais ne foyons pas étonnés fi jufqu'ici on n'a pu parvenir à leur rétabliffement : & n'en concluons rien contre l'exiftence de l'Allégorie chez les
Anciens, & contre la poffibilité d'en retrouver la clé.

Si jufqu'ici l'on a plus confulté fon imagination que les faits , dans l'explication des Allégories ; fi l'on a cherché quel étoit le fens qu'on leur pourroit donner , plutôt que celui qu'elles devroient fournir ; fi l'on ne les a jamais confidérées dans cet enfemble, qui pouvoit feul en donner la clé,
c'eft qu'on fe porte toujours à ce qui eft plus aifé ; c'eft qu'on aime mieux
jouir promptement du fruit de fes travaux , quoique d'une maniere plus in-
complette, que d'attendre des fuccès lents & tardifs ; c'eft que l'explication
des Allégories anciennes fupofe beaucoup plus de travail, de comparaifons
& de connoiffances préliminaires , que ne permettent ordinairement d'en
acquérir les facultés & le loifir des Savans.

D'ailleurs , la vraie explication des Allégories , eft toujours aifée à diftinguer de celles qui ne font qu'arbitraires.

Dans celles-ci, on ne fait nulle attention à l'enfemble des Allégories : on
fe contente de quelques aperçus, plus ou moins légers, fur leurs caractères les
plus effentiels ; & rien de plus facile que d'en trouver de très-éblouiffans, au
moyen des équivoques qu'elles renferment. On ne creufe point dans l'Antiquité , pour y chercher des lumieres propres à jetter de la clarté fur ce
qu'on veut expliquer : on n'en étudie pas le Dictionnaire Figuré & Symbolique, fans lequel il eft inutile de s'occuper de pareilles recherches : on

ne le compare ni avec la Nature, ni avec ce qu'exigerent les befoins des Hommes & des Sociétés naiffantes: on ne raffemble pas ce que l'Antiquité en a dit.

Mais dès que l'imagination & l'efprit tiennent lieu de tout, du Génie de l'Antiquité, de fes mœurs, de fes ufages, de fa religion, des régles d'une-faine & févere critique, de ce qui peut feul conduire & foutenir dans le bon chemin, ne faut-il pas néceffairement s'égarer? Peut-on être jamais af-furé qu'on voit bien?

L'explication rigoureufe & ftriête des Allégories fe reconnoît au contraire à un tout autre travail & à un tout autre fuccès.

Elle pénetre le fens le plus intime des Allégories, elle en pèfe tous les mots, elle en examine tous les Perfonnages & les compare les uns avec les autres; elle ne perd jamais de vue l'enfemble: elle lie ces Allégories avec la Nature, avec les befoins de l'Homme, avec les Langues anciennes, avec tout ce qui nous refte de Monumens capables de donner quelque lumiere: elle n'eft fatisfaite que lorfqu'elle eft parvenue à donner à l'Allégorie un fens qui en embraffe toutes les parties, qui les préfente avec la plus par-faite harmonie, qui les éclairant toutes, répande fur elles la plus vive clarté; qui s'accorde fi parfaitement, fi ingénieufement & avec tant de fimplicité avec la Nature & la raifon, qu'elle ne laiffe point d'autre explication à de-firer. Cette explication va même au-devant des Allégories, elles les prévoit, elle les devine; elle fait plus, elle les juge.

Telle eft la différence entre ces deux explications, que l'une, hazardée dans fes vues, incertaine dans fes combinaifons, opofée dans fes conjec-tures, forcée & puérile dans fes étymologies, ne tient à rien, n'eft d'aucun poids, ne peut raffurer contre le doute, diffiper les ténébres, infpirer la confiance.

Tandis que l'autre, naiffant du fujet même, ferme dans fes vues, fage dans fes combinaifons, fûre dans fes étymologies, va toujours en avant d'un pas affuré, s'adapte à tout, explique tout & ne laiffant après elle ni obfcu-rité, ni doute, ni vuide, entraîne tous les fuffrages par fa beauté, fa clarté, fon énergie & fon affurance fage & modefte.

Mais eft-il poffible d'éviter l'arbitraire dans l'explication des Fables? Peut-on fe flatter de retrouver le fens de ces énigmes anciennes, éloignées de nous par de fi grands efpaces, & faifant allufion peut-être à des Tems & à des Perfonnages totalement inconnus?

A en juger par la maniere dont on a procédé jufqu'ici, on croiroit qu'il ne peut exifter en effet d'interprétation rigoureufe des Fables Mytholo-giques: qu'on n'en peut donner que d'arbitraires, ou qu'elles font d'une na-ture fi flexible, qu'elles font fi vagues, fi indéterminées, qu'on peut les apliquer à tout, & y voir tout ce que l'on voudra.

On a toujours cru en effet y apercevoir tout ce qu'on a défiré. Le Théo-logien y a vu de la Théologie: le Moralifte, de la Morale: le Phyficien, les secrets de la Nature : l'Alchymiste, le grand œuvre. Aucun n'a manqué de raisons spécieuses pour mettre la Fable de son côté. En lisant séparément ces Interprêtes, on diroit que l'Antiquité leur confia son secret, & développa à leurs yeux, les trésors de ses énigmes & de ses Allégories : mais si on les raproche, on voit qu'ils se contredisent tous & qu'ils n'eurent aucune base assurée.

Cependant les Fables Mythologiques sont trop nombreuses, trop étendues, trop variées, elles ont trop fait les charmes de l'Antiquité, on se les est transmises avec trop de soin, de main en main, pour qu'on doive les regarder comme dénuées de sens, ou comme n'en ayant qu'un vague & indéterminé : pour qu'on ne soit pas convaincu qu'elles renferment des objets très-intéressans, & qu'elles furent composées dans des Tems où il n'y avoit de Savans que ceux qui s'occupoient du bonheur des Peuples, & de l'instruction publique, si essentielle à ce bonheur ; où la Nation étoit tout ; les Particuliers, rien ; & où, tout se raportoit à l'avantage général.

Ces Fables d'ailleurs sont trop liées au Culte de ces Peuples anciens, à leur Religion, à leurs Fêtes, à leurs Cérémonies, pour n'avoir pas eu dès l'origine le raport le plus étroit avec ces grands objets, & pour n'avoir pas été instituées uniquement dans cette vue.

La Mythologie liée à la Religion Payenne.

Sur quelque portion en effet de la Mythologie qu'on jette les yeux, on aperçoit aussitôt qu'elle tient essentiellement aux idées & aux usages Religieux des anciens Peuples : qu'elle sert à prouver ou à développer les uns & à faire observer les autres : qu'elle fut dans tous les Tems la base de la Religion Payenne, de ses Dogmes, de ses Cérémonies, de ses Fêtes : ensorte qu'on ne peut avoir une idée exacte de cette Religion, sans la connoissance de la Mythologie ; ni acquérir l'intelligence de celle-ci, sans être au fait des idées religieuses dont furent prévenus les premiers Hommes.

La Mythologie ne peut s'expliquer que par ses raports avec cette Religion.

On ne peut donc l'expliquer d'une maniere vraie & naturelle qu'en la raportant toute entiere à cet objet, puisqu'elle ne fut établie que pour lui.

Il seroit absurde de dire que la Mythologie formée par la réunion d'une multitude de Fables dénuées de sens commun, contraires à la raison, injurieuses à la Divinité & aux Hommes, isolées, sans raport entr'elles, a cependant offert un tout qui convenoit si fort avec la Religion Payenne, qu'on les associa ensemble, & que la Cause de l'une devint inséparable de celle de l'autre.

De pareils raports ne peuvent être l'effet du hazard, ou de l'imagination :

ils

Is naiſſent néceſſairement du fond des choſes ; & puiſque la Mythologie s'ac-corde avec les grands dogmes de la Religion payenne & qu'elle les ſupoſe tous, qu'elle fut toujours unie aux Cérémonies Payennes, qu'elle ſervit de régle à toutes les opérations de l'Antiquité Profane, qu'elle détermina leurs jours de travail & ceux de repos, marqués avec ſoin ſur leurs Calendriers, leurs Fêtes & leurs Sacrifices, on en doit conclure néceſſairement qu'elle fut inſtituée dans ces vues ; & qu'on ne peut l'expliquer, qu'autant qu'on la ra-porte aux objets les plus inſtructifs & les plus importans pour les Hommes.

Inutilité & abſurdité de toute autre explication.

Ne ſoyons donc pas étonnés, ſi toutes les explications qu'on a voulu don-ner de la Mythologie, différentes de celles-là, n'ont pu ſe ſoutenir : ſi jamais l'on n'a pu admettre les explications hiſtoriques, les explications morales, les explications alchymiques ou relatives à la Pierre Philoſo-phale, &c. qu'on a ſi ſouvent eſſayé d'en donner.

Elles étoient trop contraires à l'origine de la Mythologie, aux vues de ceux qui l'inſtituerent, aux idées qu'on en avoit toujours eues, à l'en-ſemble qu'elle offre : elles étoient trop dénuées de preuves, trop reſſerrées, trop obſcures, trop abſurdes, trop peu ſatisfaiſantes, trop peu relatives au bonheur des Peuples & aux grands objets de l'inſtruction publique, pour être, je ne dis pas vraies & certaines, mais même vraiſemblables & probables ; pour intéreſſer tous les Hommes, pour les attirer à elles par ce plaiſir vif & irréſiſtible que font éprouver des découvertes in-génieuſes, utiles, raiſonnables, qui intéreſſent la ſenſibilité & l'eſ-prit.

Le vrai, toujours fait pour les hommes, a ſeul le droit de leur plaire : ainſi toute explication Mythologique qui ne peut ſe concilier tous les ſuf-frages, qui n'excite que l'étonnement & qui n'intéreſſe pas le cœur, qui ne laiſſe après elle aucune idée nette, claire, intéreſſante, qui en fait déſirer une autre, eſt, on peut le dire hardiment, ſans crainte de ſe trom-per ou d'être démenti par aucun Lecteur, erronée, illuſoire ou inſuffi-ſante.

Les explications de la Mythologie, tirées de la Pierre Philoſophale ou du grand œuvre, ont un grand préjugé contr'elles : c'eſt de ſupoſer toujours l'état de la queſtion. Ses Explicateurs voyent le grand œuvre peint dans toutes les Fables ; mais ils ne démontrent jamais que ce grand œuvre fut connu dans le tems où la Mythologie fut inventée : ils ne ſoup-çonnent pas même la néceſſité de le démontrer, & que juſques alors on ne peut croire à leur explication. En effet pour s'aſſurer qu'une explication eſt vraie, il faut avoir des principes, une baſe, un objet de comparaiſon auquel on puiſſe la raporter, & s'aſſurer que le guide qu'on ſuit, ne s'égare pas lui-même & ne ſe fait pas illuſion.

Les explications hiftoriques font bien plus naturelles & bien plus raifonnables : quelquefois même elles font fondées ; car la Mythologie renferme
quelques faits hiftoriques relatifs à la grande Hiftoire du Genre Humain,
précieux reftes de la Tradition primitive & que rien n'avoit pu altérer,
tels que la Création, le Déluge & fes caufes, la defcendance d'une feule
Famille, &c.

Cependant les explications purement hiftoriques de la Mythologie, font
dénuées de toute bafe & de toute vraifemblance. Elles ne pourront jamais
rien dire de fatisfaifant pour faire voir comment des faits purement hiftoriques auroient pu fe changer en contes auffi extravagans, fe charger d'un
merveilleux auffi abfurde, fe lier avec tant d'êtres qui n'exifterent jamais,
qui ne purent exifter & dont l'invention n'auroit aucune caufe, aucun
but.

Lorfqu'on fupofe une pareille altération de l'Hiftoire, on avance un
fait dont on n'a aucune preuve, & aucun exemple, contraire même à toute
raifon ; & lorfqu'on fait de cette fupofition la bafe de fon travail, on élève
un édifice qui ne porte fur rien & qui doit néceffairement s'écrouler.

A qui perfuadera-t-on, par exemple, que la Mythologie n'eft qu'une
hiftoire altérée dans tout ce qu'elle nous dit d'Uranus, de Saturne & de
Jupiter ? De quel point partira-t-on pour le prouver ? Dans quels lieux de
l'Univers placera-t-on leur Empire ? D'après quels Monumens conftate-
ra-t-on leur exiftence humaine ? Où trouvera-t-on leur hiftoire antérieurement à toutes ces altérations ? Comment rendra-t-on raifon de celles-ci &
prouvera-t-on qu'il y a eu des Hommes affez ftupides, affez infenfés pour
changer un homme apellé URANUS en Ciel, une Femme apellée GHÉ en
Terre, un autre apellé SATURNE en Dieu du Tems ; & pour déifier ces
Perfonnages, & les mettre à la place du Souverain de l'Univers ? Et d'a-
près quels principes décidera t-on que les actions extravagantes & criminelles qu'on leur attribue & fans lefquelles leur hiftoire fe réduit à rien,
font des altérations ?

Lorfque l'on donne lieu à toutes ces objections, lorfqu'on prend pour
bafe de fes opérations des fondemens auffi ruineux, qu'on hazarde tant
de conjectures, tant de fupofitions, tant d'exceptions, on ne veut certainement pas être cru ; & l'on n'eft nullement perfuadé de la vérité de ce
qu'on dit.

On ne voit donc que de l'arbitraire dans la Mythologie, puifque ce qu'on
y fupofe de réel eft un fond totalement inconnu.

Mais fe livrer à l'explication arbitraire de la Mythologie, c'eft dégrader
fes Auteurs, manquer à ceux qui nous l'ont tranfmife, fe jouer de fes
Lecteurs, donner lieu à des difputes interminables.

C'eft dégrader les Auteurs de la Mythologie : car il en réfulte qu'ils
furent ou des imbéciles qui ne fentoient pas la force des traits hiftoriques
qu'ils défiguroient, ou des fripons qui en impoferent aux hommes en al-

térant l'hiſtoire de leurs Ancêtres, pour les entraîner dans l'idolâtrie & dans les erreurs les plus groſſieres.

C'eſt manquer à ceux qui nous la tranſmirent, puiſque c'eſt ſupoſer que tous les Peuples qui adopterent cette Mythologie, étoient eux-mêmes des imbécilles qui ne voyoient pas qu'on venoit d'altérer leur hiſtoire, ou qui ſe laiſſerent tromper ſciemment & volontairement.

C'eſt ſe jouer de ſes Lecteurs, puiſque dans la vue de les éclairer, on leur préſente des recherches qui ne portent ſur rien de certain, dont on n'a aucune preuve, qui ſont uniquement l'effet de conjectures.

C'eſt donner lieu à des diſputes interminables ; car dès que les explications hiſtoriques de la Mythologie ne peuvent avoir aucune baſe ſolide, & qu'elles ſont abſolument arbitraires, on ne pourra plus ſe décider entr'elles ; & chacune étant apuyée ſur des raiſons ſpécieuſes, on ſe trouvera ou agité par le choc d'une multitude de Syſtêmes, ou forcé de ſe jetter dans les bras du Pyrrhoniſme pour ſe délivrer de l'embarras cruel d'un choix entre tant d'opinions probables.

Auſſi quelle de ces explications a pu réuſſir ? Toutes ſe combattent, toutes ſe détruiſent ; Cumberland, Banier, Fourmont, Huet, le Clerc, &c. s'élévent tour à tour ſur les ruines les uns des autres & ne triomphent que pour céder la palme à un autre : & de tant de combats, de tant de veilles, de tant de travaux, il ne reſte rien qu'on puiſſe montrer, dont on puiſſe s'étayer, ou qu'on puiſſe avouer & recevoir comme une vérité.

Lorſque l'on conſidere tant d'Eſſais, tant de Recherches, tant de Syſtêmes, tant de Travaux qui eurent uniquement pour but d'expliquer la Mythologie, qui n'ont été cependant d'aucune utilité pour l'inſtruction des hommes, qui n'ont pas augmenté d'une ligne le nombre des vérités connues & utiles, qui n'ont répandu aucun jour ſur l'Antiquité, qui ont emporté un tems qui eût été mieux employé, qui ont fait perdre les avantages qu'on auroit retirés du génie, du ſavoir & du courage de ceux qui s'y livrerent s'ils s'étoient occupés de toute autre choſe, on ne peut que déplorer les funeſtes effets des Syſtêmes arbitraires ; & qu'abandonner de plus en plus les explications hiſtoriques des Fables, qui ont été ſi inutiles & qui nuiſent à la vérité elle-même, en faiſant croire qu'elles ſont inexplicables en effet, puiſque de ſi beaux génies ont abſolument échoué dans leur recherche.

Il eſt donc à déſirer que les perſonnes verſées dans l'Antiquité & qui ſe vouent à éclaircir la Mythologie, ſe défient de la route qu'on a ſuivie juſques à préſent ; & qu'étant convaincues de l'inutilité des ſimples explications hiſtoriques, elles tournent leur attention vers ce Génie Allégorique & Symbolique dont on ne peut ſe diſſimuler l'exiſtence, & qui ſe mêlant aux grands événemens de l'Hiſtoire du Genre-Humain, préſida aux inſtructions anciennes.

On ofe les affurer qu'ils y trouveront beaucoup moins d'hypothétique ou
de conjectural que dans les explications hiftoriques ; qu'ils feront étonnés
de la chaleur & de l'intérêt qu'il répand fur l'Antiquité ; & que plus on fera
de recherches pour l'éclaircir, le déveloper, le conftater, ou l'entendre,
& plus on verra les ténébres fe diffiper, l'Antiquité s'embellir & devenir
intéreffante, les vérités naître en foule à la fuite les unes des autres ; &
au lieu du peu de fatisfaction qu'on retiroit foi-même des efforts qu'on
faifoit pour parvenir à ces réfultats, on éprouvera cette tranquillité & ce
calme qui eft l'effet néceffaire du vrai.

Mais tout ceci fupofe que les explications Allégoriques portent fur
une bafe conftante, qui n'a rien d'arbitraire & qui ne fauroit même
prêter à l'arbitraire. Tâchons de l'établir d'une maniere fatisfaifante.

§. 2.

L'Explication Allégorique des Fables Payennes n'a rien d'arbitraire.

L'Allégorie ayant été, de l'aveu des Anciens, le moyen dont ils fe
fervoient pour inftruire les hommes, elle devient néceffairement la bafe
fur laquelle doit s'élever la vraie explication de l'Antiquité : toute autre
feroit, comme nous l'avons vu, illufoire, inutile & funefte, puifqu'on ne
peut marcher au vrai par l'erreur.

La feule chofe qu'on reprochera peut-être à ce genre d'explication mythologique, c'eft d'ouvrir la porte à l'arbitraire d'une maniere encore plus
fenfible que toutes les autres efpéces d'explication : l'on aura même l'expérience pour foi ; car il eft certain que tout ce qu'on a dit jufqu'à préfent
d'après ce principe, a été prefque toujours fans fondement, & qu'il femble qu'on n'y a eu ordinairement recours, qu'afin de faire mieux recevoir les fyftêmes les plus hazardés & les moins fatisfaifans, puifqu'on s'eft,
en général, plus occupé de démontrer que les Fables étoient Allégoriques,
que des régles à fuivre pour les expliquer d'une maniere fûre d'après ce
principe.

Effayons donc de déveloper ces régles. S'il eft vrai que l'Allégorie fît là
bafe de l'inftruction primitive, fon explication doit être certaine & affujettie
à des régles inconteftables ; & il ne devra pas être difficile de découvrir ces
régles, d'en démontrer la certitude & les heureux effets, & de les mettre
en œuvre avec le plus grand fuccès.

§. 3.

L'Allégorie a toujours un objet déterminé qu'elle peint exactement.

Dès qu'on pofe pour principe que les Allégories furent deftinées à l'inf-

&ruction des Hommes & fur-tout à celle des Sociétés naiffantes , il réfulte néceffairement qu'elles durent avoir un O*BJET* précis & déterminé , puif-que fans cela elles auroient manqué leur but ; qu'elles n'auroient préfenté aucun fens , qu'elles auroient été dénuées de toute certitude , de tout in-térêt.

Cet objet dut INTÉRESSER LA NATION entiere , à laquelle on propofoit ces Allégories : comment auroient-elles pu fans cet intérêt , devenir un fu-jet d'inftruction & d'utilité , plaire & fe maintenir ? Alors comme à pré-fent , on dut chercher quel avantage on pouvoit retirer de quelqu'étude , avant de s'y livrer.

Cet objet dut SE PEINDRE dans l'Allégorie , de maniere à être reconnu avec une légère attention : car il eût été abfurde de vouloir inftruire les hommes & de ne leur préfenter que des obfcurités impénétrables ; & fi l'on avoit été affez infenfé pour le faire , on fe feroit bien-tôt vu abandonné de tous ceux qu'on avoit prétendu inftruire : jamais ces inftructions n'euffent pu fe maintenir , paffer à travers tous les fiécles & fe concilier les hom-mages des Peuples les plus éclairés & les plus fages.

La PEINTURE de cet objet dut convenir fi parfaitement à fon modéle ; qu'auffi-tôt qu'on fe rendroit attentif à fon imitation , on ne pût le mé-connoître ; autrement , l'on eût erré dans le vague des conjectures ; & l'efprit las de ne pouvoir fe décider entre plufieurs probabilités vraifem-blables , ne fe feroit plus mis en peine de vérités trop difficiles à recon-noître ; comme on ne l'a que trop éprouvé dans ces derniers tems , où , balottés entre toutes les explications des Fables anciennes dont aucune ne fatisfaifoit , on a prefque renoncé à cette recherche comme inutile & ab-furde.

Cette Peinture dut donc EMBRASSER tellement fon objet , & en pré-fenter fi parfaitement l'enfemble , qu'il fût impoffible de l'apliquer à tout autre objet , dans tout cet enfemble & tous fes dévelopemens. Il en eft de ceci , comme de toute autre peinture : il eft tel portrait , qui , pris en gros , conviendra à nombre de Perfonnages différens , parce qu'ils auront tous quelque chofe de commun ; mais il n'en eft aucun , qui puiffe convenir dans tout fon enfemble à d'autre Perfonnage qu'à fon modéle.

§. 4.

L'Explication de ces Allégories ne peut donc être arbitraire.

Ainfi , l'objet de l'Allégorie étant déterminé , & l'Allégorie ayant été faite pour cet objet , fon explication ne peut plus être arbitraire : elle doit amener néceffairement à la connoiffance de l'objet même fur lequel elle porte.

On peut comparer l'Allégorie à une énigme , dont il eft impoffible de manquer le mot lorsque l'on en considere avec soin l'ensemble ; parce que cet ensemble ne peut convenir qu'à un seul objet , & qu'une énigme qui conviendroit à plusieurs objets différens , seroit illusoire.

La seule différence entre l'Allégorie & l'Enigme , c'est que la premiere est souvent beaucoup plus compliquée ; qu'au lieu d'un mot , elle peint des sujets vastes & qui ne sont pas d'un usage aussi commun que ceux des énigmes ; & que personifiant sans cesse des êtres , il faut pour la saisir , être en état de connoître la valeur des noms qu'elle donne à ces êtres.

Il est vrai qu'à la premiere vûe & pour un œil prévenu ou inattentif , l'Allégorie présentera une foule d'objets entre lesquels on ne saura quels choisir ; tel , un Labyrinthe rempli de détours , offre une foule d'issues entre lesquelles on ne sait quelle prendre. C'est ce qui fait la beauté & le piquant de l'Allégorie : il faut qu'elle embarrasse , qu'elle intrigue par la multitude des points de vue qu'elle paroît offrir : mais entre tous ces objets , un seul peut être vrai.

Le trouver , c'est avoir expliqué l'Allégorie ; car dès-lors , elle n'a plus rien d'obscur : l'on aperçoit la liaison de toutes ses parties & la juste valeur de chacun de ses mots ; & l'on voit qu'ils ne renferment & qu'ils ne purent rien renfermer d'arbitraire ; parce qu'elle n'auroit été qu'un portrait de fantaisie , ou plutôt une extravagance qui n'eût ressemblé à rien.

Ceci est si vrai , que lorsque l'Allégorie est obligée d'employer un mot ou un caractère dans un sens d'analogie , on voit toujours par son ensemble quel est le sens particulier dont il a été revêtu. Le LION , par exemple , est le Symbole de la Force. Dans quelqu'Allégorie qu'il soit employé , il sera toujours relatif à cette idée : mais comme la force est un attribut qui se trouve susceptible d'un grand nombre de sens , tous les Lions Allégoriques ne désigneront pas les mêmes classes d'objets. Ainsi le Lion dont Hercule porte la peau , ne désignera pas la même chose qu'un Lion en général : & le Lion qui est associé à une Vierge dans le Sphynx , désignera une autre espéce de FORCE.

On peut observer la même chose dans les Langues : un même mot prend des acceptions différentes , suivant ceux avec lesquels il est associé : ces acceptions sont liées à la vérité par un fond commun , mais qui se modifiant en mille manieres , présente chaque fois des objets différens.

§. 5.

Elle est au-dessus de toute Objection.

L'Explication Allégorique de la Mythologie a cet avantage inestimable , que quoiqu'elle puisse donner lieu à un grand nombre de difficultés & d'objections , il n'en est cependant aucune qui soit capable de l'anéantir.

Car nous ne devons pas diffimuler que fur cette multitude immenfe
d'Allégories que la Mythologie renferme, il en eft un grand nombre qui
ne font pas également aifées à connoître & à expliquer ; & que plus on fera
convaincu que l'explication des Allégories ne peut être arbitraire, & plus
on fentira la grandeur des difficultés qu'il faut furmonter pour parvenir à
l'éclairciffement de cet enfemble.

C'eft ce qui diftingue effentiellement les explications hiftoriques & arbitraires de la Mythologie, des explications Allégoriques.

Rien n'eft fi aifé en effet que de fortir d'embarras dans les premieres!
On y paffe par-deffus tout ce qui arrête, & qu'on n'entend pas : & pour
peu qu'on ait de l'efprit, de l'imagination, & de connoiffance des Langues, on a bien-tôt arrangé un Roman, un fyftême ingénieux & impo-
fant, au moyen duquel on n'explique rien en paroiffant rendre raifon de
tout.

De-là tant d'explications hiftoriques des Fables qui fupofent une hiftoire qui n'exifta nulle part, qu'on place dans les tems fabuleux, comme
fi cette idée pouvoit fe concilier avec celle d'hiftoire, à laquelle on n'af-
figne aucun lieu, aucun tems, aucun ordre, aucun des caractères effentiels de l'Hiftoire.

De-là, tant d'autres explications qui ne font fondées que fur de vaines
conjectures, ou fur des étymologies décompofées à volonté & illufoires, in-
fuffifantes d'ailleurs lors même qu'elles feroient cent fois meilleures, pour
faire une démonftration.

Auffi a-t'on une multitude d'explications fauffes ou inexactes, & pas une
dont on puiffe fe contenter.

L'efprit, à la vérité, eft ébloui par l'érudition déployée dans tous ces
fyftêmes, & par les raports aparens qu'ils préfentent : mais ferme-t-on le
Livre, & veut-on fe rendre raifon des vérités qu'on y a aprifes, on ne
trouve rien : tout difparoît comme les rêves de la nuit.

Il n'en eft pas de même de l'explication Allégorique. Elle n'a rien d'arbitraire, parce qu'il faut qu'elle foit parfaitement conforme à fon mo-
dele ; qu'elle embraffe toutes les circonftances dont elle eft compofée, tous
les traits qui en forment l'enfemble, tous les Perfonnages qui en font partie, tous les Termes Symboliques qu'elle offre ; qu'elle ne laiffe rien en
arriere ; que toutes les Parties en foient intimément liées ; & que le dévelopement de cette explication fe faffe d'une maniere fi naturelle, fi fimple,
fi fatisfaifante, fi foutenue, qu'on ne puiffe point douter qu'elle foit la
vraie, & qu'on n'en défire aucune autre.

Mais pour parvenir à ce point-là, il faut fe défier de fon imagination,
de fon génie, de fon goût pour les étymologies : il faut étudier l'Antiquité, & non fon propre efprit : s'enfoncer dans fes profondeurs : connoître
fon génie : raffembler tout ce qui s'eft confervé de fes Symboles, de fes
Allégories, de fon Langage figuré : parvenir à l'intelligence littérale la

plus exacte de ses Fables : chercher les sens figurés dont étoient susceptibles tous les mots qui y entrent : les comparer avec les connoissances philosophiques de ces tems-là : saisir chacun de ses Personnages Allégoriques dans ce qu'ils sont en eux-mêmes & dans leurs raports avec tous ceux auxquels ils sont associés : chercher ce qui peut résulter de leur ensemble : le comparer avec la valeur de chaque mot dans les diverses Langues où il fut en usage , & sur-tout dans celles où il naquit & où il eut une signification propre & claire : ne pas s'embarrasser d'aller vîte , mais d'aller surement.

Quel Travail , dira-t-on ? Mais qu'a-t-on sans travail & sans peine ? Et il ne faut pas se mêler de recherches intéressantes, ou prendre toute la peine qu'elles exigent.

Il est certain qu'avec cette marche , on ira extrêmement loin dans les recherches Allégoriques : que l'on y fera des découvertes surprenantes , & d'autant plus qu'elles seront de la plus grande simplicité & du plus grand intérêt.

Malgré cela , & c'est ici où j'en voulois venir , on sera encore obligé sans doute d'y laisser beaucoup de lacunes , & d'avancer quelques explications foibles , ou moins satisfaisantes que les autres.

C'est ce dont on conviendra sans peine , si l'on considere les altérations & les mélanges bisarres que durent essuyer les Allégories anciennes pendant le cours d'un si grand nombre de siécles ; & la multitude de faits obscurs & d'usages particuliers auxquels ces Allégories durent faire allusion , & dont l'ignorance doit répandre nécessairement de l'incertitude sur elles.

En effet , quoique l'Allégorie eut toujours un objet déterminé qu'elle peignoit de maniere à ne pouvoir s'y méprendre , elle ne s'est cependant pas conservée , dans toutes ses parties , dans son état primitif. Plusieurs de ses traits durent nécessairement changer , s'affoiblir , s'altérer , se dénaturer , devenir plus difficiles à reconnoître , à mesure qu'ils passerent d'une génération à une autre , & d'une langue dans une autre , qu'on perdit de vue les objets auxquels se raportoient ces Allégories , & les allusions particulieres qu'elles renfermoient ; que les opinions changerent , que les connoissances primitives s'affoiblirent , ou s'altérerent.

Tant de révolutions , tant de changemens , tant d'erreurs durent avoir en effet les influences les plus funestes à l'égard des Allégories , & rendre difficiles à reconnoître les objets qui avoient servi à former les beaux Tableaux Allégoriques qui étoient l'effet de leur imitation.

Si les simples Monumens historiques sont si difficiles à entendre lorsqu'ils nous ont été transmis par une haute Antiquité , & s'il s'y glissa tant de fautes & tant d'inexactitudes en passant de main en main , combien ne doivent pas être plus difficiles à reconnoître , & combien ne durent pas s'al-

térer

térer encore plus les Monumens Allégoriques bien plus difficiles à entendre.

Sans doute, l'Allégorie fondée fur les valeurs propres & figurées des
mots qui la compofoient, perdit nécessairement de fa force, de fa beauté,
de fon coloris en paffant de langue en langue & de contrée en contrée,
parce que les mots d'une Langue ne répondent pas toujours à ceux d'une
autre, ayant plus ou moins d'extension ; parce que les noms qui étoient
manifestement Allégoriques dans la Langue qui la premiere les employa
à cet ufage, ne paroissent plus que des noms propres dans celle où on les
transporta simplement & purement, fans avertir le Lecteur que dans l'Original on les prenoit dans un fens différent.

C'eft ainfi qu'en traduifant le commencement de Sanchoniaton par ces
mots, » D'ELION naquirent URANE & GHÉ », on dénature totalement ce
morceau, l'on s'en ôte l'intelligence à jamais, parce que ces mots n'indiquent dans notre Langue que des Personnages humains, & qu'ils n'y
offrent aucune idée Allégorique.

Sera-t-il furprenant qu'avec une auffi mauvaife Traduction, on n'ait
rien compris à cette Allégorie, tandis qu'on n'y a rien compris dans
le Texte Grec où l'Allégorie brilloit cependant de la maniere la plus
vive ?

Car fi la phrafe dont il s'agit y préfente ELION comme un Roi qui eut
un Fils & une Fille apellés URANUS & GHÉ, elle y offre en même tems
le fens figuré, parce que dans cette Langue *Urane & Ghé* fignifient le
Ciel & la Terre, & qu'*Elion* y eft apellé *Hypfifte*, c'eft-à-dire le Très-
Haut.

Ainfi la Traduction Françoife que nous venons d'en donner, eft un
exemple frapant de la maniere dont les Allégories fe dénaturent & perdent
toute leur énergie en paffant d'une langue dans une autre. C'eft tout ce qu'auroit pu faire le plus grand Adverfaire des Allégories, en traduifant ce paffage : tandis que l'Allégorifte fe croiroit bien fondé à le traduire par ces
mots, *du Très-Haut naquirent le Ciel & Terre* : ou s'il vouloit fe déguif-
fer un peu plus, par ceux-ci : d'*Altiffime naquirent Cœlus & Terra*, dont
on ne pourroit apercevoir le fens qu'autant qu'on feroit au fait de celui
que ces mots préfentent dans la Langue Latine : tout comme les Phéniciens ou
les Orientaux grecifés durent en inventer, qui fupofoient la connoiffance de
leur Langue Orientale ; & par-là même, un peu plus de favoir dans ceux qui
les devineroient.

§. 6. *Difficultés qui naiffent des Traductions.*

L'on voit encore ici à quel point les Verfions influent fur le fens des
Originaux, & avec quelle facilité & fans s'en apercevoir on peut en faire
difparoître les beautés, & l'énergie : & par-là même, les altérations pro-
digieufes que doivent avoir effuyé les Allégories en fe tranfmettant de

langue en langue. Il ne feroit donc pas étonnant qu'entre toutes celles que les Grecs empruntèrent des Phéniciens que ceux-ci tenoient eux-mêmes de Peuples & de Langues plus anciennes, il y en eût quelqu'une qui eût été fi mal rendue, & fi prodigieufement défigurée par quelque terme impropre ou abfolument corrompu par les Copiftes, qu'on ne pût en tirer aucun fens, du moins dans cette portion.

Ce qui rend toujours plus néceffaire pour cet objet, la comparaifon des Langues & des Mythologies ; qui n'ayant pu s'altérer toutes également dans le même point, s'éclairent mutuellement : tout de même que la collation d'une multitude de Manufcrits d'un même Ouvrage, tous plus ou moins fautifs, donne la plus grande facilité pour les rectifier tous & pour en former un très-correct & très-intelligible.

2°. *Difficultés qui naiffent des allufions inconnues.*

D'un autre côté, il n'eft aucune Allégorie qui n'ait un modéle, un original auquel elle fe raporte & qu'elle peint, puifqu'elle n'eft qu'une imitation déguifée : on ne fauroit donc l'entendre qu'autant qu'on reconnoîtroit l'objet qui lui fervit de modéle. Mais la découverte de ces modéles eft quelquefois très-difficile, peut-être même impoffible dans certains cas, foit parce qu'ils étoient tirés de quelqu'ufage, de quelqu'opinion, de quelqu'événement particulier qui n'exiftent plus, n'ayant pas été pris dans la Nature qui eft toujours la même ; foit parce que quelques-uns des traits qui compofent l'Allégorie, font tellement brouillés & altérés, qu'il eft impoffible de les reftituer & de parvenir par conféquent jufques à ce modéle.

C'eft par des caufes de cette nature, que tant de portions des Mythologies anciennes étoient devenues inintelligibles : qu'on ne comprenoit plus le fens des êtres fabuleux qui y entrent, tels que les Centaures, le Phœnix, le Minotaure, les Cyclopes &c. qu'on avoit perdu toute idée d'Allégorie relativement à une multitude de Monumens anciens, tels que les Statues fingulieres qu'offrent les Temples ou Pagodes des Indiens, & les Hiftoires plus fingulieres encore qu'ils racontent de leurs Dieux & de ces Statues : tels encore que les Théogonies & les Cofmogonies des Egyptiens, des Chaldéens, des Grecs, des Chinois, &c. qu'on a toujours prifes au pied de la lettre : telles encore les figures bifarres & extravagantes qui entroient dans le Culte des anciens Egyptiens, & qu'on voit encore peintes fur les débris de leurs Temples antiques, refpectés jufques ici par le tems qui détruit tout.

Monumens tous Allégoriques néanmoins, & qu'on ne peut entendre qu'autant qu'on reconnoît ce à quoi ils durent faire allufion, de quelque maniere qu'on y parvienne.

Ne foyons pas non plus étonnés que tant de Peuples ayent oublié également & le sens de ces Monumens, & qu'ils étoient Allégoriques, & les grands objets qu'ils peignoient ; & que quelques découvertes qu'on fasse pour rétablir cet ensemble, il renferme toujours quelque difficulté.

Ces objets tenoient essentiellement aux connoissances & aux opinions des Peuples chez lesquels ces Allégories prirent naissance : mais l'opinion change continuellement, elle est l'inconstance même. Si elle éprouve de si grandes révolutions de nos jours, où l'on a cependant tant de moyens pour la fixer, combien n'en dut elle pas éprouver dans ces tems reculés où ces moyens étoient infiniment moindres, & où ils se bornoient à ne vouloir rien innover ! comme s'il étoit au pouvoir des hommes d'empêcher les vicissitudes morales, & celles d'opinion comme les physiques ; & comme si ce qu'on ne sait que par tradition, ne doit pas, selon le cours ordinaire des choses humaines, s'altérer nécessairement de siécle en siécle, & finir par être inintelligible, à moins qu'on ne le ramene à sa premiere institution : mais comment revenir en arriere ? Comment à travers tant de révolutions dont on n'a aucune trace, remonter à l'origine de ces choses, & découvrir par l'état informe dans lequel elles sont actuellement, ce qu'elles furent dans l'origine ?

§. 7. *Avantages du Génie Allégorique pour rétablir le sens de toutes ces choses.*

Mais s'il est un moyen de rétablir toutes ces choses, c'est l'intelligence de l'Antiquité & sur-tout la connoissance de son Génie Allégorique : par elle, on verra la plûpart des ténébres qui couvrent les tems anciens, se dissiper ; tandis qu'il est tel Systême sur l'Antiquité dans lesquels ces difficultés sont absolument insurmontables, au point qu'il faut, pour être conséquent, ou les abandonner, ou nier qu'il ait jamais existé des Allégories : tel est celui des Savans qui supposent que les hommes livrés dès le commencement à l'ignorance la plus profonde, & à l'instinct le plus grossier, furent dépourvus de toute connoissance, & n'eurent d'autre Religion que le Culte des Élémens qu'ils regarderent comme les Maîtres Souverains du Monde & des Hommes.

La question sur le Génie Allégorique de l'Antiquité, n'est donc pas une question frivole ou de simple curiosité, qu'on doive regarder avec indifférence ; elle tient à toutes les connoissances, elle est indispensable pour porter un jugement sain & exact sur les Anciens : elle est de la plus grande conséquence pour l'humanité entiere, qu'on dégrade ou qu'on éléve suivant qu'on prend parti pour ou contre ce Génie Allégorique.

Au milieu de tant de bouleversemens & de tant de ténébres, on ne doit donc pas s'attendre à voir les Allégories anciennes expliquées dans toute leur étendue de la maniere la plus satisfaisante, & sans aucun mélange d'obscurité, ou sans aucune méprise. Une pareille explication supose un trop grand nombre de connoissances particulieres, & se raporte à trop de circonstances inconnues que rien ne peut supléer , pour qu'on puisse espérer d'y parvenir : & nous n'avons jamais prétendu en donner de pareilles.

Mais ce que nous croyons être en état de démontrer, c'est que ces mêmes difficultés, qui ont également lieu dans tout autre Système , anéantissent ou rendent absolument inutiles ceux-ci , tandis qu'elles ne peuvent ébranler notre maniere de voir & les découvertes qui en font la suite. Ce qui ne sera pas difficile à établir.

Dans tous les systêmes par lesquels on a voulu expliquer les Allégories, on a été obligé de suposer que ces anciennes Mythologies avoient essuyé les plus grandes altérations , ensorte qu'il ne restoit de vrai que quelques faits historiques. .

Mais comment avoit-on pu se persuader , comment pouvoit-on même espérer d'en convaincre les autres , qu'une histoire quelconque avoit pu être altérée au point de devenir un entassement de Fables pareilles à celles qui forment la masse de la Mythologie ?

Il est vrai que par ce moyen , on se dispensoit de chercher quelque raison à ces Fables singulieres : mais elles servoient sans cesse de témoins contre ces prétendues explications , & elles devoient enfin ôter toute créance à des systêmes qui réduisoient la Mythologie à quelques traditions informes , qui le faisoient sans preuve & de la maniere la plus conjecturale.

Par notre méthode au contraire , les difficultés qu'offrent les Allégories ne portent point sur leur ensemble : elles se réduisent à quelques objets particuliers , tels que certains mots mal rendus , des allusions à des points obscurs & bornés , des caractères Allégoriques dont on n'a pu apercevoir une raison décisive. Mais ces difficultés , quelque réelles & quelque nombreuses qu'on les supose , sont si bornées en comparaison des grandes masses de lumiere que la Mythologie offre , en la prenant dans un sens Allégorique ; elles influent si peu sur la chaîne des grandes vérités qui en résultent ; elles sont si peu capables de balancer la force des découvertes qui sont la suite de notre marche , qu'elles ne peuvent ébranler notre systême & nos vues. Elles prouvent seulement , qu'une seule personne ne peut tout voir , tout comparer , tout deviner : mais que plus on suivra la même route , plus on aprofondira ces difficultés , & plus on verra la lumiere s'augmenter , les objections s'aplanir , les ténébres se dissiper. Effet nécessaire de recherches où l'on évite tout arbitraire , & où l'on part d'une base assurée qui dissipe toutes les objections ; semblable à ces rivages contre lesquels viennent se briser les flots écumans d'une mer orageuse.

Telle , l'explication Allégorique triomphe de tous les obstacles ; puisqu'il seroit impossible , si elle n'étoit pas la vraie explication des Mythologies anciennes , qu'elle en embrassât l'ensemble , qu'elle parût toujours exacte , satisfaisante , raisonnable ; que rendant raison de tout , elle se prêtât à tout; qu'elle fît en un mot tout ce qu'on pouroit attendre de la vérité elle-même.

D'ailleurs , comment prouveroir-on qu'une pareille explication feroit fauffe ? Il faudroit démontrer qu'elle ne remplit pas toutes les conditions néceffaires , en donner une meilleure ; ou montrer une impoffibilité abfolue à ce que l'Antiquité ait eu un Génie Allégorique.

Cette explication fera même d'autant plus facile à faifir , que n'ayant rien d'arbitraire & fupofant toujours un modéle, on fera fans ceffe en état de fe rendre raifon de fon enfemble , d'en fentir l'énergie , de s'en rapeller tous les dévelopemens , d'en apercevoir les vuides.

Bien différente en cela des explications hiftoriques de la Fable , qui ne peuvent avoir aucun enfemble , qui ne fe foutiennent point les unes les autres , qui ne s'éclairciffent point mutuellement , & de la vérité defquelles on ne peut jamais être fûr , parce qu'on ne peut l'être de cette portion d'hiftoire fur laquelle elles s'apuient ; & qu'on n'a fauvé que quelques débris de celle-ci , trop bornés & en trop petit nombre pour fervir d'objet de comparaifon à l'égard de la Mythologie entière.

Rien de plus fatisfaifant d'ailleurs , que de ne point fupofer de l'arbitraire dans la Mythologie ; parce qu'en même tems qu'on a lieu d'admirer en elle le génie de l'homme , la feule confidération de fon enfemble conduit à des découvertes intéreffantes qu'on n'auroit jamais pu efpérer , & aux-quelles on ne feroit jamais parvenu avec tout l'efprit & toute l'imagi-nation poffible , parce qu'on ne fauroit avec leur feul fecours fupléer aux faits.

§. 8. *Des Caractères qui diftinguent l'Allégorie de l'Hiftoire, & des Régles propres à les reconnoître.*

Ce qui nous refte donc à faire & que l'on attend de nous , c'eft de fixer invariablement les régles par lefquelles on fera en état de diftinguer un ré-cit Allégorique d'un récit Hiftorique ; & de ne pas s'égarer , en cherchant à développer le fens des Allégories anciennes.

Si jufques à préfent , nous avons expofé fur cette matière des idées qui ont paru neuves & hardies , celles que nous allons développer le paroîtront peut-être encore plus : mais c'eft le propre d'une découverte , d'en ame-ner d'autres à fa fuite ; & de juftifier une témérité par de nouvelles.

L'on avoit déja aperçu , il eft vrai , un grand nombre d'Allégories dans l'Antiquité ; mais on n'avoit pas encore penfé à déterminer les bornes qui féparent l'Allégorie de l'Hiftoire : on n'avoit peut-être pas même foupçonné que la chofe fût poffible. Et pouvoit-on en être affuré , puifqu'on n'avoit pris aucune des précautions néceffaires pour y parvenir , qu'on n'avoit ja-mais comparé entr'elles les Allégories anciennes , qu'on n'en avoit point étudié l'enfemble , qu'on n'en avoit pas obfervé le langage & raffemblé le Dictionnaire, qu'on n'avoit cherché nulle part ce qui avoit pu fervir de modéle à ces Allégories ?

Jufques alors cependant, on ne pourra rien dire de fatisfaifant ; & l'on paroîtra toujours parler & agir au hazard, en rangeant tels & tels faits dans la claffe de l'Hiftoire ou dans celle de l'Allégorie : l'on paroîtra ne fe déterminer qu'arbitrairement & par complaifance pour le fyftême qu'on aura embraffé : d'ailleurs, la vérité elle-même n'a de charmes qu'autant qu'on peut la comparer à des principes de la bonté defquels on eft affuré.

Mais ces régles ne pouvoient être que les réfultats de recherches aprofondies fur ces objets, que des conféquences des découvertes auxquelles on auroit été conduit par cette étude, que l'expofition de la route qu'on avoit fuivie pour la rendre aifée : il falloit parler d'après des faits ; ou tout l'enfemble n'eût été regardé que comme un vain fyftême.

Il étoit donc impoffible de parvenir plutôt à leur connoiffance : mais, effet néceffaire de tout ce que nous avons dit jufques à préfent fur le Génie Allégorique, elles ont du naître avec fes dévelopemens, & elles méritent de marcher à fa fuite. Elles n'en feront que des conféquences fimples & naturelles ; elles paroîtront ainfi elles-mêmes raifonnables & néceffaires, & s'attireront par-là une jufte confiance. Si l'on voit en même tems naître de leur obfervation, l'intelligence des Allégories anciennes, cet heureux effet deviendra la démonftration la plus complette de nos principes ; puifqu'il eft de toute impoffibilité que des régles fauffes & fans bafe s'accordent avec la vérité, & que ce qui eft toujours d'accord avec des régles fimples & évidentes, foit l'effet du hazard ou de quelque vain fyftême.

Nous allons donc examiner, 1°. les MARQUES auxquelles on reconnoît qu'un récit Mythologique doit être envifagé comme une Allégorie.

2°. Les CARACTÈRES que doit renfermer l'Explication Allégorique pour être vraie.

3°. Les PRÉCAUTIONS à prendre pour ne pas fe tromper dans cette explication.

I.

MARQUES auxquelles on diftingue un Récit Allégorique d'un Récit Hiftorique.

L'Allégorie ayant toujours pour objet de fe déguifer, d'emprunter un air étranger, de fe faire regarder fur-tout comme un fimple récit hiftorique, induira néceffairement en erreur ceux qui ne feront pas au fait de fa marche, & qui ne fe feront pas affurés des moyens de la reconnoître malgré fon mafque, & fous quelque forme qu'elle paroiffe ; c'eft pour n'avoir pas pris cette précaution, que tant de récits Allégoriques ont été regardés comme des faits réels, & qu'ayant été incorporés dans l'Hiftoire ancienne, ils ont répandu fur celle-ci cet air louche & fabuleux qui la dé-

pare, en même tems qu'il empêche de parvenir à la connoiſſance ſi utile
& ſi intéreſſante du Génie Allégorique de l'Antiquité.

Mais un récit ancien, ſoit hiſtorique, ſoit fabuleux, ſera un récit Allégorique & propoſé aux hommes pour les conduire à quelqu'importante
vérité, lorſqu'il réunira les caractères ſuivans, que nous diſtinguerons en
deux Claſſes, ſous le titre de Caractères généraux, ou communs à toute
Allégorie, & de Caractères particuliers ſubordonnés à ceux-là.

§. I.

CARACTÈRES COMMUNS.

1. Si ce récit fait partie du Cycle Allégorique.

Les Fables Mythologiques ſont renfermées entre deux Époques remarquables ; la CRÉATION, ou plutôt le DÉLUGE où toutes choſes ſe renouvellerent, & la GUERRE DE TROYE. C'eſt ce qui forme un Période de Tems fortement caractériſé & qu'on apelle CYCLE ALLÉGORIQUE, ou MYTHOLOGI-
QUE. La Mythologie s'ouvre par le Cahos dont l'Univers fut tiré, & elle
finit par l'embrâſement de Troye & le retour d'Ulyſſe dans le ſein de ſa
Famille & de ſes États.

C'eſt cette portion des Faſtes du Monde qu'on apelle les TEMS inconnus
ou FABULEUX, moins pour donner à entendre que l'hiſtoire de ces tems-là
étoit inconnue ou altérée par des Fables, qu'afin de nous aprendre que
c'eſt dans cet eſpace de tems que furent inventées les Fables pour l'inſtruction des Mortels.

En effet, ce ne fut point depuis la Guerre de Troye qu'on inventa les
faits contenus dans la Mythologie ; tous lui furent antérieurs ; auſſi ſont-ils
tous placés avant ce tems-là. Le Poëme de cette Guerre les ſupoſe, il y
fait ſans ceſſe alluſion, il fut même formé ſur leur modéle, & il ne termine
ces tems fabuleux que parce que les Ecrivains qui ſuccéderent à HOMERE,
ſuivirent une marche différente ; & qu'au lieu de continuer à inſtruire par
l'Allégorie les Nations devenues ſavantes & policées, ils ſe livrerent à des
inſtructions directes & hiſtoriques, devenues plus à leur portée.

Ce Cycle Allégorique n'eſt point un rêve. Outre tout ce que nous avons dit
ci-deſſus, pour faire ſentir la néceſſité de l'Allégorie, afin de familiariſer les
Hommes & les Nations entieres, avec l'inſtruction & les connoiſſances ; outre
là remarque frapante & que chacun peut faire, que le goût pour l'Allégorie
fut toujours plus décidé dans l'enfance des Peuples ; nous avons encore une
preuve ſans réplique de l'exiſtence des Inſtructions Allégoriques antérieurement
aux Inſtructions hiſtoriques, dans le paſſage d'un célebre Auteur Grec, ſur le
Cycle Allégorique dont nous parlons.

Cet Auteur eſt PROCLUS, & c'eſt aux ſavans & curieux Extraits de PHOTIUS que nous devons ce qu'il en dit. Voici comment il s'exprime à ce sujet: (1·)

Διαλαμβάνει ὃ καὶ περὶ τῶ λιγομίνου
ἐπικοῦ κύκλου, ὃς ἄρχεται μὲν ἐκ τῆς
οὐρανοῦ καὶ γῆς μυθολογουμένης μίξεως,
ἐξ ἧς αὐτῷ καὶ τρεῖς παῖδες ... γνώσ-
κοι κύκλωπας. Διεξέρχεται ὃ περὶ θεῶν,
Τά Τε ἄλα τοῖς ἄλλοις μυθολογούμενα,
καὶ εἴ που τι καὶ πρὸς ἱστορίαν ἐξαλη-
θίζεται. καὶ περατοῦται ὁ ἐπικὸς κύκλ
συμπληρούμεν ἐκ διαφόρων ποιητῶν,
μέχει τῆς εἰς Ἰθάκην ἀποβάσεως Ὀδυσ-
σίως· ἐν ᾗ καὶ ὑπὸ τοῦ παιδὸς Τηλε-
γόνου ἀγνοῦντ ὡς πατήρ εἴη, κτείνεται
λίγει ὃ ὡς (ἐκ) τῶ ἐπικοῦ κύκλου τὰ
ποιήματα διασώζεται, καὶ σπουδάζεται
τοῖς πολλοῖς, οὐχ ὕτω διὰ τὴν ἀρετὴν,
ὡς διὰ τὴν ἀκολουθίαν τῶν ἐν αὐτῷ πραγ-
μάτων (λέγει καὶ τὰ ὀνόματα, καὶ τὰς
πατρίδας τῶν πραγματευσαμένων τὸν
ἐπικὸν κύκλον.

» Il traite, dit-il, de ce Cycle qu'on apelle héroïque, qui commence au mariage mythologique du Ciel & de la Terre, qui lui donna trois enfans.... apellés Cyclopes. Il raporte ensuite ce qu'on a dit des Dieux & les autres objets de la Mythologie Grecque, & ce qu'elle a de conforme à l'Histoire. Ce Cycle héroïque qui embrasse les Ouvrages de divers Poëtes, s'étend jusques à l'arrivée d'Ulysse à Ithaque, & à sa mort causée par son fils Telegone qui ignoroit que ce fût son Pere qu'il tuoit. Il nous aprend aussi que les Poëmes relatifs à ce Cycle furent conservés & recherchés avec soin, moins à cause de leur valeur, qu'à cause de la suite des événemens qu'ils raportent; car on y voit les noms & la Patrie de ceux qui ont formé ce Cycle »..

Ce passage, si peu connu, nous aprend que les Anciens donnoient le nom de Cycle à tout ce qui avoit précédé Ulysse en fait de Mythologie: qu'ils l'appelloient Cycle épique, ou héroïque, parce qu'il embrassoit toutes les portions de la Mythologie: que ce fut l'ouvrage de plusieurs Poëtes successifs: qu'il commençoit par le mariage du Ciel & de la Terre, comme nous le voyons encore dans Hésiode, dans Apollodore & dans Sanchoniaton; qu'il se terminoit par la mort d'Ulysse, & qu'écrit en forme d'histoire, on y raportoit avec soin le nom & la patrie de ceux qu'on y célébroit.

On y voit manifestement que le mariage du Ciel & de la Terre est une pure Allégorie, puisque les Etres qu'on appelle ici Ciel & Terre, en Grec Uranus & Ghé, ne sont pas des êtres humains, mais les êtres physiques que nous appellons *Ciel* & *Terre*. Et combien par-là même se trompoient ceux qui n'ont vu que des personnages humains dans Uranus & dans Ghé, & qui en concluoient que Sanchoniaton, Hésiode & les autres Auteurs qui ont écrit leur histoire, avoient cru transmettre en cela des événemens historiques, & non des événemens allégoriques!

---

(1) Photius, Bibl. Extrait du Recueil de Choses instructives. Χρηστομαθίας ἐκλογαὶ de Proclus, pag. 981. Edit. de Rouen 1653.

Ce

Ce paſſage nous aprend de plus, que tous les objets qui faiſoient partie de ce Cycle, avoient été compoſés par des Poëtes : d'où l'on peut conclure que l'Ouvrage de Sanchoniaton avoit été écrit en vers, ou n'étoit que l'abrégé des vieilles Poëſies Phéniciennes conſervées dans les Temples : ce qui peut répandre un nouveau jour ſur ce que nous diſons de cet Auteur, dans nos Allégories Orientales.

Ces Allégories bornées à l'uſage de la Religion, & exprimées en des termes qui vieillirent peu-à-peu, & dont on perdit inſenſiblement de vue le véritable ſens, ne parurent plus des Allégories, & furent priſes au pied de la lettre : ce qui les dénatura abſolument, & fit naître la Religion Payenne.

Voulons-nous donc retrouver le ſens de toutes ces choſes? remontons aux tems où elles faiſoient l'unique but de l'inſtruction. Alors nous verrons ces objets prendre une nouvelle vie, & nous offrir les mêmes idées que voulurent inſpirer leurs premiers Inſtituteurs.

Ajoutons que ces premiers Inventeurs ne furent pas les Grecs ; ceux-ci ne marcherent à cet égard que ſur les traces des Sages de l'Orient, qui étoient parvenus à cette façon de peindre les vérités les plus importantes par leurs méditations & par la connoiſſance qu'ils avoient de la nature & des moyens propres à toucher & à émouvoir.

Les Grecs, à la vérité, renchérirent ſur ce premier fond ; l'Allégorie ſe perfectionna ſinguliérement entre leurs mains ; elle acquit une plus vaſte étendue. Leurs Beaux-Eſprits, leurs Poëtes, ne négligerent rien pour ſe ſurpaſſer les uns les autres, d'où réſulta un effort général pour rendre ces inſtructions plus variées, plus intéreſſantes, plus propres à étonner.

De-là, la diſtance prodigieuſe qu'on remarque entre les premieres Allégories & les dernieres. L'Eſprit Allégorique, après avoir eſſayé ſes forces dans l'Hiſtoire de Cronus, de Thot, d'Adonis, d'Attys & d'autres Divinités Orientales, s'éleva rapidement dans l'hiſtoire des deux Guerres de Thébes & dans le Voyage des Argonautes ; & ſe ſurpaſſa lui-même, au ſujet de la Guerre de Troye, au-delà de laquelle il n'y a plus rien, & qui devint le *non plus ultra* des Allégories, comme les colonnes d'Hercule pour les Voyages Maritimes.

Auſſi la Religion des Grecs parut fixée dès-lors, au point qu'on fut tenté de croire qu'ils tenoient leurs Dieux d'Homere & d'Héſiode ; & que ces Poëtes avoient abſolument corrompu leur Théologie : préjugé qui a égaré pluſieurs Savans dans leurs recherches ſur l'origine de la Religion Payenne.

Mais tout eſt-il fabuleux dans ce Cycle Mythologique? Les Guerres de Thébes, les Argonautes, la priſe de Troye, Oreſte & ſes fureurs, Cadmus, Minos, Cécrops, Cranaüs, Théſée, Tyndare & ſes fils, &c. & dans l'Orient, Oſiris & Iſis, Typhon, Ménès, Oſymandias, Semiramis & ſes deux Epoux, &c. ſont-ils des événemens & des perſonnages fabuleux ? Ne durent-ils leur exiſtence qu'aux Allégories qui parurent ſous leurs noms ?

Cette queſtion eſt trop compliquée pour qu'on puiſſe la réſoudre dans des

Elémens : elle ne peut être que le réfultat des recherches & des combinaifons les plus exaɗes fur tous ces objets : on peut cependant dire, que l'Allégorie pour être plus piquante, s'apuie fouvent fur des perfonnages & fur des événemens réels : il y eut une Thébes, une Troye, une Colchíde, un Cadmus, un Minos, un Théfée, &c. Mais tout ce qu'on leur attribua, ne put être vrai : & fi l'on préféra leurs noms à d'autres, pour en faire le fujet d'événemens Allégoriques, c'eſt, comme nous l'avons déja dit, parce qu'ils prêtoient davantage à l'Allégorie. Ainfi, il faut toujours diftinguer le perfonnage Allégorique du perfonnage réel : feule maniere de débrouiller le cahos de l'Hiftoire Ancienne.

Ajoutons que le Cycle Mythologique fe divife en deux branches très-remarquables ; le S I E C L E des D I E U X, & le S I E C L E des H É R O S, auxquels fuccéda le Siécle des Hommes. Cette diftinction n'eſt point née dans la Gréce : ils la tinrent de l'Orient. Les Egyptiens dans leur Chronologie diftinguerent trois fortes de Regnes, le regne des D I E U X, le regne des H É R O S, & le regne des H O M M E S.

Ce dernier commence au moment où l'on écrit l'Hiftoire fans mélange d'Allégories, en caractères vulgaires & en profe. Les autres renferment le tems des Allégories & de l'écriture hiéroglyphique ou à tapiſſeries. En effet, l'Hiftoire des Héros ou Demi-Dieux, n'étoit qu'un fuplément aux Allégories qui compofoient l'Hiftoire des Dieux.

Cet accord fingulier de la Fable Grecque avec l'Orientale, eſt un de ces caractères décififs qui valent de longs raifonnemens : c'eſt une preuve à ajouter à tant d'autres, qui établiſſent que les Grecs tinrent tout de l'Orient.

2ᵉ. M A R Q U E. *Si ce récit eſt lié avec la Religion, ou le culte des Dieux.*

Tout récit dans la Mythologie, préfenté comme hiſtorique, & dont l'objet aura un raport étroit avec la Religion ou le culte des Dieux, fera nécessairement Allégorique ; parce qu'il eſt impoſſible qu'on ait pu le prendre dans un autre fens, dans ces premiers tems où l'inſtruction confiſtoit prefque toute en Allégories. Ainfi, tout ce qu'on dit des Dieux, de leur naiſſance, de leurs généalogies, de leurs Mariages, de leurs adultères, de leurs combats, &c. ne fut jamais propofé aux hommes dans fon origine, que comme des objets Allégoriques, & non comme des événemens hiſtoriques.

1° Parce que dans l'origine, perfonne n'ignoroit que ces Etres n'avoient jamais exiſté fur la terre comme Hommes.

2°. Parce que les Faits qu'on leur attribuoit étoient fi abfurdes & fi extravagans, qu'on ne pouvoit commencer par y attacher de la réalité.

3°. Parce que l'Allégorie y perce de toutes parts, & que s'ils n'avoient pas été deſtinés à être pris dans le fens Allégorique, il feroit impoſſible de les expliquer dans tous leurs dévelopemens, & avec une facilité qui démontre que c'eſt la vraie maniere de les confidérer.

4°. Parce enfin qu'il étoit impoſſible , dès qu'on regardoit les Perſon-nages Mythologiques comme des Dieux , de ne pas enviſager comme des Allégories , tout ce qu'on leur attribuoit d'humain , ou tous les Faits pure-ment hiſtoriques , qui avoient raport à eux.

C'eſt ainſi , que dans l'origine , on prenoit néceſſairement dans un ſens Al-légorique, les combats des Héros Grecs avec les Dieux , & les bleſſures que ceux-ci en reçoivent, quoique racontés comme des Faits purement hiſtoriques.

Et les mariages des Dieux avec des Mortelles , & même les mariages des Dieux avec des Déeſſes. Iou , le Dieu ſuprême du Paganiſme , n'épouſe Thémis & Mnémoſyne , que pour aprendre aux hommes que la juſtice ou la ſainteté déſignée par Thémis , & la connoiſſance ſans bornes, déſignée par Mné-moſyne , ſont des attributs inſéparables de la Divinité.

Auſſi la Doctrine d'EUHEMERE , qui crut expliquer merveilleuſement l'Antiquité , en avançant que les Dieux n'étoient que des hommes déifiés, tandis qu'ils étoient la Divinité , & les divers effets de la Nature , humaniſés ou perſonifiés par l'Allégorie , étoit un ſyſtême faux , & dont on ne pouvoit retirer aucune utilité.

Ajoutons que les objets & les Attributs Divins ſont ſi fort au-deſſus de l'eſ-prit humain , & que le langage des hommes entierement emprunté du phy-ſique , eſt tellement incapable de peindre ces grandes idées par des mots pro-pres , qu'il lui eſt impoſſible d'en pouvoir parler autrement que par des mots pris dans un ſens figuré ou ſymbolique : d'où réſulte le Langage Allégorique, avec toute ſa pompe & tout ſon éclat.

5e MARQUE. *Si ce récit renferme des traits opoſés aux Loix Divines & Humaines.*

Tels ſont les principes de vertu & d'honnêteté que Dieu grava dans le cœur de l'homme, que jamais aucun Légiſlateur, & aucun peuple, quelque dépravés qu'ils aient été , n'ont pu être les Héros du vice, comme vice; en recomman-der la pratique aux hommes , leur faire une obligation au nom de la Divi-nité elle-même d'être vicieux. Si quelqu'un avoit été aſſez inſenſé pour l'entre-prendre, auſſi-tôt la conſcience de tous les autres ſoulevée par une telle té-mérité , auroit dépoſé hautement contre lui , & jamais il n'eût pû faire ad-mettre ſa Loi , ou ſon précepte.

Lors donc que nous voyons dans la Mythologie des Peuples anciens, des choſes manifeſtement vicieuſes , & vicieuſes de leur propre aveu, contraires à toute honnêteté, à toute bienſéance, à toute pudeur, qu'on y attribue aux Dieux des actions dont rougiroit l'homme le moins auſtère , & qu'on puni-roit ſévérement dans la ſociété la plus déſordonnée ; que ces choſes monſ-trueuſes furent chantées par les Poëtes, & célébrées dans le culte des Dieux ; nous devons être très-convaincus qu'elles ne s'étoient introduites que ſous le voile de l'Allégorie ; que leurs premiers Conducteurs n'avoient jamais penſé

Q ij

à les propofer comme des réalités : que les hommes les plus éclairés ne s'y trompoient pas : que fi le peuple ignorant prit enfuite ces objets au pied de la lettre, on n'en doit rien conclure contre ceux qui les inftituerent; mais déplorer le trifte état dans lequel cette ignorance plongea ces Peuples qui adoroient dès-lors, comme le dit fort bien un Philofophe Payen, des Etres auxquels ils euffent été au défefpoir que leurs fils, leurs filles & leurs femmes euffent reffemblé.

Nous ne faurions donc, fans reffembler en quelque forte au Paganifme, ne voir dans toutes ces portions fi fcandaleufes en aparence de la Mythologie, que des faits hiftoriques.

Elles furent toujours Allégoriques, & elles forment un caractère fi frapant & d'une fi grande beauté, qu'il eft furprenant qu'on y ait pu être trompé, & qu'on n'ait pas plutôt ouvert les yeux à ce fujet.

Je n'ignore pas qu'on a dit que les Grecs des tems héroïques n'avoient aucune idée de vertu & de vice, & qu'on en a donné pour preuve leur férocité, leur groffiereté & leur langue même, qui n'a point de mots pour exprimer ces idées; ceux d'ARÉTÊ, Ἀρετή, & de KAKIA, dont ils fe fervirent pour défigner la vertu & le vice, ayant été confacrés primitivement & dans le fens propre, l'un à la valeur & à l'ardeur pour le travail ; l'autre aux défauts des objets corporels & phyfiques, & aux fenfations défagréables qu'ils excitent.

Il faut donc dire également, que nous n'avons aucune idée de vertu & de vice, puifque ces mots exprimerent eux-mêmes dans l'origine des idées phyfiques, VIRTUS défignant la force, le courage, la valeur ; & VITIUM, les objets dont il falloit E·VITER la rencontre, afin de n'en pas éprouver des fenfations défagréables.

Ce n'eft donc qu'une mauvaife Logique Grammaticale, & que l'ignorance où l'on n'a été que trop long-tems fur la nature des Langues, qui aient pu conduire à des réfultats auffi finguliers & auffi faux, des perfonnes très-eftimables d'ailleurs.

L'on ne trouvera jamais dans aucune Langue que ce foit, des termes relatifs aux objets moraux & intellectuels, qui n'ayent été empruntés du Dictionnaire des objets phyfiques: notre propre Langue Françoife qu'on trouve fi philofophique, n'a rien qui la diftingue à cet égard d'aucune autre.

Ce qu'il faudroit prouver, & ce qu'on ne fera jamais, c'eft que dans les tems héroïques, & au tems d'Héfiode & d'Homere, les mots d'*Areté* & de *Kakia*, de vertu & de vice, n'avoient pas encore été pris dans le fens moral, qu'on n'y attachoit qu'un fens phyfique.

Ajoutons que la férocité & la groffiereté dans les mœurs, ne font pas incompatibles avec la connoiffance du vice & de la vertu.

Les perfonnes dont la vie eft la plus dure, la plus miférable, qui ont eu l'éducation la plus groffière, qui font livrées aux occupations les plus animales, fi l'on peut fe fervir de cette expreffion, favent très-bien faire cependant la diftinction du bien & du mal : l'on trouve des traits de l'un & de l'autre chez les Nations les plus sauvages, & jusques dans ces troupes brigandes qui ne furent connues que par les ravages & les désordres qu'elles commirent.

D'ailleurs ces premiers Grecs admettoient une vie après celle-ci, avec une différence entre les vertueux & les méchans. Ils en admettoient donc nécessairement une entre la vertu & le vice : rien de moins philosophique, par conséquent, que l'idée que nous combattons ici. Il est vrai que leurs sentimens à cet égard ne furent pas aussi épurés & aussi exacts qu'ils auroient pu être : mais il suffit qu'ils ayent eu une notion générale & superficielle de la vertu & du vice, pour qu'ils ayent été persuadés que la Divinité étoit absolument exempte du dernier, & qu'ainsi on n'avoit pu leur attribuer des actions en aparence vicieuses, que dans un sens figuré & allégorique.

Aussi voyons-nous, lorsque le Paganisme eut oublié toutes ces choses, que les personnes les plus éclairées ne pouvoient se résoudre à prendre ces absurdités à la lettre ; & que la seule crainte de passer pour des impies, les arrêtoit à moitié chemin. C'est que le Peuple qui étoit accoutumé à ces idées, les admettoit comme réelles, sans se mettre en peine des inconséquences qui en résultoient, & qu'il ne craignoit pas, parce qu'elles influoient peu sur le moral.

N'est ce pas par une suite de la différence qu'ils admettoient entre la vertu & le vice, qu'ils attribuoient à de mauvais Génies tout le mal qui arrivoit sur la Terre? qu'ils enseignoient que Iov avoit amené le Déluge de Deucalion pour punir les forfaits des Hommes? qu'ils représentoient les EUMÉNIDES comme les Ministres redoutables de ses vengeances ? qu'ils avoient établi les cérémonies consolantes de l'expiation, pour faire connoître avec quelle pureté on doit aprocher de la Divinité, & que la vertu & l'innocence ont seuls le droit de lui plaire ?

Ceux qui reconnurent ces grandes & belles vérités, ne pouvoient donc suposer les Dieux impurs, vicieux, souillés de crimes & de mauvaises actions : on auroit eu horreur de tels Etres ; & de quel droit eussent-ils exigé de leurs Adorateurs une sainteté dont ils se seroient joués eux-mêmes ?

Il est donc absurde de prendre au pied de la lettre tous les objets de cette nature, & toutes les fois que quelque action sera attribuée comme vicieuse & criminelle dans la Mythologie à la Divinité, nous devons l'entendre dans un sens allégorique, comme les Anciens, tels que SALLUSTE le Philosophe & HÉRACLIDES, l'ont très-bien dit ; & comme on s'en assurera toujours, par un examen plus attentif.

C'est ainsi qu'en considérant l'Histoire de Saturne comme une Allégorie, on n'est plus étonné que la Faulx ait été son Symbole propre & qu'il mangeât ses enfans ; puisqu'on ne représentoit par-là que les effets de l'Agriculture & du tems.

La haîne de Junon contre Io & contre Hercule, & la maniere singulière dont elle se venge en faisant garder celle-là à vue par Argus aux cent yeux, & en envoyant contre celui-ci deux Dragons pour l'étouffer dans le berceau ; l'idée odieuse même qu'on devoit avoir de Junon, qui n'étoit célébre que par des petiteffes & des attentats de cette nature, difparoiffent dès qu'on fait que ces chofes ne font que des Allégories relatives à la Lune fous le nom d'Io, au Soleil fous le nom d'Hercule, ou à l'Air fous celui de Junon.

L'abfurdité des amours de PASIPHAÉ, d'où provint le Minotaure, difparoit dès qu'on s'aperçoit que Pafiphaé, mot à mot le *Flambeau de l'Univers,* Πασι-φαν *Pafi-phaé*, eft la Lune fous un autre nom.

Il en eft de même de toutes les Fables pareilles : les guerres d'Ofiris & de Typhon, les combats des Géans contre les Dieux, l'adultère de Vénus & de Mars, les amours de cette même Vénus & d'Adonis, les foibleffes de la Mere des Dieux pour Attys, les adultères de Jupiter, fes métamorphofes, &c. font tout autant d'objets dont on fera toujours fûr de trouver l'origine ou la raifon, dès qu'on les confidérera comme des Allégories.

Le Paganifme n'en eft pas plus excufable : il fut coupable en prenant tous ces objets à la lettre, en dégradant par cela même la Divinité, & en dénaturant toute idée de vertu & de vice. Il fut encore coupable en donnant lieu à des Allégories trop dures, qui entraînerent infenfiblement les hommes dans ce Paganifme abfurde.

Ces Allégories ainfi expliquées, font néanmoins très-précieufes pour nous, parce qu'elles nous donnent des idées plus vraies & plus aprofondies de cette haute Antiquité. Mais continuons le dévelopement de nos marques Allégoriques.

4°. *Marque. Etres monftrueux qui accompagnent un récit mythologique.*

La Mythologie eft remplie d'une multitude d'Etres qui n'exifterent jamais, tels que les Satyres, les Faunes, les Centaures, les Sphynx, les Echidnes, les Harpyes, les Cyclopes, les Géans à cent bras, à cent têtes, le Cheval Pégafe, le chien Cerbere, le Minotaure, &c. fans parler de cette foule de Perfonnages à têtes de Chien, d'Epervier, de Loup, de Bœuf, de Vache, &c. qu'offrent les Monumens de l'ancienne Egypte.

Il eft donc impoffible de les prendre dans un fens littéral, & de regarder comme des faits hiftoriques, les récits dont ils font partie & avec lefquels ils font étroitement liés : mais doit-on les regarder abfolument comme des Fables fans objet & fans but, nées de l'altération de quelque vieille hiftoire ? Ces Etres monftrueux ne font-ils pas une partie trop confidérable de la Mythologie ; tout l'enfemble de cette Mythologie ne porte-t-il pas d'une maniere trop intime fur ces Etres, pour qu'on puiffe fe perfuader qu'ils ne s'y font introduits que par hazard ? C'eft ce qu'on ne fauroit croire ; & c'eft au peu d'attention qu'on a donné jufques à préfent à ces Etres, c'eft à la maniere dont on les a abfolument négligés, qu'on doit le cahos dans lequel eft encore la Mythologie.

A mefure qu'on cherchera au contraire à fe former de juftes idées de ces Etres, des objets qu'on a voulu repréfenter par leur moyen, du raport de ces objets avec le récit dont ils font partie, de leur liaifon avec la maffe entiere

de la Mythologie, on verra la lumiere reparoître ; on parviendra aux découvertes les plus intéressantes, la Mythologie se débrouillera, le Génie Symbolique de l'Antiquité déployera ses richesses, son Dictionnaire se perfec-
tionnera.

C'est ainsi que le Sphinx est l'emblême des Travaux du dedans, ou des Travaux domestiques, qui sont dans toute leur vigueur dans la saison où l'on ne
peut plus travailler aux champs ; & le Centaure, celui des Travaux du dehors ;
le Phénix, l'emblême des Cycles ou des révolutions Solaires ; le Minotaure,
le Symbole des Peuples Agriculteurs.

En aprofondissant de cette maniere le sens renfermé dans ces Etres mons-
trueux, on arrivera toujours à des résultats intéressans & lumineux, qui feront changer totalement de face à la Mythologie, & donneront une idée des
premiers hommes, & de leur Langue Symbolique, très-supérieure à celles
qu'on en avoit.

5ᶜ. MARQUE. *Evénemens impossibles dans le tems où on les place.*

Toutes les fois qu'un récit historique qui tient à des noms Mythologiques,
présente des événemens impossibles, sur-tout pour les tems dans lesquels on
les place, on doit être assuré que ces récits sont véritablement Allégoriques.

Aucun Savant, aucun Critique, par exemple, qui ne soit révolté des événemens par lesquels s'ouvrent les histoires des Egyptiens & des Chaldéens ou
des Assyriens. Leurs premiers Rois sont des Guerriers qui livrent batailles sur
batailles, qui subjuguent une multitude de Nations, qui entrent toujours en
campagne avec des milliers & des centaines de milliers de Soldats.

Ces Peuples innombrables, ces Batailles, ces Conquérans sont de la derniere absurdité dans les tems où on les place, dans ces tems primitifs où il n'e-
xistoit que des sociétés peu nombreuses & éparses, sans forces, sans richesses,
sans moyens d'attaquer & de se défendre. Ce sont des chimères, des Romans,
indignes de toute créance, si on les envisage, comme on a fait jusqu'à présent, dans le sens historique.

Cependant, comment se persuader que des événemens conservés avec tant
de soin & qui contiennent d'ailleurs des détails intéressans sur l'origine des
Nations, soient dénués de fondement ?

En suivant notre principe, & en les regardant comme des récits allégoriques,
on ne voit plus d'embarras, & tout s'explique de la maniere la plus naturelle.
Ce sont des monumens précieux, relatifs aux premieres connoissances des Sociétés, & aux moyens par lesquels elles devinrent des Nations respectables ; &
qu'on mit avec raison à la tête de leur Histoire, qui n'eût jamais pu exister
sans les causes qui affermirent ces Etats : tandis qu'en les envisageant comme
historiques, tout est brouillé, & l'on ne peut rendre raison de rien.

OSIRIS, OSYMANDIAS & son Lion, NINUS, SEMIRAMIS, leurs Guerres
contre la BACTRIANE, leurs exploits, leurs conquêtes de presque toute la Terre,

les prétendus Empires qu'ils établissent, qu'on ne voit nulle part, & qui sont contraires à toute Histoire & à toute raison, sont donc des Objets Allégoriques qui vont enrichir la Mythologie & éclaircir l'Histoire.

6ᵉ. MARQUE. *Le témoignage des Anciens.*

Nous devons encore regarder comme des Allégories, tous les récits que les Anciens nous auront donnés comme allégoriques, & qu'ils auront pris dans ce sens, sur-tout lorsqu'ils auront déterminé l'objet présenté par cette Allégorie. Pourquoi en effet voudrions-nous plutôt ajouter foi à ce qu'ils nous disent dans les faits historiques, que dans les faits allégoriques ? Et si nous ne les croyons pas, lorsqu'ils nous transmettent l'opinion de leur tems, quand les croirons-nous ? Ce seroit avoir double poids, double mesure, à moins qu'on n'eût commencé par prouver que l'Allégorie n'a jamais pu exister, que les Anciens n'en ont jamais pu avoir, & que tout ce qu'ils nous disent à cet égard sont des contes à dormir debout.

Mais dès ce moment la plus grande partie de le Mythologie devient Allégorique de la maniere la plus sensible, parce qu'une multitude de ses Allégories se terminent par le mot même de l'Allégorie : ensorte qu'on est forcé de revenir toujours à l'Allégorie, quelque système qu'on embrasse, comme à une clé absolument nécessaire, sans laquelle on ne pourroit connoître l'Antiquité, & l'on seroit toujours en contradiction avec elle, sur des objets qu'elle ne pouvoit ignorer.

Après avoir ainsi essayé de tracer les caractères généraux auxquels on peut reconnoître les Allégories Mythologiques, passons à leurs caractères particuliers, c'est-à-dire à ceux qui ne tombent que sur quelques portions de la Mythologie, & non sur l'ensemble, comme ceux dont nous venons de parler.

II.

CARACTERES PARTICULIERS.

I. *Apothéose.*

Une Fable ou un récit historique en aparence, sera une Allégorie, toutes les fois qu'il se terminera par l'Apothéose du personnage qui en est le principal Héros, soit qu'on le place au rang des Dieux comme BACCHUS, HERCULE, &c. soit qu'on le mette au rang des Constellations, comme

Le BÉLIER de Phrixus, qui devint le Bélier Céleste ou le premier des Signes du Zodiaque.

Le TAUREAU qui enleva Europe & qui fut le second des Signes.

CASTOR & POLLUX, qui forment le troisième, ou les Gémeaux.

Le LION d'Hercule, qui est le cinquième.

ORION,

Orion, changé dans la Conftellation qui porte fon nom.

Calisto, changé dans la grande Ourfe, & fon fils Arcas dans la petite.

Le Vaisseau des Argonautes, qui devint le Vaiffeau Célefte, &c. &c.

L'on peut hardiment, & fans crainte de fe tromper, mettre tous ces événemens & ceux qui font de la même nature, au nombre des faits qui n'ont rien de réel comme hiftoriques ; & qu'il faut prendre néceffairement au fens allégorique.

D'un côté, parce qu'ils feroient contraires à la premiere origine du Paganifme, qui ne commença nullement, comme quelques uns l'ont cru mal à propos, par la déification d'hommes morts : au point que chez les Egyptiens, aucune tête humaine n'entroit primitivement dans la repréfentation des Dieux, & que chez les Grecs, jufques aux derniers tems on ne mettoit pas même l'effigie des Rois fur les médailles ou fur les monnoies, de peur qu'on les confondît avec les Divinités dont les têtes étoient les feules qui euffent le droit d'y paroître : ufage que conferva conftamment la Ville d'Athènes, lors même que toutes les autres Villes Grecques fe furent relâchées à cet égard en faveur des Succeffeurs d'Alexandre & des Empereurs Romains.

D'un autre côté, parce que ces récits n'ont jamais été antérieurs aux noms des Conftellations auxquelles ils faifoient allufion ; mais qu'ils naquirent uniquement de ces noms même ; c'eft ainfi que l'Hiftoire d'Orion n'eft qu'une defcription ingénieufe de la Conftellation qui porte ce nom : qu'Arcas n'a été imaginé que fur le nom grec des deux Ourfes ; que le Vaiffeau célefte apellé Argo, du mot primitif qui fignifie Arche ou Vaiffeau, étoit connu dans l'Orient avant qu'il le fût des Grecs, & par conféquent très-antérieurement à l'hiftoire des Argonautes : qu'Europe eft la Lune, comme fon hiftoire le dit expreffément ; & que fi elle fut enlevée par un Taureau, c'eft une allufion à ce qu'on apelloit en Egypte l'éxaltation d'Ifis ou de la Lune fous le figne du Taureau célefte.

Toute cette portion des Fables, eft donc manifeftement Allégorique ; & il falloit que ceux qui jufques à préfent n'y ont vu que de l'hiftorique, fuffent prodigieufement préoccupés, ou n'euffent aucune idée de ce qu'ils vouloient expliquer, & pas la moindre teinture d'Aftronomie, puifque les raports de ces Fables avec ces Conftellations, auroient fuffi pour les mettre fur la voie.

Mais dès qu'on s'eft fi fort égaré relativement à des Allégories auffi fenfibles, & qu'on en étoit à cet égard aux premiers Elémens, ne peut-on pas s'être également trompé fur toutes les autres portions de la Mythologie, où l'Allégorie eft infiniment plus envelopée ?

2°. Mélange de Perfonnages & d'Etres Allégoriques.

Jamais dans une hiftoire réelle on ne vit des Perfonnages Allégoriques : à quel titre y figureroient-ils ? Seroit-ce comme ayant eu part aux événemens qu'on raconte: Mais ces perfonnages n'exifterent jamais: feroit-ce pour la rendre plus intéreffante ? mais le mérite de l'hiftoire confifte dans la véracité des faits & dans leur exactitude : la confondre avec des Fables, c'eft lui ôter tout fon mérite, & lui faire perdre tout fon crédit. C'eft ainfi qu'on fe défie d'Hérodote, & de Ctéfias, parce qu'ils ont tout recueilli, fictions & vérités ; & qu'on n'éprouve pas dans la lecture de la Cyropédie le plaifir qu'elle devroit donner, parce qu'on ne fçait fi c'eft une hiftoire ou un Roman, qu'on a fous les yeux.

Toutes les fois donc que dans un récit prétendu hiftorique, on rencontrera des Êtres Allégoriques, & que ce récit apartiendra fur-tout aux tems du Cycle Mythologique, on peut être affuré qu'il eft Allégorique lui-même, qu'il le fut toujours & que ce qu'il renferme de fabuleux, n'en eft point une altération, mais une portion effentielle.

D'après ce principe inconteftable, l'Hiftoire d'Hercule, Allégorique déjà par l'Apothéofe de ce Héros, devient une Allégorie à caufe de tous les perfonnages manifeftement fabuleux qu'elle renferme, tels que l'Hydre, les Centaures, les Chevaux de Diomède, le Chien Cerbere, Antée, Busiris, fa Naissance par laquelle il eft fils d'un Dieu & d'une Déeffe, la Nuit triple dans laquelle il naît, la haîne de Junon, & une foule d'autres caractères de cette nature, qui ne permettent point de regarder ce Héros comme un perfonnage humain ou hiftorique, à moins que de confondre à jamais la Fable avec l'Hiftoire, & de fe payer d'explications abfurdes & qui font toujours en défaut: ce qu'on ne fauroit faire lorfqu'on eft ami du vrai & qu'on ne tient pas à de vains préjugés.

On mettra donc encore, par la même raifon, au rang des récits Allégoriques, ces portions de l'Hiftoire de Thésée qui font liés avec le Minotaure, Ariadne, Hercule, les Pallantides, Hélene & fes freres les Dioscures, eux-mêmes venus de l'Orient avec leur Œuf & leur Mere Léda.

L'Hiftoire des Argonautes, déja Allégorique à caufe du Bélier & de leur Vaiffeau, le dévient également par fes raports avec les Harpyes, les Dragons & les Taureaux de la Colchide, Médée, Aëta, pere de celle-ci & fils du Soleil, & les événemens funeftes arrivés à Corinthe d'où Médée s'enfuit fur un Char tiré par des Dragons aîlés.

L'Hiftoire de Saturne, déjà Allégorique par tous les caractères précédens, l'eft encore en conféquence de ce principe par les diverfes Allégories qui y entrent; telles que les infidélités d'Uranus, fes liaifons avec Mercure & avec Janus, fes Mariages avec Rhéa, Astarté, & nombre d'autres; la maniere dont il occafionne la naiffance de Vénus, cette naiffance elle-même abfolument Allégorique ; enforte que fi l'on ôtoit de l'Hiftoire de Saturne tous les Êtres manifeftement Allégoriques qui en font partie, cette Hiftoire fe réduiroit abfolument à rien.

3°. *Nombres Sacrés & Allégoriques.*

Un récit Mythologique doit être regardé comme une Allégorie, toutes les fois qu'il offrira dans quelqu'une de ses circonstances un NOMBRE sacré & Allégorique, relatif à ceux qui servent de base aux opérations de la vie civile. Tels sont les Nombres SEPT, DOUZE, CINQUANTE, TROIS CENT SOIXANTE.

Celui de SEPT, relatif aux jours de la semaine, aux Planettes, &c.

Celui de DOUZE, relatif aux Heures, aux Mois, aux Signes, &c.

Celui de CINQUANTE, relatif aux Semaines dont l'Année est composée.

Celui de TROIS CENT SOIXANTE, relatif au nombre de jours que forment toutes ces Semaines.

C'est ainsi qu'on sera sûr de ne pas se tromper en prenant dans un sens Allégorique, tous ces récits Mythologiques.

Les sept FILS de Rhéa.

Les sept FILLES d'Astarté.

Les sept TUYAUX qui composent l'Orgue de Pan.

Les DOUZE Travaux d'Hercule.

Les DOUZE Amazonnes qu'il tue.

Les 50 FILS d'Hercule nés de 50 SŒURS.

Les 50 DANAÏDES & leurs 50 COUSINS fils d'Egyptus, qu'elles épousent & qu'elles font périr à l'exception du dernier; & leurs 50 Tonneaux.

Les 50 ou 52 ARGONAUTES, nombre auquel ils sont fixés par Diodore & selon la premiere Tradition.

Les 50 PALLANTIDES, Cousins d'Egée.

Les 50 Fils de PRIAM, dont le plus jeune est PARIS, Juge entre trois Déesses, ravisseur d'HÉLENE femme de MÉNÉLAS.

Les 50 CLOUX noirs & blancs qui ornent le Trône d'Isis dans la belle Table qui porte son nom,

Les 360 PRÊTRES de Lybie, qui versent de l'eau dans 360 Urnes fêlées qu'ils ne peuvent jamais remplir.

Les 360 Coudées du Cercle d'or d'Osymandias, &c. &c.

Ces seuls nombres suffiroient pour faire reconnoître que ces récits sont Allégoriques, lors même qu'ils ne seroient pas accompagnés de tous les autres caractères qui les décèlent; aucun d'eux n'ayant été pris au hazard; mais étant tous assortis à l'Allégorie qu'ils accompagnent & qu'ils déterminent.

4°. *Noms Allégoriques.*

Lorsque dans un récit Fabuleux, ou Mythologique, quoiqu'il paroisse historique, on voit des NOMS déja démontrés Allégoriques en tout, comme ceux du Sphynx, des Centaures, des Cyclopes, &c. ou Allégoriques seulement à quelques égards , comme les noms de Cadmus & de Thébes , de Théfée , de Ménélas , d'Hélene , de Troye , &c. On peut être affuré que le récit où ils figurent fi bien , eft lui-même Allégorique , & en cherchant, d'après ce principe l'explication de l'Allégorie qu'il offre , on fera fûr de la trouver de la manière la plus fatisfaifante.

Tels font les noms de THÉBES , de CADMUS , des DRAGONS , de la BACTRIANE , d'EUROPE , de MÉNALIPPE , Reine des Amazonnes , &c.

Ce dernier nom , par exemple , fignifiant *la Reine aux Chevaux noirs* , & défignant une Princeffe qui eft attaquée par Hercule , lui-même perfonnage Allégorique , pour une Ceinture , fujet trop ridicule pour devoir être pris ici dans le fens fimple & uni qu'il préfente naturellement , ce nombre , dis-je , eft certainement Allégorique ainfi que les Amazonnes & leurs combats.

En effet , il feroit abfurde de fupofer qu'on eût fait ufage fans raifon de noms Allégoriques , ou qu'on les eût inférés dans des récits hiftoriques pour lefquels ils n'auroient pas été faits : il ne feroit pas moins déraifonnable qu'en reconnoiffant dans un récit des mots manifeftement Allégoriques, on ne voulût pas profiter de cette lumiere , & découvrir quels en feroient les réfultats,fur-tout lorfqu'il s'en rencontre plufieurs pareils ; cette réunion ne pouvant être l'effet du hazard.

Il eft vrai que ce caractère eft plus difficile à reconnoitre que les autres , parce qu'il n'eft pas aifé de s'affurer fi un nom eft Allégorique ou s'il ne l'eft pas ; qu'il faut néceffairement pour cet effet , connoître fa fignification dans la langue où il fut employé la premiere fois dans ce fens Allégorique , & que cette ignorance a empêché jufques-ici d'en reconnoître un grand nombre : mais nôtre principe n'en eft pas moins vrai, moins utile.

Il eft outre cela d'une très-grande étendue , la Mythologie renfermant peu de noms qui ne foient Allégoriques : enforte que ceux de la fignification defquels on ne peut douter , tels qu'URANUS , ou le Ciel , GHÉ ou la Terre , SELENÉ ou la Lune , LATONE ou la Cachée, DIANE ou la Vifible , BEL ou le beau , le brillant & le Dominateur , ADONIS , ou le Seigneur , VÉNUS ou la beauté , THÉMIS ou la Juftice , NERÉE ou les Eaux &c. font une forte préfomption que tous ceux avec lefquels ils font affociés , font de la même nature ; qu'à mefure qu'on avancera dans la connoiffance de ces Allégories & des Langues où elles naquirent , on les verra s'expliquer avec la même fimplicité & la même certitude.

5° *Filiations Allégoriques.*

Tout récit Mythologique où il entre des Filiations Allégoriques , eft Allégorique lui-même , étant impoffible que l'Hiftoire foit fondée fur de pareils matériaux.

D'après ce principe, la Théogonie d'Héfiode doit être regardée nécessairement comme un monument Allégorique, à caufe de la multitude de Mariages & de Naiffances Allégoriques qu'il renferment de la manière la plus évidente, pour ceux qui fe font le moins occupés de ces objets.

En effet, pourroit-on confidérer comme un ouvrage Hiftorique, celui qui commence ainfi (1):

» Du chaos naquirent l'Erebe (nom des Ténébres & du Couchant en » Oriental, & la Nuit obfcure : & de la Nuit & de l'Erebe, la lumiere » (ou l'Ether) & le Jour.

« La Terre fe mariant avec le Ciel en eur l'Océan... Thémis, Mnémofy-» ne ... Saturne.... les Cyclopes Brontés, (Tonnerre,) Steropès, (Foudre,) » Arghés, (Eclair,) qui arment Iou du Tonnerre & qui fabriquent fes foudres. » Du Ciel & de la Terre naquirent encore Cottus, Briarée & Gygès, » aux cent bras & aux cinquante têtes.

» La Nuit (†) mit encore au Monde (2) le redoutable Deftin & la Parque » fatale, la Mort, le Sommeil & la Troupe innombrable des Songes, » &c.

Toute cette Théogonie, compofée de plus de mille vers, eft fur ce ton : comment n'a-t-on pas pris garde qu'elle n'offroit rien d'hiftorique, qu'elle ne contenoit qu'une fuite d'Allégories où le Poëte avoit raffemblé tout ce qui s'étoit dit jufques à lui dans ce genre ; & qu'il étoit de la derniere abfurdité de regarder ce Poëme comme une Tradition hiftorique, ou de fupofer que fon Auteur croyoit écrire une hiftoire (††) ? Peut-on fe ranger du coté

---

(1) Theog. v. 123-125. 130.....

(2) Ib. 211.

(†) La Nuit eft accompagnée ici d'une épithète très énergique, qu'on ne fauroit confer ver en François. Elle y eft apellée EREBENNE, par allufion à l'Erébe, qui fignifie Ténébres, Couchant ; qui eût repréfenté plus haut comme le Mari de la Nuit : on ne peut cependant rendre ici le mot Erebenne par celui de Femme de l'Erebe, parce que le Poëte obferve expreffément qu'elle produifit ces Etres d'elle-même fans le fecours d'un autre, comme Minerve fortit du Cerveau de Iou. La feule maniere de rendre cette épithète feroit donc de la traduire ainfi : la nuit qui a établi fon Empire dans l'Occident ; car c'eft une des fignifications du mot Oriental Erebe. Ce qui préfente une fignification Allégorique d'autant plus belle, qu'elle eft parfaitement conforme au Génie de l'Antiquité, qui ne plaça les Ifles Fortunées ou le féjour des Morts, au delà de l'Océan, que parce que l'Océan ou la Mer devenoit par fa fituation pour les Phéniciens un fynonime de l'Occident ou du Couchant, partie du Monde qui eft elle-même le Symbole des Ténébres & de la mort, puifque ce font tout autant de privations du jour. Nous aurons occafion de relever dans la fuite d'autres méprifes occafionnées par l'oubli du vrai fens de ce mot Erebe, bien plus effentielles & d'une toute autre importance que dans cet endroit.

(††) Si cette réflexion eft générale & paroit renfermer tous les Auteurs, quoique quelques-uns ayent très-bien vu que ces objets étoient Allégoriques, & qu'en dernier lieu M. l'Abbé BERGIER ait expliqué la Théogonie entiere d'Héfiode dans un fens Allégorique & prefque toujours d'une manière très-heureufe, c'eft que je ne parle ici que de l'opinion de ceux qui font dans ce dernier fentiment, lorfqu'on les voit forcés de convenir que la plûpart de ces traits font Allégoriques, & qu'on fait attention à la foibleffe des explications qu'ils donnent de ce qu'ils regardent comme des traits hiftoriques : lorfqu'on voit le CLERC réduit à dire, par exemple, dans fon explication de la Théogonie, que Cottus, Briarée & Gygès étoient fans doute des voleurs. Eft-ce expliquer l'Hiftoire ? Eft-ce donner une idée intéreffante de l'Auteur qu'on veut faire connoître ?

6me. MARQUE. *Contradictions avec la Chronologie.*

Enfin, tout récit Mythologique qu'il fera impoffible de concilier avec la Chronologie, devra être pris dans un fens Allégorique : en effet, la Chronologie qui ne fert qu'à l'Hiftoire, eft de toute inutilité pour l'Allégorie, qui n'a jamais pu l'avoir pour bafe : il n'eft donc pas étonnant qu'elles ne s'accordent pas. Dès-lors, il n'y a qu'un de ces deux partis à prendre ; reconnoître que cette prétendue Hiftoire eft fauffe, ce qui la rend inutile ; ou qu'elle eft Allégorique, ce qui la rend infiniment piquante & précieufe.

À ce caractère cependant, on reconnoîtra qu'un grand nombre de faits Mythologiques ne font que des Allégories. C'eft ainfi que l'Hiftoire de Minos n'eft pas un fait réel, puifqu'on ne peut point fixer le tems où il a vécu, & que ce Prince n'eft certainement pas celui qui régnoit en Crète, du tems de Théfée ; que l'Hiftoire d'Hélene eft contraire à toute chronologie, puifqu'entre le tems où elle fut enlevée par Théfée & celui où elle le fut par Pâris, il s'eft écoulé un tems beaucoup trop confidérable pour qu'elle fût en état de plaire & de fe faire enlever par un jeune homme. Que les tems écoulés entre la premiere & la derniere des Mortelles aimées par Iov, ne peuvent fe concilier avec la vie fi courte des

---

commune, & non de quelques fyftêmes particuliers. En effet, l'opinion ancienne n'a point encore été changée par ces Ouvrages modernes ; ils ne font pas encore devenus Auteurs Claffiques. Cette foule de Journaux en particulier qui annoncent tout ce qui paroit, qui jugent les l ivres, qui reglent leurs rangs & décident de leurs fortunes, qui entraînent prefque toujours à cet égard la foule des Lecteurs, & qu'on devroit regarder comme le Thermomètre de l'efprit, du génie & de la connoiffance des Peuples & des progrès de la raifon ; les Journaux, dis-je, n'en ont parlé même qu'avec dédain : ainfi jufqu'à ce qu'il foit arrivé à cet égard une révolution totale, jufqu'à ce qu'on mette au rang des fyftêmes chimériques l'explication hiftorique des Fables, & que celle des Allégories anciennes foit univerfellement admife, nous ferons fondés à tenir ce langage & à témoigner notre étonnement de ce que la Théogonie d'Héfiode & tant d'autres Allégories anciennes ont été prifes dans un fens hiftorique, malgré cette multitude de caractères frappans qu'elles offrent du contraire.

hômmes. L'Hiſtoire de Cérès fixée au tems de Pandion & d'Erechtée, eſt contraire à tous les faits; les Époques d'Ogygès, de Deucalion, & d'Hellen, font abſolument fauſſes, &c. Auſſi tous les efforts qu'on a faits juſques ici pour mettre un ordre chronologique dans ces événemens, ont été abſolument inutiles : c'étoit chercher une ſuite dans des objets qui n'en avoient jamais eue, & qui n'en étoient pas ſuſceptibles.

On en pourroit dire autant de l'hiſtoire de la plûpart des Dieux & des Héros Mythologiques, toutes en contradiction entr'elles au ſujet de leurs époques, & placées dans des tems où elles étoient impoſſibles & où elles ſeroient arrivées trop tôt ou trop tard.

Ces Caractères ſouvent réunis.

Tels font les principaux Caractères auxquels on peut reconnoître qu'un récit Mythologique eſt Allégorique. Il en eſt pluſieurs qui renferment tous ces Caractères, un plus grand nombre qui contiennent la plûpart.

Plus le nombre des Caractères Allégoriques qu'offre un récit eſt conſidérable, & plus l'Allégorie eſt belle, intéreſſante & ſenſible, puiſqu'il ſeroit impoſſible qu'un grand nombre de faits diſcordans, préſentaſſent par hazard des raports auſſi étendus, auſſi attrayans, auſſi fortement liés les uns aux autres; que ces raports & cet intérêt augmentaſſent à proportion qu'on étendroit ce principe, & que la Mythologie entière conſidérée ſous un point de vue Allégorique, offrît autant d'harmonie, d'agrément & de beauté, qu'elle eſt diſcordante, inſipide, & révoltante lorſqu'on l'enviſage comme hiſtorique.

Nous oſons d'ailleurs nous flatter qu'on trouvera tous les Caractères que nous venons d'indiquer, juſtes, ſolides, aiſés à ſaiſir & à apliquer, & propres à répandre ſur une matière auſſi obſcure, le jour le plus lumineux.

Mais paſſons à ceux par leſquels on peut s'aſſurer qu'une explication Allégorique eſt juſte & exacte : queſtion qui ne le céde en rien à celle que nous venons de réſoudre, puiſqu'il ne ſuffit pas de ſavoir que la Mythologie eſt Allégorique, mais qu'il eſt encore plus intéreſſant de connoître la valeur de ces Allégories.

III.

Caractères auxquels on peut reconnoître que l'explication d'une Allégorie eſt exacte

La Mythologie & ſes Fables, ont déja été expliquées d'un grand nombre de façons différentes : elles le ſeront peut-être de pluſieurs autres ma...

nieres encore ; ces diverſes explications ſont & ſeront toujours propoſées comme vraies & peut-être comme les ſeules vraies à l'excluſion de toute autre ; car l'excluſif a ſouvent étendu ſes droits juſques-ici.

Cependant , des explications qui ſe combattent & qui s'entre-détruiſent , ne ſauroient être également juſtes : mais comment ſe décidera-t-on entr'elles ? D'après quels principes choiſira-t-on entre pluſieurs perſonnes qui ont toutes examiné un objet , qui ſemblent avoir raiſon chacune de leur côté , & qui néanmoins ſe contrediſent ?

Il ſeroit donc à ſouhaiter qu'on pût indiquer , antérieurement & indépendamment de toute explication pareille , des Caractères vrais , permanens & ſenſibles , au moyen deſquels on pût s'aſſurer de leur juſteſſe & de leur bonté.

Tout le Monde y gagneroit ; les Auteurs travailleroient d'une maniere plus ſûre ; les Lecteurs les ſuivroient avec plus de confiance ; la Mythologie s'éclairciroit enfin , & l'on n'héſiteroit plus à ſon égard.

Ces Caractères ne ſeront point difficiles à trouver , & à prouver : ils naîtront de la choſe même , de la nature des Allégories.

Une Allégorie eſt une Enigme , nous l'avons déja dit : mais on explique les Enigmes & l'on eſt ſûr de les avoir bien expliquées : on doit avoir la même certitude à l'égard de l'interprétation d'une Allégorie quelconque , quoique l'on ne parvienne à celle-ci que par des routes plus compliquées , à cauſe de l'étendue des objets qu'embraſſe une Allégorie.

L'UNIVERSALITÉ dans l'explication des détails d'une Allégorie ; la SIM-PLICITÉ dans les principes , & l'HARMONIE dans les dévelopemens ; tels ſont les Caractères auxquels on doit & on peut reconnoître la juſteſſe & l'exactitude d'une explication Allégorique.

1. *Univerſalité.*

Afin qu'une explication Allégorique ſoit vraie , elle doit embraſſer tous les Caractères de l'Allégorie qu'elle a pour objet , & les expliquer tous & d'après les mêmes principes , ſans effort & ſans gêne : je dis , tous les Caractères , parce qu'il n'en eſt aucun qui n'ait été employé pour rendre l'Allégorie plus complette ; & qu'on ne ſauroit en négliger une partie , ſans manquer totalement le véritable objet de l'Allégorie , qui eſt celui-là ſeul auquel convient l'enſemble de ces Caractères.

Toute autre marche ſeroit abſurde , parce qu'elle ne ſeroit plus conforme à la nature des choſes & qu'elle deviendroit abſolument arbitraire.

Il eſt aiſé de juger dès-lors , combien durent être imparfaites toutes les explications hiſtoriques qu'on a données juſques à préſent des Allégories anciennes ; puiſqu'on n'a jamais fait attention qu'aux choſes qui pouvoient ſe prendre dans un ſens hiſtorique , & qu'on a négligé toutes les autres

circonſtances ,

circonſtances, comme des altérations ou des Fables indignes de la moindre attention ; qu'on a traité ſur-tout de cette maniere, les récits qui ouvrent l'Hiſtoire ancienne, dès qu'ils ont paru s'éloigner tant ſoit peu des idées ordinaires : c'étoit ſe priver de Monumens précieux, & ſe fermer à jamais l'intelligence des Symboles anciens, & par cela même, la connoiſſance des vérités qui y étoient attachées.

L'on doit être encore très-aſſuré que plus on s'attachera à l'examen de toutes les circonſtances dont ſont chargées les Fables Mythologiques, plus on s'impoſera la tâche d'en pénétrer le ſens, plus on les comparera entr'elles & avec le but général de la Fable dont elles font partie & avec le génie des Langues ; & plus on fera des progrès dans l'intelligence de la Mythologie, & l'on parviendra à des découvertes ſatisfaiſantes & ſûres, par l'énergie & le dévelopement de chaque mot ; & par l'impoſſibilité qu'une multitude de circonſtances ſe trouvent réunies par hazard, dans un objet pour lequel elles n'auroient pas été raſſemblées.

2°. Simplicité.

Le Caractère eſſentiel de la vérité, c'eſt de réunir la plus grande ſimplicité dans les principes & dans les preuves, avec l'abondance la plus féconde dans les conſéquences. Toute explication qui péchera de ce côté, qui n'aura point de marche ſûre, qui reviendra ſans ceſſe ſur ſes principes, qui ne s'avancera pas rapidement vers ſon objet, qui ſera toujours embarraſſée, étonnée, chancelante, qui ne ſera apuyée que ſur des ſuppoſitions hardies, où il aura fallu ſupléer aux faits, par des efforts continuels d'eſprit & d'imagination ; dont le plus grand mérite conſiſtera dans des étymologies qu'on aura décompoſées à diſcrétion, qui en un mot ne préſentera pas un enſemble lumineux & ſatisfaiſant, toute explication pareille, on peut le dire hardiment, n'eſt pas la vraie. Elle ſera plus ou moins probable, ſuivant la nature de ſes preuves ; mais elle laiſſe trop à déſirer, pour qu'on doive s'en contenter & n'en pas chercher d'autres.

Tandis que celle qui partant de principes ſimples & lumineux, s'avance rapidement vers la fin de ſa carrière, ne trouve rien qui l'arrête, diſſipe l'obſcurité la plus profonde, tranſporte à l'inſtant, & comme par enchantement, dans la plus vive lumiere, parle à l'eſprit & à la raiſon ſans éblouir l'imagination, laiſſe toujours une impreſſion agréable, un ſouvenir flatteur, une ſécurité calme & tranquille, prépare ſans ceſſe à de plus grandes choſes, & fait découvrir plus de vérités qu'elle n'en dévelope ; une explication de ce genre, très-ſupérieure à celles dont nous venons de parler, approche bien de la vraie, ſi elle n'eſt la vraie même.

Il ſeroit bien extraordinaire qu'une route erronée réunît à ce point les caractères du vrai : l'erreur peut avoir le brillant de la vérité , mais elle n'en aura jamais la fécondité ; son éclat est celui d'un feu qui égare & qui consume ; & non celui d'une lumiere douce & profpère , qui ranime & qui reſtaure.

3°. *Harmonie.*

Enfin toute explication des Allégories, pour être vraie, doit réunir aux caractères précédens l'harmonie la plus parfaite, non-feulement entre les diverfes portions de chaque Allégorie, mais encore avec l'enfemble des Allégories Mythologiques. Ce n'eſt pas que je prétende que toutes les portions de la Mythologie ayent été faites pour former un enfemble parfaitement d'accord , qu'elles fe raportent toutes à un même objet, & qu'on puiffe les expliquer toutes par le même principe; il ne faut pas prendre beaucoup de peine pour y apercevoir des morceaux de différentes mains, & formés dans des lieux & en des tems fort éloignés les uns des autres; pour y remarquer des Allégories primitives, des Allégories Orientales nées de celles-là, des Allégories Grecques & Romaines,&c. entées fur toutes : nombre d'Allégories, différentes en aparence & qui fe raportent au même objet, fous des noms ou fous des afpects différens : d'autres qui paroiffant les mêmes, font allufion à des objets fort différens : qu'il en eſt encore un grand nombre qui ayant été inventées pour un objet, ont été enfuite adoptées pour d'autres liés aux primitifs par des raports plus ou moins fenfibles; enforte qu'il feroit impoffible de les expliquer toutes par la même méthode.

Ce n'eſt donc pas de cette Harmonie que j'entends parler ici : mais de l'accord qui doit régner entre les diverfes parties de l'explication des Allégories anciennes. Quoiqu'elles fe raportent à divers objets , quoiqu'elles roulent fur des principes divers, elles ne doivent jamais fe contredire, jamais fe croifer & fe combattre : tout ce qu'on a dit pour éclaircir les unes, doit être autant d'avances pour arriver au dévelopement des autres : la clé des unes doit répandre le plus grand jour fur les autres ; parce que l'Antiquité ne put attacher à des fymboles femblables , ni à un même fymbole, des fignifications oppofées, parce que ces fymboles étant toujours pris dans la nature, origine de toute Harmonie , ont du harmonifer eux-mêmes : parce qu'il feroit impoffible de juger d'un fyſtême qui n'auroit point d'enfemble , ou dont toutes les portions feroient difcordantes. Parce, enfin, que cette Harmonie eſt l'effet néceffaire de cette univerfalité & de cette fimplicité, qui doivent faire les caractères diſtinctifs de toute explication des Allégories , pour être vraie.

Cette Harmonie fe manifeftera fur-tout dans le but des Allégories, toujours relatif aux objets les plus intéreffans pour l'homme & pour la fociété : c'eſt par-là que tant de Fables qui paroiffent n'avoir nul raport entr'elles & n'offrir que des événemens que rien ne lie, tiennent à un fond commun qui leur fert de point de réunion, qui en eſt la bafe ; & qui en devenant la clé, leur communique cette énergie , cette clarté , cet intérêt pour lequel elles furent inventées , & qui eſt l'apanage de la vérité ſeule.

IV.

Régles à ſuivre pour ne pas s'égarer dans ces recherches.

"Tout ce que nous venons de dire ſupoſe, qu'il peut exiſter une explication vraie & complette des Allégories qui forment le corps des Mythologies anciennes ; & que ſi l'on n'y eſt pas encore parvenu, c'eſt moins par le défaut de la choſe même , que par les mauvaiſes routes que l'on avoit ſuivies à cet égard, & parce qu'on avoit trop donné à l'arbitraire : ce qui avoit perſuadé qu'on ne pouvoit expliquer ces choſes qu'arbitrairement : idée qui éteignoit tout intérêt & toute confiance.

Mais dès qu'il eſt démontré que la Mythologie fut allégorique , & par conſéquent qu'il eſt poſſible d'en donner une explication qui ne ſoit point arbitraire, il ne reſte plus qu'à indiquer les moyens ou les régles dont l'obſervation peut garantir de l'arbitraire , & conduire dans cette route d'une maniere ſûre. Nous allons indiquer les principales, comme pouvant être utiles à ceux qui voudroient s'occuper de ces objets , & comme étant propres à leur donner la confiance de ceux qui s'apercevront qu'ils les obſervent.

1°. *Eviter toute explication arbitraire.*

Le premier ſoin de ceux qui voudront éviter des explications arbitraires ſur la Mythologie, doit être de raſſembler le plus de matériaux , d'étudier le plus de faits, de faire le plus de comparaiſons qu'il leur ſera poſſible; la vérité exiſte, & n'exiſte que dans les faits: les ſciences ne ſont devenues vraies, ſolides, exactes , elles ne ſe ſont perfectionnées qu'autant qu'on a renoncé aux ſpéculations & aux théories frivoles, & qu'on s'eſt livré tout entier à l'examen de la Nature & de ſes Phénomènes : par-là , on ſe raprochoit des vues du Tout-Puiſſant qui ne nous environna de cette multitude immenſe d'Objets dont eſt compoſé l'Univers, qu'afin que nous parvinſſions par leur moyen à la connoiſſance de la vérité , qui eſt le réſultat de la réunion de toutes les ſciences particulieres des diverſes parties de ce Tout magnifique & immenſe. C'eſt à la réunion des faits , que l'Interpréte Mythologique ſera redevable de la ſolidité de ſes preuves, de la clarté de ſes dévelopemens, de la rapidité de ſa marche, de l'étendue de ſes découvertes : plus il raſſemblera avec ſoin ce que les Anciens ont dit à ce ſujet, plus il puiſera de lumieres dans leurs Langues, dans leurs ſymboles , dans leurs écrits, dans leurs traditions, dans celles même qui juſques à préſent ont paru les plus inintelligibles & les plus abſurdes ; & plus il verra l'Antiquité s'éclaircit & devenir intéreſſante.

2°. *Eviter toute explication forcée.*

Lorsque, malgré cette attention à réunir tout ce qui pourroit faciliter l'in-telligence de la Mythologie, on se trouveroit arrêté par quelque difficulté à laquelle on ne verroit point de solution satisfaisante, on ne doit pas mettre du mérite à la surmonter par la force de ses conjectures; mais attendre que quelque nouveau fait en amene la solution avec lui. Ce qui arrivera infailliblement si l'on est dans le chemin de la vérité; tandis que si l'on s'obstine à enlever cette difficulté, on se trompera soi-même en se livrant à de faux raisonnemens, à des aparences illusoires, à des étymologies foibles, qui satisferont pour le moment, mais qui éloigneront du vrai en persuadant qu'on l'a trouvé : rien n'étant plus dangereux qu'une fausse sécurité, sur-tout relativement à la re-cherche de la vérité.

On ne doit pas craindre d'ailleurs que cette difficulté dont on laissera la so-lution suspendue nuise aux découvertes auxquelles on seroit déja pavenu, puis-que c'est un principe incontestable que ce qui est clair & certain ne peut être ébranlé par ce qui est obscur ; principe qu'on ne perd que trop de vue, sur-tout en matiere d'objections ; mais dont on ne doit jamais s'écarter, quand il s'agit de recherches à faire, de vérités à découvrir.

3°. *Ne point s'écarter des principes.*

Par la même raison, on ne doit jamais s'écarter des principes qu'on aura une fois posés, & qui auront paru démontrés : jamais on ne doit les sacrifier à des idées systématiques & conjecturales: il vaudroit mieux n'en avoir point éta-bli que de ne pas s'y tenir strictement attaché : d'eux seuls dépend le succès de toute recherche, & sur-tout de recherches aussi compliquées & aussi pénibles que celles dont il s'agit ici, & dans lesquelles il seroit impossible d'avancer sans leur secours. Loin de les abandonner, on devra au contraire y ramener sans cesse tout ce que l'on fera, afin d'être assuré qu'on ne s'égare point.

4°. *Que tout soit étroitement lié.*

Par conséquent encore, on ne devra rien admettre qui ne soit étroite-ment lié avec ces principes, & qui ne présente cette simplicité, cette clarté & cette harmonie qui sont inséparables de la vérité.

5°. *N'admettre que des Etymologies sûres.*

On doit sur-tout être de la plus grande circonspection dans l'usage des Etymologies, dont l'abus a égaré les Savans les plus distingués, & qui égarera toujours, soit qu'on s'y livre trop comme on avoit fait, soit qu'on les abandonne abſolument comme une route néceſſairement trompeuſe. L'Etymologie, indiſpenſable pour ſentir l'énergie de chaque mot, & pour donner une idée plus juſte de l'objet qu'elle déſigne, eſt eſſentielle dans tout ouvrage de re-cherches ſur l'Antiquité : mais plus elle peut être utile & intéreſſante, plus on doit la ménager, n'en donner que de certaines, ou qui ne naiſſent du fond même du ſujet, avec une clarté, une ſimplicité & une préciſion à laquelle on ne puiſſe ſe refuſer.

6°. Uſer d'une critique ſévere.

6°. Enfin, on doit être ſon cenſeur le plus ſévere : on ne doit ſe rien paſſer qui ne s'accorde avec la critique la plus rigoureuſe ; qu'on ne puiſſe juſtifier par des moyens preſſans ; qui ne ſoit lumineux & ſenſible ; qu'on ne pût ſu-primer ſans nuire à l'enſemble.

Malgré ces précautions, on ne pourra pas ſans doute tout expliquer, tout comparer ; encore moins ſe flatter d'être exempt d'erreurs & de fautes : mais on ira du moins auſſi loin qu'il ſera poſſible, & l'on ſera aſſuré que s'il reſte nombre de choſes à réformer dans les réſultats, les grandes maſſes ſeront du moins inébranlables : que le chemin ſera tracé d'une maniere invariable : que les nouvelles découvertes ſeront toujours une confirmation des anciennes : que chaque pas qu'on fera dans cette carriere, ſera un accroiſſement de lumiere & de perfection qui, en y mettant plus d'enſemble, la rendra toujours plus in-téreſſante & plus utile.

ARTICLE VII.

Objet des Allégories anciennes.

§. I.

Poſſibilité de connoître cet objet, & avantages qui réſulteroient de cette connoiſſance.

DE tout ce que nous venons de dire pour démontrer que la Mythologie eſt un aſſemblage d'Allégories ingénieuſes, & non d'Hiſtoires altérées & corrom-pues ; que ces Allégories ne furent point l'effet du hazard ou du caprice de la fantaiſie de ſes Inſtituteurs ; qu'une main habile préſida à leur invention ; que toutes les parties en ſont étroitement liées & s'éclairciſſent mutuellement ; que leur explication enfin n'en peut être arbitraire, & qu'elle eſt aſſujettie à des régles fixes & certaines : de tous ces principes, dis-je, réſultent ces conſéquen-

ces néceffaires: Que les Allégories anciennes eurent un objet déterminé & précis ; qu'elles eurent avec cet objet le raport le plus intime ; qu'elles durent le
peindre de la maniere la plus fenfible ; & qu'on peut également parvenir à la
connoiffance des Allégories par celle de leur objet, ou à la connoiffance de
celui-ci par celle des Allégories , l'un n'étant qu'une peinture de l'autre.

L'explication allégorique de la Mythologie aquerroit ainfi le plus haut dégré
de certitude poffible par fa parfaite reffemblance avec fon objet, puifqu'on
auroit un double point de comparaifon qui conduiroit néceffairement à la
vérité. Avantage précieux, dont eft privée l'explication hiftorique de la Mythologie qu'on croyoit fi mal-à-propos démontrée , puifqu'elle ne repofe fur
aucune bafe folide , & qu'elle n'offre aucun point de comparaifon dont on
puiffe s'étayer.

Mais puifque par cette méthode, l'on peut remonter, de l'Allégorie à fon
objet , ou redefcendre de l'objet d'une Allégorie à celle-ci, effayons de chercher antérieurement à toute Allégorie, fur quels objets purent & durent porter les Allégories primitives, qui compoferent la maffe de la Mythologie &
qui mériterent de former le fond de la Religion des anciens peuples.

Cette recherche réunira divers avantages: elle donnera une idée des befoins
de ces premiers peuples , & des moyens par lefquels ils purent y remédier :
elle fera connoître le raport des Allégories avec ces befoins ; elle en affurera
l'explication de la maniere la plus fenfible. Et cette explication apuyée ainfi
fur une bafe ferme & qui en eft indépendante, évitera tout arbitraire, &
acquerra une évidence qu'elle ne pouvoit avoir, & fans laquelle elle ne feroit
regardée que comme un amas de conjectures plus ou moins ingénieufes.

§. 2.

Cet objet lié aux connoiffances de premier befoin , & relatif aux vérités les
plus importantes.

L'Allégorie née dans la plus haute Antiquité, auffi ancienne que les fociétés policées, inventée pour leur utilité , relative à des objets qui devoient être
connus, puifqu'elle eût été inintelligible & abfurde fans cela , devenue le
fond fur lequel s'éleverent la Religion des Payens & la plûpart de leurs Cérémonies & de leurs Fêtes , dut néceffairement fe rapporter aux plus grands
intérêts de ces Peuples; peindre des objets univerfellement connus & d'une
utilité premiere , fe lier avec les befoins des hommes & fe tranfmettre avec
ces mêmes befoins.

C'eft la feule maniere en effet dont on puiffe rendre raifon de l'univerfalité de la Mythologie , & de ce refpect & de cette vénération qu'on eut
conftamment pour elle, lors même qu'elle fut devenue fi abfurde par les révolutions des tems, des mœurs, des idées , du langage , &c. dans le tems où
on l'entendoit le moins ; une tradition auffi entiere que conftante , ne laif-

ſoit pas douter que ſous cette écorce biſarre & fabuleuſe, elle ne renfermât de grandes & ſublimes vérités.

Les connoiſſances des ſociétés policées, qui furent touǰours l'effet de leurs beſoins & des facultés par leſquelles l'homme peut y pourvoir, ſe diviſent en deux grandes Claſſes : connoiſſances communes à tous les Hommes, quel que ſoit leur genre de vie, & connoiſſances relatives à leur manière particulière de vivre.

A cet égard, aucune claſſe d'Hommes qui réuniſſe un plus grand nombre de connoiſſances, que les Peuples policés, ou ſédentaires, qui pourvoyent à leurs beſoins par l'art avec lequel ils multiplient & font renaître ſans ceſſe les biens de toute eſpéce, que leur fournit la terre.

Ils réuniſſent toutes les connoiſſances qu'ils puiſent dans la Nature, à celles qu'ils doivent à l'Art, d'autant plus intéreſſantes, que les premieres ſemblent s'accroître avec celles-ci & par leur moyen, & en acquérir un plus grand prix.

Qu'eſt effectivement la Nature, pour cette Horde Sauvage, qui dépourvue ſans ceſſe de tout, & réduite aux reſſources ſpontanées que lui fournit une terre inculte, n'a pas l'intelligence néceſſaire pour y ſupléer ; ſi ce n'eſt une marâtre, qui n'a preſque rien fait de plus pour eux que pour les animaux ; un être indifférent qu'on regarde ſans attention, dont on voit les révolutions ſans plaiſir, & qui n'offre jamais de nouveaux ſujets d'admiration ou d'imitation ?

Qu'elle eſt intéreſſante au contraire, qu'elle s'embellit, qu'elle devient immenſe, variée, admirable, pour celui-là qui ſait puiſer dans ſon imitation, les moyens d'aſſurer ſa ſubſiſtance, de pourvoir abondamment à ſes beſoins, d'inventer tous les jours quelqu'Art nouveau, propre à perfectionner ſon état, & à multiplier ſes propriétés & ſes jouiſſances !

Tout en elle devient précieux pour lui : ces révolutions régulières auxquelles il doit la proſpérité de ſes travaux, cette fertilité avec laquelle elle répond à ſes ſoins, ces reſſources immenſes qu'elle lui fournit pour ſatisfaire à ſes beſoins, cette variété prodigieuſe de biens qu'elle lui procure, ces modèles admirables en tout genre qu'elle offre à ſon induſtrie & qui deviennent la ſource des Arts les plus néceſſaires & les plus agréables ; tout en un mot lui donne de la Nature les idées les plus ſublimes, les plus délicieuſes, les plus conſolantes. Elle eſt pour lui, un Etre toujours étonnant, toujours inépuiſable, toujours digne de reconnoiſſance.

De-là, une multitude de connoiſſances & d'Arts inconnus aux Peuplades Sauvages, & qui ſe trouvant chez les Nations policées qu'elles font fleurir, influent néceſſairement ſur leurs uſages, ſur leurs mœurs, ſur leur doctrine, ſur leurs expreſſions, ſur leurs langues même.

Cette différence infinie entre la manière dont ces deux claſſes d'Hommes enviſagent la Nature, en mettra une auſſi grande dans leur imagination : tandis qu'elle ſe réduit à peu de choſe chez les uns, ou qu'elle y eſt triſte, froide & languiſſante, elle ſera vive, variée & pleine de gaieté chez les autres : favoris de la Nature, ſur-tout dans des Climats qui font tout pour eux, ſans ſoucis, ſans ambition, ſans études pénibles, leur imagination que rien n'émouſſe ſe portera avec force à peindre la Nature, & à chanter ſes heureux effets.

C'eſt ſur-tout dans les déveloenens des vérités abſtraites de la Morale & de la Religion, que cette imagination déployera ſes richeſſes. Ces vérités néceſ-ſaires à tous les hommes, ne peuvent être facilement ſaiſies de ceux qui li-vrés aux travaux les plus pénibles de la ſociété, ne ſont pas habitués à ſui-vre de longs raiſonnemens, & n'ont ni le tems, ni la volonté, de s'enfoncer dans des recherches Méthaphyſiques.

§. 3.

Néceſſité des Allégories pour communiquer & pour conſerver ces connoiſſances.

Ces connoiſſances étoient cependant néceſſaires pour le bonheur des ſocié-tés & pour celui de leurs individus ; il falloit donc les leur rendre ſenſibles à tous, en ébranlant leur imagination & leurs ſens plus aiſés à émouvoir que leur entendement.

Ce fut le triomphe de l'imagination de ceux qui inſtruiſirent les humains dans ces premiers tems. Imitant la Nature qui par les merveilles qu'elle nous préſente, nous élève aux idées les plus ſpirituelles, & nous fait connoître une claſſe d'êtres qu'elle n'offre point à nos yeux, ils eurent recours pour inſtruire les Hommes, à des Symboles phyſiques, & à des Allégories ingé-nieuſes ; & conſerverent ainſi au milieu des Nations éclairées, les lumieres auxquelles elles étoient redevables de leur grandeur & de leur proſ-périté.

De-là, ces Proceſſions à chaque renouvellement de l'année & des ſai-ſons, ces emblêmes des deux ſexes qu'on y portoit avec tant de vénéra-tion, Images de la Nature fécondée & du grand Être auquel elle devoit toute ſon efficace ; ces coffrets myſtérieux qu'on y portoit, ces corbeilles ſacrées, placées ſur la tête de Vierges choiſies, les fleurs, les grains, les étoupes dont elles étoient remplies : ces Statues, emblêmes des vertus de la Divinité, ces Hymnes & ces Fables Allégoriques, ces voiles bro-dés & ces vaiſſeaux repréſentatifs qui conſtituoient le culte des Nations anciennes ; & qui ſous des figures phyſiques, peignoient à des hommes ſimples & honnêtes, les idées les plus ſublimes & les leçons les plus conſolantes.

A la vue de ces ſpectacles brillans, de cette pompe, de cette magni-ficence, de ces objets frapans & ſignificatifs, le cœur de ces Peuples em-braſé de reconnoiſſance pour tant de biens & éclairé ſur ſes devoirs les plus eſſentiels, s'affermiſſoit de plus en plus dans une route auſſi agréable, & dans

l'obſervation

l'obfervation de laquelle il trouvoit fon plus grand intérêt : il en revenoit fatisfait, confolé & inftruit.

Ces ufages furent de tous les fiécles & de tous les Peuples. » Dieu lui-» même établit des Cérémonics religieufes pour perpétuer la mémoire des » bienfaits dont il avoit comblé la Nation qu'il choifit d'abord, & faire en-» trevoir ceux qu'il préparoit à l'Univers entier ». Tous les rits & les Fêtes du Peuple Hébreu, tous les ornemens du Temple, l'Arche de l'alliance elle-même, furent autant de monumens deftinés à conferver parmi ce Peuple le fouvenir des merveilles que la Divinité avoit opérées en leur faveur, & de Symboles propres à les élever à la connoiffance des vérités les plus fublimes.

Il falloit néceffairement alors de grands moyens, des moyens frapans pour inftruire les hommes, pour les réunir, pour leur donner de plus en plus l'efprit & le goût de fociété ; pour les élever aux idées les plus fublimes & les moins matérielles de la vertu & de leurs devoirs.

Ces moyens confifterent, & ne purent en effet confifter que dans ces Spectacles Allégoriques qui réuniffant les hommes par le plaifir & la fufpenfion de leurs Travaux, leur préfentoient les biens infinis qu'ils retiroient de la Société ; & les rempliffoient de la plus vive reconnoiffance pour l'Auteur de tant de biens.

Ils font donc de tous les tems & de tous les Peuples : ce n'eft que lorfque les Sciences forment une claffe à part dans la Société, que lorfqu'elles font cultivées d'une maniere plus particuliere par les perfonnes les plus diftinguées par leur rang & par leurs richeffes, que ce genre d'inftruction fymbolique, devient moins univerfel, & fe borne à la portion laborieufe de la fociété, tandis que l'on invente pour ceux dont le goût eft plus exercé, de nouveaux genres d'amufemens inftructifs, plus analogues à leurs connoiffances & à leur génie.

Mais plus cette portion de la Société fe perfectionne & s'inftruit, & plus l'autre retombe dans l'ignorance ; car non-feulement elle n'eft plus foutenue par l'exemple de ceux qui s'en font féparés, mais fon inftruction fe trouve négligée, parce qu'elle ne peut y fuffire, fe trouvant déformais feule ; parce qu'elle a toujours moins de goût pour un genre d'inftruction qu'elle voit dédaigné de ceux qui tiennent le haut bout dans la Société, & qui femblent mériter fa confiance par leurs lumieres ; jufqu'à ce qu'il arrive des Sages, qui étonnés de voir tant de lumiere d'un côté, & tant de ténébres de l'autre, rétabliffent en quelque forte l'égalité entre tous, par des préceptes qui ramenent les Sociétés à l'ordre primitif, fans lequel elles ne peuvent fubfifter, & qui ne fe trouve que dans l'Inftruction de tous.

Cependant, on n'aura pas recours alors à l'Allégorie, comme dans les premiers tems, parce que les Sociétés ont pris plus de confiftance, parce qu'elles font plus éclairées , parce qu'on a éprouvé d'une maniere trop fenfible les funeftes effets de l'Inftruction fymbolique , lorfqu'on en perd de vue les motifs ; & qu'on s'attache uniquement à la figure , qui dès qu'elle eft dépouillée de tout raport avec fon objet primitif , devient , comme chez les Payens , l'objet d'un Culte abominable & corrupteur.

Cette diftinction entre ce que les Allégories furent dans l'origine chez les Nations de l'Antiquité , & ce qu'elles devinrent dans la fuite lorfqu'on en eût oublié le vrai fens & qu'on les eût prifes au pied de la lettre , devient un fil précieux qui nous conduit à travers le dédale ténébreux de la Mythologie ; & qui nous faifant voir ce qu'elle fut dans fon origine, nous montre de la maniere la plus convaincante , comment elle fe déprava dans la fuite , au point que les Payens éclairés en rougiffoient euxmêmes ; & que leurs Philofophes auroient voulu l'anéantir , en fuprimant les Ouvrages des Poëtes qui y avoient mis la derniere main.

§. 4.

Cette néceffité confirmée , 1°, par les vues de ceux qui inventerent ces Allégories.

Le but primitif des préceptes fur lefquels s'éleva la Mythologie , étoit donc d'établir les raports qui regnent entre l'Homme & la Divinité Inftitutrice des Sociétés ; & de l'inftruire de fes droits & de fes devoirs , relativement à la Société.

Les premiers Inftituteurs du Genre-Humain , lui faifoient connoître la maniere dont l'Être Suprême avoit tiré l'Univers du cahos , pour donner naiffance aux Sociétés : comment il avoit fait périr par les eaux du Déluge , les Habitans du premier Monde pour n'avoir pas rempli les devoirs auxquels ils avoient été apellés par-là , & pour avoir violé ces Loix éternelles fans lefquelles nulle Société ne fauroit fubfifter : la maniere merveilleufe dont il avoit réfervé , par des moyens très-naturels , une Famille capable de réparer les pertes de l'Ancien Monde , par fa profonde connoiffance de l'ORDRE & de la JUSTICE , bafes fondamentales de toute Société ; & dont les noms devinrent les épithètes caractériftiques du Chef de cette Famille : les récompenfes , deftinées à ceux qui obferveroient ces Loix ; les punitions , réfervées à ceux qui les violeroient.

En cela , la Mythologie s'ouvre par des traditions refpectables qui ne purent jamais fe perdre , quoiqu'elles fe foient plus ou moins altérées ; mais que les Hébreux conferverent dans leur pureté , parce qu'ils ne les affocierent jamais avec une Mythologie corrompue & dénaturée.

Defcendant enfuite aux effets des Loix phyfiques , fans lefquelles nulle

Société ne peût être floriſſante, ils peignoient la déplorable ſituation des Humains privés des Arts qui forment & uniſſent les Sociétés : ils les repréſentoient menant une vie errante & vagabonde, ignorant le matin de quoi ils vivroient le ſoir, & en quel lieu ils paſſeroient la nuit : ne prenant de plaiſir que dans leur arc & dans leurs flêches : ne vivant que de fruits ſauvages : réduits pour tout habillement aux peaux des Animaux qu'ils tuoient, & aux couleurs dont ils s'oignoient & dont ils ſe barbouilloient pour durcir leur peau ; & privés en quelque façon des douceurs & des avantages du Mariage, par raport auquel ils n'étoient guères au-deſſus des Animaux, forcés comme eux de chercher çà & là leur ſubſiſtance.

Mais autant leur pinceau eſt triſte & lugubre en peignant ces Familles & ces Peuplades vagabondes, autant eſt-il brillant & animé quand ils décrivent le bonheur & les avantages des Nations agricoles. Ils entaſſent expreſſions ſur expreſſions, images ſur images. C'eſt l'âge d'or, c'eſt le ſiécle de la Juſtice ; alors parurent les Loix ; alors ſe reſſerrerent les nœuds ſi ſacrés & ſi doux du Mariage : alors la Divinité fut honorée, & une heureuſe correſpondance s'ouvrit entre le Ciel & la Terre. La Divinité avoit pu ſeule inſpirer aux Hommes un Art auſſi admirable, ſource féconde des Empires & des Peuples ; & ceux-ci ne pouvoient trop en témoigner leur reconnoiſſance.

C'eſt donc ſur cet Art qu'ils concentrent toutes leurs vues, toutes leurs inſtructions, toutes leurs recherches. De-là naiſſent, d'un côté, une multitude d'Arts & de Connoiſſances : l'Art de diriger les Eaux pour les beſoins des Hommes, en les faiſant écouler des terrains qu'elles inondoient, en les raſſemblant dans des Lacs, en élevant des Digues, en conſtruiſant des Canaux qui raprochent avec une aiſance ſans égale, les parties les plus éloignées d'une même Contrée, & deviennent l'ame du Commerce par l'activité qu'ils y aportent : l'Art de conſtruire des Inſtrumens de toute eſpéce, propres à tous les beſoins : celui d'élever & de multiplier les beſtiaux ; l'Arpentage ou la meſure des Terres, le Calcul, l'Obſervation des Aſtres, la diviſion des Tems & des Saiſons, le Calendrier, régle indiſpenſable de toutes les opérations agricoles.

C'eſt vers cet Art que ſe dirige le Culte Divin : ſes Fêtes ſont des fêtes agricoles, des fêtes de reconnoiſſance pour les biens dont la Divinité les comble, & des fêtes de priere pour implorer ſa bénédiction ſur les Travaux de chaque Saiſon ; elles ſont ainſi relatives aux Labours, aux Semailles, aux prémices des fruits, aux Moiſſons, aux Vendanges, au repos qui chaque année interrompt le Travail forcé du Laboureur.

Cet Art ſans lequel il ne peut exiſter d'Empire, eſt ſi pénible ; celui qui l'exerce ſemble ſi fort ramper ſur la Terre & en être l'Eſclave & non le Roi, comme diſoient les Celtes, Nations déprédatrices & barbares qui avoient l'agriculture en averfion, & qui pouvoient s'étayer de la plûpart des Langues, dans lefquelles *Cultiver la Terre* & *Servir* étoient exprimés par un feul mot (†) ; qu'il devenoit effentiel pour la profpérité des Nations de relever la gloire de l'Agriculteur à fes propres yeux ; de lui faire fentir tout ce qu'il valoit, & de lui rendre cette occupation douce & agréable par les fêtes, les fpectacles & les plaifirs dont on l'accompagnoit.

§. 5.

2°. *Par l'ufage qu'ils firent conftamment de la Poëfie pour les déveloper.*

C'eft en fa faveur que l'on cultiva la Danfe, la Mufique & la Poëfie, & que l'on fit entrer toutes ces chofes dans les Fêtes agricoles ; car il en faut aux Peuples, fur-tout aux Peuples laborieux, & occupés à des Arts pénibles.

Parce qu'on a vu toute fociété au berceau cultiver la Poëfie, & le faire avec plus ou moins de fuccès, tandis que la Profe étoit inconnue ; on a cru que la Poëfie étoit un effet de la barbarie d'une Nation, de fa groffiereté, de fes idées matérielles ; qu'elle fupofoit une langue peu étendue, pauvre, imparfaite, incapable de peindre des idées arbitraires. N'aurons-nous donc jamais que des erreurs à combattre ?

Ce ne fut point parce que la Profe étoit inconnue ou impoffible, que ces fociétés au berceau s'adonnerent à la Poëfie, & n'eurent point de Profe. Ce fut toujours l'effet de la fageffe & de l'habileté de ceux qui voulurent les inftruire.

Ce choix fut chez eux un trait de génie, l'effet de l'enthoufiafme & du zèle : ils vouloient parler au Peuple, & lui préfenter les plus grandes vérités de la maniere la plus frapante, la plus aifée à faifir, & dont l'impreffion fût la plus durable ; & à quel Peuple encore ? à un Peuple qui n'avoit ni le tems ni les moyens de lire & d'étudier. On n'eût pu y parvenir par des inftructions froides & philofophiques.

Mais ce Peuple chantoit, mais ce Peuple danfoit ; & il s'affembloit à toutes les Fêtes occafionnées par la fucceffion des Saifons, & par celle des Travaux Champêtres.

Ceux qui voulurent l'éclairer, faifirent donc le moment où leur cœur livré à la joie, débarraffé de foins & de travaux, ouvert au fentiment &

(†) En Latin, par exemple, la racine Col réuniffoit ces deux idées, d'où vinrent Colo, qui fignifie cultiver & fervir. In-Col-a, qui fignifie proprement un homme attaché au fervice d'une Terre. Cette racine eft reftée en nature dans le Coul des Orientaux, qui fignifie Efclave, ferviteur & qui entre dans la formation des noms propres.

à la lumiere , pouvoit être fenfible à l'inftruction ; mais à une inftruction affortie à fes difpofitions actuelles.

Ils chercherent moins à raifonner qu'à émouvoir, qu'à remuer, qu'à étonner ; ils voulurent entraîner par le charme de leurs difcours ; que les Peuples fuffent inftruits en croyant n'être qu'amufés ; & qu'ils fuffent abreuvés de lumiere par tous les fens. Ils affortirent donc leurs inftructions aux chants &. aux danfes des Peuples : avec eux, elles fe murent en cadence, & on n'y vit qu'un accroiffement de plaifirs. Ainfi naquirent les Vers & la Poëfie.

Elle eft fi favorable à l'inftruction, qu'on aprendra vingt Chanfons en moins de tems qu'il n'en faudra pour faifir dix raifonnemens ; & qu'on fe fouviendra de celles-là, tandis qu'il ne reftera aucune trace de ceux-ci.

C'eft ce qu'oublient ceux qui prétendent que les traditions primitives s'altérerent fans ceffe & de très-bonne-heure : ou les écrivoit en Vers, & l'on fe tranfmettoit ces Vers de générations en générations : il étoit donc prefqu'impoffible qu'elles s'altéraffent, même légerement.

On reconnoît cette Poëfie antique, lors même qu'on en ignore la mefure, à fa marche fiere & rapide, à fa cadence harmonieufe, à fes termes pleins d'énergie & de force, à fes images redoublées & fublimes.

§. 6.

3°. *Par la nature même de la Poëfie.*

Non, ce ne furent point des Barbares qui l'inventerent : ce furent des Génies embrâfés d'un feu divin. Tranfportés des charmes de la vertu ; étonnés de la magnificence de l'Univers ; pénétrés des Loix admirables fur lefquelles roule le Monde Phyfique & le Monde Moral, faififfant d'un coup-d'œil les influences immenfes de l'Ordre pour le bonheur des Sociétés & la profpérité des Nations, ils prirent la lyre ; & au fon de fes accords harmonieux, ils chanterent ces vérités admirables, l'exiftence de la Divinité, fes bienfaits envers les Hommes, la beauté de la Vertu, la néceffité de l'ordre, de la juftice & de la paix, les charmes & les douceurs de la Vie Champêtre : faifant ainfi paffer dans l'ame de leurs contemporains, les fentimens dont ils étoient eux-mêmes pénétrés, ils ornoient leur efprit, formoient leur cœur, & les portoient à la pratique de tout ce qui eft bien.

C'eft ce que l'on apelle la LANGUE DES DIEUX ; Langue fi célebre dans l'Antiquité, dont HOMERE fait fi fouvent mention, & dont on a fi long-tems cherché en vain la Patrie. Les uns la virent dans le Theuton, d'autres dans le Phrygien, des troifiémes dans la Langue des Hébreux. Tous fe tromperent ; ce n'étoit rien de tout cela. La Langue des Dieux ne fut jamais la Langue d'un Peuple en particulier : ce fut dans le ftyle Allégorique de la Poëfie, la Poëfie elle-même, Langue des Dieux & non des Hommes, puifqu'elle feule parloit dignement de la Divinité, & que dans tous les tems &

chez tous les Peuples, elle fut confacrée au culte Divin. Nous-mêmes, ne l'apellons-nous pas encore la LANGUE DES HÉROS?

Auffi a-t'elle fes expreffions propres, dont elle feule peut ufer, & qui n'entrerent jamais dans le langage du vulgaire, parce que fes expreffions ne peuvent s'affortir qu'à fes propres couleurs, à l'élévation de fes idées, à la cadence de fa marche.

Le propre de la Poëfie étant de donner du corps aux penfées les plus fublimes, & aux connoiffances les plus intellectuelles, elle ne put y parvenir qu'en perfonifiant tout, qu'en animant tout, qu'en prêtant à l'Univers fon enthoufiafme, fon feu & fa chaleur; qu'en s'élevant toujours au-deffus de ce qu'elle voit.

Ainfi en perfonifiant, elle peignit les idées les plus philofophiques, comme fi elle n'eût dévelopé qu'un fait hiftorique: de-là tant d'Etres Poétiques, qu'on prendroit pour des Héros, & qui n'exifterent jamais réellement.

L'Allégorie & la Poëfie, faites l'une pour l'autre, commencerent par conféquent avec les Sociétés policées, & elles eurent également les mêmes objets en vue, d'inftruire les hommes fur leurs plus grands intérêts, en les amufant, & en les touchant.

Il ne faut donc point chercher d'autres objets dans l'enfemble des Allégories anciennes; ni d'autre clef de leurs Poëfies. Les Récits hiftoriques des Poëtes, & les guerres qu'ils chanterent dans les tems apellés fabuleux, ne furent jamais des objets bornés à quelque Nation, & des guerres de particuliers: ce furent toujours les Combats des Elémens & de la Nature, ceux du Travail contre l'Oifiveté; de l'Induftrie contre l'Indolence; de la Vertu contre le Vice: & ce furent toujours des Tableaux deftinés à développer les inftructions qu'on avoit à préfenter.

L'on fera donc toujours dirigé dans la recherche des Allégories, par la Poëfie elle-même; & l'on fera affuré, que tout ce qui étoit digne d'être enfeigné aux Hommes de cette maniere, forma également le fond des Allégories, & devint la fource de toute Mythologie.

§. 7.

4°. Par l'expofé des Anciens Poëmes, parfaitement affortis à ces idées.

Ouvrons en effet les Poëtes, & nous y verrons que les objets des Allégories & ceux de la Poëfie, n'avoient jamais été diftincts, en commençant par les plus modernes, & remontant aux plus anciens.

OVIDE & VIRGILE.

Chez les Romains, les FASTES & les MÉTAMORPHOSES d'OVIDE, nous repréfentent la maffe entiere des Traditions primitives, l'objet de la

Poëfie ancienne , & celui de la Mythologie. L'Enéide elle-même , n'eſt qu'une imitation des Poëmes d'Homere , & l'on y voit dans le VIe Livre , la Doctrine Allégorique de l'initiation qui faiſoit la baſe des Myſtères de la Déeſſe de l'Agriculture.

Nonnus, Pamphos, &c.

Chez les Grecs, les Dionysiaques de Nonnus, la Phrygie de Thymœtes, les Poëmes de Pamphos, d'Eumolpe, de Linus, de Muſée, ceux d'Orphée qui les précéda tous.

Orphée.

Celui-ci lui-même ,venu de l'Orient, ou qui y avoit puiſé ſes connoiſſances. Auſſi , ſon nom eſt très-énergique dans les Langues de l'Orient ; ſoit qu'on en faſſe un ſeul mot, qui ſignifie le *Savant* qui *guérit* : ou qu'en le coupant en deux , on y voye le nom de *Fils d'Hor* ou du *Soleil* ; car ce ne ſont que ceux qui éclairent , & qui réjouiſſent par leurs influences ſalutaires , qu'on peut apeller Enfans du Soleil.

L'Hiſtoire Egyptienne d'Oſiris & ſes guerres avec Typhon , ſont des débris des vieux Poëmes Egyptiens, relatifs aux mêmes objets, & très-antérieurs à ceux d'Orphée.

Quoique nous ayons perdu un très-grand nombre de ces Poëſies , ſur-tout des plus anciennes , & par conſéquent celles qui auroient ſans doute répandu le plus de lumiere ſur notre objet , il en reſte cependant aſſez pour ſe convaincre de la certitude de tout ce que nous avançons.

D'un côté , on peut être très-aſſuré que les plus anciens Poëmes exiſtent , quant à la maſſe des idées, dans les Poëmes plus récens ; & que ceux-ci n'ont ſouvent fait perdre les anciens , que parce qu'ils en tenoient lieu.

D'un autre côté , nous voyons à la tête du Poëme des Argonautes, attribué à *Orphée* , une récapitulation de tous ceux qu'il avoit compoſés avant celui-là ; & par laquelle nous pouvons juger de leur nature.

Elle commence par cette invocation à Apollon :

Ωναξ Πυθωνος μεδέων , εκατηδόλε , μάντι ,
Ός λάχες ηλιβατα κορυφης Παρναςιδα πετρην ,
Σην άρετην υμνω· ſυ δ μοι κλεος εσθλον οπασαις·
Πέμπε δ᾽ επι σπιδεσσιν εμαις ετυμηγορον αυδην ,
Οφρα πολυσπιρεεσι βροτοις λιγυφωνον αοιδην
Ηπυσω, Μúσης εφετμαις , καὶ πηκτιδι πυκνη.

» Illuſtre Vainqueur de Python , dit-il , Archer redoutable , Dieu de la
» Divination , toi qui as eu en partage le Mont-Parnaſſe , dont le ſommet

» n'eft acceſſible qu'aux rayons du Soleil, je chante ta valeur. Couronne mes
» efforts du ſuccès le plus brillant. Inſpire-moi tes chants toujours vrais ; &
» que guidé par ma Muſe, je chante ſur la Lyre des choſes agréables aux
» nombreux Enfans de la Terre.

　　　S'adreſſant enſuite à ſon cher Muſée, il lui dit :

Νῦν γάρ σοι, ληροεργε, φίλον μέλ⟨ϑ⟩ ἀείδοντα
Θυμός ἐποτρύνει λέξαι, τάπερ ὕποτε πρόσϑεν
Ἔφρασ', ὅταν Βάκχοιο καὶ Ἀπόλλων⟨ϑ⟩ ἄνακτ⟨ϑ⟩
Κέντρῳ ἐλαυνόμεν⟨ϑ⟩, φρικώδεα κἠλ' ἐπίφασκον,
Θνητοῖς ἀνϑρώποισιν ἄκη· μετὰ δ' ὅρκια μύςαις·
Ἀρχαῖε μὲν πρῶτα χάες ἀμείγαρτον ἀνάγκην,
Καὶ Κρόνον, ὃς ἐλόχευσεν ἀπειρεσίοισιν ὑφ' ὁλκοῖς
Αἰϑέρα, καὶ διφυῆ, περιωπία, κυδρὸν Ἔρωτα,
Νυκτὸς ἀειγνήτης πατέρα κλυτὸν· ὅν ῥα Φάνητα
Ὁπλότεροι καλέεσι βροτοὶ· πρῶτ⟨ϑ⟩ γὰρ ἐφάνϑη·
Βριμοῦς τ' εὐδυνάτοιο γονάς, ἠδ' ἔργ' ἀΐδηλα
Γηγενέων, οἳ λυγρὸν ἀπ' οὐρανῶ ἐςάξαντο
Σπέρμα γονῆς τεπρόσϑεν, ὅϑεν γέν⟨ϑ⟩ ἐξεγένοντο
Θνητῶν, οἳ κατὰ γαῖαν ἀπείριτον αἰὲν ἔασι.
Θητείαν τε Ζηνός, ὀρεσι δρόμω τε λατρείαν
Μητρός, ἅπ' ἐν Κυβέλοις ὄρεσιν μητίσατο κούρην
Φερσεφόνην περὶ πατρὸς ἀμαιμακέτε Κρονίω⟨ϑ⟩·
Μήχν καὶ Ἡρακλῆ⟨ϑ⟩ περίφημον ἄμυξιν·
Ὅρκιά τ' Ἰδαίων, Κορυβάντων τ' ἄπλετον ἰχὺν·
Δήμητρός τε πλάνην, καὶ Φερσεφόνης μέγα πένϑ⟨ϑ⟩·
Θεσμοφόρ⟨ϑ⟩ ϑ' ὡς ἦν· ἠδ' ἀγλαὰ δῶρα Καβείρων·
Χρησμὲς τ' ἀρρήτες νυκτὸς περὶ Βάκχυ ἄνακτ⟨ϑ⟩·
Λῆμνόν τε Ζαϑέην. ἠδ' εἰγαλίην Σαμοϑράκην,
Αἰπεινήν τε Κύπρον, καὶ Ἀδωναίην Ἀφροδίτην,
Ὄργια πραξιδίκης, καὶ ἀρείης νυκτὸς Ἀϑήνης,
Θρήνες τ' Αἰγυπτίων, καὶ Ὀσίειδ⟨ϑ⟩ ἱερὰ χύτλα.
Ἀμφὶ ⟨ϑ⟩ μαντείης ἰδάης πολυπείρεας οἴμης
Θηρῶν οἰωνῶν τι, καὶ ἣ σπλάγχνων ϑέσις ἐςὶν·
Ἠδ' ὅσα ϑεσπίζεσιν ὀνειροπόλοισιν ἀταρποῖς
Ψυχαὶ ἐφημερίων, ὕπνω βεβολημέναι ἦτορ·
Σημείων τεράτων τε λύσεις, ἄςρων τε πορείας.
Ἀγνοπόλον τε καϑαρμὸν, ἐπιχϑονίοις μέγ' ὄνειαρ·
Ἱλασμὲς τε ϑεῶν, φϑιμένων τ' ἐπινήχυτα δῶρα·

» C'eſt à toi, à toi qui fais ton amuſement de la Lyre, que mon eſprit me dicte
» d'adreſſer un Chant qui te plaira ; & juſques auquel je ne m'élevai point,
» lorſqu'agité des fureurs de Bacchus & d'Apollon, je célébrai leurs Flèches
　　　　　　　　　　　　　　　　　　　　　　　» terribles :

» terribles : j'enfeignai les moyens de s'en garantir , & inftruifis les Initiés du
» ferment redoutable ; que je chantai l'Antique Cahos qui eft au-deffus de
» l'envie ; Saturne qui dans fes immenfes tours enfante l'Ether ; & le double
» Amour brillant & élevé qui fut le Pere illuftre de l'éternelle Nuit , & que
» nos Modernes apellent P h a n è s , (*celui qui fait naitre le jour*) , car il vit
» le jour le premier (†). La naiffance de la puiffante B r i m o , (*la Terre
» nourriciere.*) Les actions ténébreufes des Géans qui diftillerent du Ciel
» une femence féconde , dont naquit une race humaine répandue fans
» ceffe fur la face de la Terre. Le culte de I o u , celui de la M e r e qui
» habite les Montagnes ; les inquiétudes dont elle eft agitée dans les Monta-
» gnes de Cybele, en faveur de P r o s e r p i n e , Fille de l'invincible Sa-
» turne : les glorieufes Victoires d'H e r c u l e : les Orgies des Idéens ,
» & la valeur des Corybantes. Les courfes vagabondes de C é r è s , fon
» deuil au fujet de Proferpine , comment elle devint la Légiflatrice des
» Humains. Les illuftres dons des C a b i r e s , les Oracles ineffables rendus
» par la Nuit au fujet du Roi B a c c h u s , la divine Lemnos, la maritime
» Samothrace , Chypre l'élevée, l'Amante d'Adonis, les Orgies de Praxi-
» dice , (*Nourrice de Minerve,*) les Fêtes nocturnes de Minerve Areie , (*à
» Athenes ;*) le deuil des Egyptiens , & les Funérailles facrées d'Ofiris. Je
» vous ai auffi enfeigné les prédictions que l'on tire du vol des oifeaux , des
» mouvemens des Animaux & de leurs entrailles ; comment on explique les
» Songes dont on a été frapé pendant les veilles de la nuit ; les interpréta-
» tions des Signes & des Prodiges ; les révolutions des Aftres ; la Sacrée Ex-
» piation , fource de la félicité & par laquelle on apaife les Dieux ; les
» Cérémonies pour les Morts. «

Cette énumération des objets qu'Orphée avoit chantés, eft d'autant plus
précieufe qu'elle eft moins connue ; qu'aucun Interprète que je fache de
l'Antiquité n'y a fait attention ; qu'elle nous aprend,en attendant que nous en
expliquions quelque jour les diverfes allufions, fur quels objets s'exer-
çoient les Poëtes qui parurent les premiers chez les Nations Agricoles, ou
chez les Peuples auxquels on vouloit infpirer le goût de l'Agriculture ; qu'elle
donne une grande force à tout ce que nous avons avancé fur l'Allégorie ,
& qu'elle répand un grand jour fur Homere lui-même , qui ne fit que marcher fur les traces de fes prédéceffeurs , en les effaçant tous.

(†) J'ai été obligé de traduire ainfi pour conferver autant qu'il étoit poffible le raport
qu'offre en grec le nom de *Phanès* donné à l'Amour , avec le motif qui le lui fit donner,
& qui eft exprimé par le mot E-phan-thé (*il parut.*) Ces mots apartiennent à la Famille Phan, Fen, qui fignifie lumiere , & dont nous faifons mention dans nos Allégories Orientales. *Phan* en eft la prononciation forte , employée indiftinctement avec la
foible , tout comme nous difons *Sel & falé , aimer & amour.* Nous pouvons ajouter aux
mots françois que nous difons dans cet endroit être venus de cette racine, ceux de Fan-
tômes, de Fantaifie & de Fantafque , &c. qui tous ont raport à l'aparence.

Il eſt très-remarquable, par exemple, que le premier vers d'Homere ſoit l'imitation d'un vers d'Orphée (†) ; que tous deux ouvrent leurs chants par les FLÈCHES TERRIBLES d'Apollon, & que tous les deux enſeignent les moyens de s'en garantir. Leurs Poëmes commencent ainſi par une Allégorie Agricole & préciſément la même, tant Homère marcha ſur les traces Allégoriques de ſes devanciers.

Ces flèches ſi dangereuſes & ſi meurtrières, ſont les terribles effets que produiſent dans ces contrées brûlantes, Patrie des premiers Poëtes, les ardeurs du Soleil, & de ſes rayons appellés toujours FLÈCHES : les peſtes, les épidémies, l'aveuglement, les morts ſubites qu'ils amenent à leur ſuite, & ſur tout dans les campagnes, où l'on eſt plus expoſé aux impreſſions du Soleil.

Dans les Etats Agricoles, on ſe préſerve de ces maux phyſiques, par les effets de la civiliſation, que l'on peignit par l'emblême des trois ſaiſons filles de Iou & qui préſidoient au bonheur des hommes ſous les noms Grecs d'EUNOMIE, de DICÉ & d'IRÉNÉ, c'eſt-à-dire l'ORDRE, la JUSTICE & la PAIX, en y joignant l'obſervation des devoirs de la Religion, tels qu'on les enſeignoit aux Initiés, & c'eſt une choſe deja connue, que les cérémonies de l'initiation ainſi que toute cérémonie religieuſe, étoient Allégoriques.

Orphée ayant enſuite chanté le cahos & comment naquit le bel ordre de l'Univers, paſſe de-là à l'invention de l'Agriculture, ſuite néceſſaire de cet Ordre, à ſes heureux effets & à l'harmonie qu'elle mit dans les Sociétés ; c'eſt ce qu'il nous aprend en diſant allégoriquement qu'il avoit chanté les COURSES DE CÉRÈS, les LARMES qu'elle verſa pour Proſerpine, & les LOIX qu'elle donna aux Humains.

Enfin, il chante les Myſtères, ſuite de cette Agriculture, & établis en ſa faveur ; ceux de Samothrace où l'on honoroit les Cabires ; ceux de Lemnos & de Chypre : ceux de l'Amante d'Adonis ou de Vénus en Syrie ; ceux de Minerve à Athènes ; ceux d'Oſiris en Egypte : les révolutions des Aſtres qui préſident aux Labours & aux récoltes, & les expiations, ſource de la félicité, &c.

Long-tems après Orphée, Linus, Thymœtes, Pamphos, &c. parurent HÉSIODE & HOMERE.

HÉSIODE.

Ce ne fut point par hazard, qu'Héſiode compoſa ſes deux Poëmes, en aparence ſi diſparates : l'un ſur la *Théogonie*, ou l'origine des Dieux ; l'autre, intitulé *les Travaux & les Jours*. L'on ſent par tout ce que nous venons de

(†) En effet, ſi l'Iliade s'ouvre par ces paroles « Déeſſe, chantez la colere d'Achille, fils de Pelée », le Poëme d'Orphée ſur Cérès commençoit par celles-ci : « Déeſſe, chantez la colere de Cérès aux moiſſons dorées ». Raport, dont nous aurons occaſion de parler plus au long dans la ſuite de nos Recherches.

dire combien ils étoient liés l'un à l'autre. L'on voit encore, qu'il ne fit en cela que marcher sur les traces d'Orphée.

Il en fut de même de ceux qui avoient mis en vers l'Histoire d'Hercule, les voyages de Bacchus aux Indes, l'expédition des Argonautes. Tous ces Poëmes naquirent d'un fond commun, de ces instructions données aux premiers Hommes, & que pour rendre plus vives, plus intéressantes, plus sensibles, on mettoit en action, en spectacles & en Allégories.

Nous n'en saurions douter, même pour le voyage des Argonautes. Orphée dans sa Dédicace à Musée, semble dire que ce qu'il va raconter sur cette expédition, doit être envisagé comme un suplément à ce qu'il avoit déja enseigné, ou comme étant supérieur de beaucoup à ses premieres leçons : ce ne sauroit donc être un simple Poëme historique ; & nous aurons lieu de nous en assurer quelque jour par l'examen de ce Poëme, dans la suite de ces Recherches.

HOMERE.

Ceux d'Homere furent eux-mêmes destinés à amuser & à instruire les Peuples assemblés : ils tenoient lieu de spectacles par l'éclat avec lequel on les chantoit dans les Festins, dans les jours de Fête, &c. par la beauté de la Musique, & les habits même des Acteurs, relatifs aux choses qu'ils chantoient : BLEUX, quand ils chantoient les Combats sur mer ou la description de la Flotte : ROUGES, pour les Combats sur terre, &c. (†)

Les sujets qu'Homere avoit choisis pour son Iliade & pour son Odyssée n'étoient qu'un canevas destiné à amener les Instructions qu'il se proposoit de donner aux hommes ; & qui firent regarder ses ouvrages, comme le Livre des Rois & des Gouvernemens.

Nous avons vu que le premier Livre de son Iliade, ne fut qu'une imitation d'Orphée.

Ce fut sans doute encore par quelque raison pareille qu'il commence l'énumération de la Flotte Grecque, par les Vaisseaux de la Béotie & de Thébes. Thébes étoit trop célèbre dans les Allégories, pour qu'on ne lui donnât pas ici le premier rang. Jamais, sans quelque raison pareille, Homere n'eût mis à la tête des Peuples, une Nation aussi méprisée des Grecs que les Béotiens.

(†) On voit aisément le raport de ces couleurs, avec l'objet qu'on alloit chanter. Les eaux de la Mer sont bleues ; les combats teignent la Terre de rouge par le sang qu'ils font ruisseler. Ce ne fut donc pas pour empêcher les Lacédémoniens d'être effrayés en voyant couler leur sang, que Lycurgue voulut que leurs habits d'ordonnance ou de combat fussent rouges : mais c'est parce que cette couleur étoit celle des Héros & des Guerriers. En manquant le vrai but de cette institution, on la rendoit ridicule : il est fort aparent qu'un grand nombre d'autres établissemens de ce Législateur, n'ont pas été plus heureux.

LES TRAGIQUES GRECS.

Les Poëmes de cette espèce servirent seuls d'Instruction aux hommes pendant plusieurs siécles, jusques au moment où les Etrusques & les Grecs se mirent à composer des Comédies & des Tragédies, Poëmes ou Drames, dont l'objet étoit plus borné, les Héros moins nombreux, le Dialogue plus coupé, le Spectacle plus vif & plus animé (†).

Il paroît même que l'Orient leur avoit fourni des modèles de ce nouveau genre. L'art de dialoguer remonte dans l'Inde à une haute Antiquité : on y voit des Livres qui sont certainement des Drames composés d'Actes & de Scènes avec dénouement, qui offrent des leçons d'une grande beauté, & qui font voir à quel point les Anciens Orientaux avoient perfectionné l'Art de raisonner sur les questions les plus épineuses, telles que l'existence de la Divinité, la Providence, & l'origine du mal; & combien ils étoient habiles dans l'Art de peindre.

Les Tragédies Grecques, quelque récentes qu'elles soient, prouvent cependant à quel point elles furent calquées sur l'esprit ancien, puisque les sujets en sont les mêmes que ceux des anciens Poëmes ; presque tous puisés dans l'Histoire Fabuleuse ; tous fournis par la Religion & par la Théologie vulgaire, & présentés aux Hommes avec toute la magnificence & tout l'éclat dont ils pouvoient être susceptibles : & d'autant plus utiles, que ces Tragédies se représentoient, non, comme parmi nous, pour les personnes aisées seulement ; mais dans les grandes solemnités, pour la Nation entiere, aux frais du Trésor public, ou des Directeurs des Spectacles.

§. 8.

Sagesse & Génie des premiers Instituteurs du Genre-Humain.

Les premiers Instituteurs du Genre-Humain consacroient donc leurs Poësies au bonheur des Hommes. Par elles, ils les enflammoient de l'amour le plus vif pour leurs devoirs, pour l'ordre, pour la justice ; ils en célébroient les heureux effets. Ils faisoient voir comment par ce moyen, la Terre, auparavant couverte de marais & de forêts, repaire des insectes & des bêtes féroces, devenoit par une métamorphose ravissante, un séjour enchanté qui se couvroit d'habitations, de fruits, de moissons, de troupeaux, d'un Peuple nombreux & aimable, dont les Familles heureuses couloient tranquillement leurs jours dans l'innocence & dans la paix.

(†) On peut voir dans le Discours du P. BREMOY, sur la Tragédie Grecque, à la tête de son Théâtre des Grecs, des observations très-propres à confirmer ce que nous disons ici sur l'origine de la Tragédie.

Ainſi les premiers Inſtituteurs du Genre-Humain ne connurent pas ſeulement les grandes & importantes vérités qu'ils devoient enſeigner aux hommes, mais ils ſurent encore ſaiſir le moyen le plus éfficace pour leur préſenter ces vérités de la manière la plus avantageuſe. Ceux qui vinrent après
eux réduits à les imiter, ne purent que déveloper ce qu'ils avoient inventé;
& le faire paroître ſous mille formes différentes qui, ſans changer le fond,
rendoient cependant leurs Ouvrages ſupérieurs à ceux des Poëtes qui les
avoient précédés.

Il ſeroit intéreſſant ſans doute de rechercher par quels moyens ces premiers Poëtes & Légiſlateurs étoient parvenus à cet amas de connoiſſances,
& à ce goût exquis qui leur fit trouver, lorſqu'ils voulurent en faire part aux
Hommes une route ſi ſûre, ſi belle, ſi attrayante, qu'on n'a jamais rien pû
imaginer de mieux : nous y verrions de nouvelles preuves de ce que nous
avons déjà avancé tant de fois, que dans les Etats policés. l'ordre & le beſoin déveloperent dès les premiers inſtans le germe heureux de tous les talens, de tous les Arts, de toutes les connoiſſances. Nous pourrions auſſi ajouter
comment au renouvellement de l'ordre, chez les Peuples qui le laiſſerent
perdre, ou dans ſon établiſſement chez ceux qui n'en ont pas encore connu
les heureuſes influences, on pourroit imiter ces méthodes anciennes : mais
ces queſtions incidentes ne ſauroient entrer ici ; & il eſt même tems de ter-
miner cette longue diſcuſſion ſur le Génie Allégorique de l'Antiquité.

Nous ne ſaurions douter, après tout ce que nous venons d'expoſer, que
l'objet des Poëtes dans l'invention des Allégories, qu'ils lierent ſi heureuſe-
ment avec leurs chants, n'ait été d'inſtruire les hommes ; & en les amu-
ſant, de leur inculquer les grandes vérités qu'il leur importoit de connoître.

Que lorſqu'on les aura enſuite répréſentées par des Tableaux, par des Statues & par des récits hiſtoriques, on n'ait cherché à les peindre par les mêmes
moyens que les Poëtes avoient employés avec tant de ſuccès; & que la conſidération & l'examen de ces Tableaux, de ces Statues, de ces Récits, & leur
comparaiſon avec les Poëmes les plus anciens ne nous donnent toujours les
mêmes réſultats, & ne nous faſſent découvrir avec la plus grande préciſion,
le ſens des Allégories anciennes.

§. 9.

*Avantages qui réſultent de ces principes pour le dévelopement de l'Antiquité
Mythologique.*

Eclairés par cette vive lumiere, la Mythologie va ſe préſenter à nous
ſous une face toute nouvelle : elle va développer à nos yeux ces richeſſes
qui la rendirent ſi recommandable dès les premiers tems : elle ſera pour
nous, ce qu'elle ne put être pour les Grecs & pour les Romains eux-mêmes.

qui en avoient laissé perdre l'intelligence, & qui ayant changé en Êtres réels la plûpart de ses Personnages, l'avoient totalement dénaturée : nous entendrons sa langue, qu'ils avoient laissé perdre ; & au lieu d'un assemblage bisarre de matériaux confus & révoltans, nous verrons un édifice enchanteur, rayonnant de lumiere & de vérité, dont toutes les parties étroitement liées entr'elles s'éclaireront mutuellement, & nous présenteront sans cesse des perspectives toujours nouvelles, & toujours surprenantes.

La facilité avec laquelle ce cahos se débrouillera, la promptitude avec laquelle se dissiperont ces nuages épais qui déroboient à nos yeux le sens de la Mythologie, les vérités qui en résulteront, l'impression vive & flatteuse qu'elles feront sur nous, leurs raports immédiats avec la Nature toujours la même, les traces que nous y trouverons de l'ordre qui présida nécessairement à l'établissement des Sociétés, seront une démonstration irrésistible que la Mythologie n'est qu'un assemblage d'Allégories, dont l'objet est déterminé ; & dont on trouve la clé, dans la connoissance des langues anciennes, dans celle des besoins de l'homme & dans cet ordre immuable & nécessaire, qui dirigea celui-ci dans le choix des moyens les plus propres à pourvoir à ses besoins.

§. 10.

Objets & Allégories qu'il ne seroit pas étonnant de trouver dans les Fables Mythologiques.

Il ne seroit donc plus surprenant que cette Mythologie s'ouvrît par le *Mariage du Ciel & de la Terre*, puisque sans l'union de ces deux portions de l'Univers, l'Homme ne seroit rien : que les désordres arrivés sur la Terre par le dérangement des Saisons, ou du Ciel, fussent envisagés comme des *infidélités* que le Ciel auroit faites à la Terre : que le Laboureur qui n'existe que par les influences du Ciel sur celle-ci & par les suites de ce Mariage, fut apellé *Fils du Ciel & de la Terre* ; que l'Agriculture qui donne à la Terre une fécondité infiniment supérieure en utilités, à celle qu'elle a reçue de la Nature, fût apellé le Vengeur de la Terre contre les infidélités de son Epoux : que ce Vengeur fût confondu avec le *Tems*, puisque c'est le Tems qui amene l'ordre, qui fait naître les connoissances, qui dévelope les germes des grains confiés à la Terre : qu'il eût un associé sans lequel il ne pourroit rien faire, qu'on apelleroit l'*Homme aux signes*, parce qu'il observeroit le raport du Ciel avec la Terre pour tout le Tems que les fruits mettroient à se développer ; & qui feroit connoître les opérations propres à le seconder, pendant tout le tems de leur dévelopement déterminé par les Etoiles qui paroissent successivement dans ce tems-là, & qui sont autant de *Signes* de ce qu'on doit faire : que ces Fruits de la Terre, & des soins du Labou-

reur , fuſſent apellés ſes Enfans , & que parce qu'il s'en nourrit , on eût
dit » que le Fils du Ciel & de la Terre , Vengeur de ſa Mere , Ennemi
» de ſon Pere, & qui s'étoit emparé de ſa Puiſſance fécondante , *mangeoit
ſes propres Enfans* , & qu'il le faiſoit par les conſeils de l'Homme aux
ſignes qui lui aprenoit le tems le plus propre pour cela , le point où ils
ſeroient les meilleurs : que la *Force de la Nature* qui fait germer tous ces
fruits , & qui triomphe de tous les obſtacles du Tems & des Saiſons , eût
été repréſentée comme un Homme vaillant , vainqueur des Monſtres ,
pourfendeur des Géans , Pere de l'abondance & de la paix , & qui avoit
ſoutenu *douze Travaux* ; puiſque cette Force de la Nature opere tous ſes
effets dans l'eſpace de tems parcouru par les douze Signes , & qui s'é-
coule d'un enfantement de la Terre à un autre.

Rien en tout ceci qui ne fût très-naturel , très-ſimple , très-conforme au
grand Ordre qui dirige tout & que le Tout-Puiſſant a établi dans l'Univers,
d'une maniere auſſi admirable que conſtante;qui ne fût en même tems très-Al-
légorique , très-lié dans tout ſon enſemble , très-propre à donner une idée
intéreſſante & agréable de ceux qui les premiers auroient inventé ces Allégories & les auroient exprimées avec tout l'enthouſiaſme de la Poëſie , avec
toutes les graces d'une imagination riche & ingénieuſe & avec les attraits les
plus propres à ſoutenir , à charmer & à réjouir des Nations occupées de travaux pénibles , pour leſquels il falloit entretenir leur goût , & dont il falloit relever le mérite à leurs yeux , & leur faire ſentir les avantages ineſti-
mables.

§. 11.

*Certitude qui en réſulte ,ſi l'on ne peut expliquer la Mythologie que par le
moyen de ces Objets.*

Si en ouvrant les Livres anciens , nous y rencontrons des Hiſtoires qui,
priſes au pied de la lettre , n'ayent pas le ſens commun , ne paroiſſent
que des contes à dormir debout , & ne ſoient propres qu'à faire regarder
ces anciennes Nations comme inſenſées ; que ces Hiſtoires cependant ayent
toujours fait l'admiration de tous ces Peuples & ayent été regardées comme
la ſource de leur bonheur ; & que ces récits fabuleux , pris dans un ſens
Allégorique, offrent auſſi-tôt tout ce que nous venons de dire , & faſſent un
tout auſſi lié, auſſi raiſonnable , auſſi inſtructif, qu'il étoit ſans cela décou-
ſu, extravagant & abſurde ; ſi l'on y retrouve en même,tems les grandes &
ſublimes idées de l'Ordre, avec lequel s'adminiſtrent tous les effets de la Nature & de l'Univers, pourra-t'on mettre en doute qu'on n'entende ces Hiſtoires ? qu'elles ne ſoient véritablement Allégoriques, qu'il eſt impoſſible
de les expliquer arbitrairement & de ſe tromper dans leur explication ?

Mais que ſera ce, lorſqu'à meſure que nous avancerons dans l'examen de
ces vieilles hiſtoires, nous verrons qu'elles ont toujours la même marche , &

qu'elles n'ont rien de plus obfcur les unes que les autres ; que ce font toujours des developemens d'un même tout : lorfque nous verrons les Saifons, devenir autant d'Êtres peints fous des attributs parfaitement conformes à chaque Saifon : l'un jeune & brillant de gloire & de graces, un autre fort & nerveux, un autre vieux & maître de toutes les richeffes & de tous les biens, &c. Les douze Signes de l'année, partagés entre le Soleil & la Lune, flambeaux de l'Univers, devenir les douze grands Dieux dont fix mâles & fix femelles, & peints chacun avec les attributs relatifs aux Mois auxquels ils préfident : le mois d'Avril, où le fein de la Terre commence à déployer fa fécondité, peint fous l'emblême de VÉNUS, ou la Nature qui paroît dans toute fa beauté : le mois d'Août où les moiffons font achevées, peint fous l'emblême de CÉRÈS, ou la Nature qui vient de produire les moiffons : le mois de Décembre où les frimats commencent à fe faire fentir aux mortels, peint fous l'emblême de VESTA, ou la Nature, qui réunit les Hommes à leurs foyers & qui les rapproche de ces Autels facrés, où la pudeur eft à l'abri des entreprifes du dehors, &c. Le mois de Septembre où l'Homme robufte & éxercé aux Arts les plus pénibles, recommence fes Travaux & reprend fes Labours & tous les Arts bruyans & terribles qu'ils menent à leur fuite, peint fous la figure de VULCAIN, ou la Nature qui aprend aux Hommes à forger le Fer & les autres métaux ; & à conftruire les charrues, les herfes, les chars, les faulx, les enclumes, les marteaux & tous les autres inftrumens néceffaires pour ces Arts, qui ne conviennent qu'à des bras nerveux & qui ne peuvent être l'apanage d'une Déeffe jeune, belle & délicate.

Il en eft de même de tous les autres Dieux & Déeffes qui compoferent cette Claffe : ils furent tous pris dans la Nature & furent tous deftinés à fervir de régle aux Hommes, dans la connoiffance de l'Ordre.

§. 12.

Cette Harmonie, preuve de la vérité.

Ainfi fe dévelope la Mythologie ; ces premiers objets découverts répandent la plus vive lumiere fur tous les autres ; on voit qu'ils font tous relatifs à cet Ordre, qui régle toutes chofes ; qu'ils fe raportent ou au grand Être qui y préfide, ou aux loix qui en font la fuite, ou à fes effets, ou à fes diverfes parties, ou à fes raports avec le bonheur des Peuples, ou aux grands objets qui en font les caufes fecondes.

Tout fe tient ainfi, dans cet amas fingulier de Fables hiftoriques en aparence ; & elles tiennent elles-mêmes intimément à l'établiffement des anciens Empires, aux caufes de leur grandeur & de leur profpérité, à leur Religion, à leur Hiftoire, à leur langage, à l'origine du Paganifme & de fes Dieux bifarres, & de fes cérémonies plus bifarres encore.

L'Antiquité

L'Antiquité s'éclaircit elle-même ; on la voit s'étendre, s'agrandir, s'embellir, acquérir une toute autre consistence à mesure que ces idées s'étendent, se dévelopent, se généralisent ; & facilitent la connoissance du Monde actuel.

A la vue d'une harmonie si agréable & si admirable, doutera-t-on que ce ne soit ici la vérité elle-même ; que l'Antiquité n'ait proposé en toutes ces choses des Allégories remplies de justesse & de sublimité ; & que la connoissance de l'Ordre qui présida aux découvertes & aux inventions des humains, n'en donne la clé ?

Puisse tout ce que nous aurons à dire là-dessus, pour expliquer & déchiffrer ces vieilles Enigmes, confirmer cette idée, & persuader à nos Lecteurs qu'enfin nous avons trouvé la vérité ! Puissent ces recherches leur être agréables ! Heureux, si en amusant nos Contemporains, nous pouvons leur devenir utiles en fixant leurs idées sur des vérités d'une toute autre importance, que la simple connoissance de l'Antiquité & de ses Allégories ; répandre le plus grand jour sur l'origine des sciences ; en rendre l'acquisition plus aisée, & les raprocher toujours plus de leur véritable but, la connoissance de l'ordre qui préside au bonheur des peuples, & celle des moyens propres à le faire fleurir !

F I N.

Explication du Frontispice & de la Vignette.

LE FRONTISPICE repréfente Œdipe vainqueur du Sphinx. C'eſt l'Emblême propre de l'Allégorie expliquée, comme on le voit, page 56. Ainſi nous n'avons rien à ajouter pour le dévelopement de cette Planche; ſi ce n'eſt qu'un ſujet de cette nature, méritoit ſans doute de ſervir de Frontiſpice à un Ouvrage conſacré au rétabliſſement du Génie Symbolique, de l'Antiquité, & à conduire à l'explication de ſes Enigmes.

La VIGNETTE eſt relative au même objet. On y voit le maſque dont ſe couvroit le Génie de l'Allégorie conſumé par le Génie de la Vérité : en même tems, les Monumens Allégoriques, ſemblables aux Palais des Fées, tombent en ruine.

ÉCLAIRCISSEMENS

Relatifs à quelques endroits du Plan général & raisonné.

Quelque dévelopé que soit ce Plan , il donne lieu cependant à diverses Objections , parce qu'il ne présente pas tous les Principes d'après lesquels on a opéré ; elles disparoîtront par conséquent à mesure que nous avancerons dans notre Ouvrage : il en est cependant quelques-unes que nous discuterons ici, d'autant plus que l'examen n'en sera pas long.

I. Sur notre Etymologie du mot FEMME.

On a été surpris, par exemple, de nous voir recourir à l'ablatif *homine* pour donner l'origine du mot *Fœmina* , (pag. 37 ;) cette marche, si différente de l'ordinaire , auroit mérité en effet une note pour la justifier : mais il nous auroit fallu tant de notes ! Nous dirons donc ici , en attendant que nous le démontrions dans notre Volume sur la Grammaire Universelle, que le Nominatif des Latins n'est qu'un cas factice , nul lorsqu'on veut remonter à la vraie origine des mots, & qu'on ne devoit jamais mettre à la tête des mots, sur-tout dans les Dictionnaires ; mais ce n'est pas la premiere fois que leurs Auteurs, par leurs fausses marches & leurs vues resserrées, ont anéanti toute analogie dans les Langues. L'ABLATIF est le vrai cas générateur des Latins ; aussi devint-il leur Cas *absolu*, le Cas qui présentoit le mot en lui-même, débarrassé de toute idée étrangere & accessoire.

II. Sur les mots que nous avons cités , comme Basques.

Un Homme de Lettres & de Loi , né dans les Pays où l'on parle la Langue Basque, n'a point reconnu les mots Basques que nous avons cités aux pag. 59 & 60 : ils se trouvent cependant dans les Dictionnaires de cette Langue, récens & estimés : ils s'y trouvent même avec un grand nombre de dérivés ou de collatéraux que nous n'avons pas cités : mais plus en usage dans les Forges que dans les Conversations, & dans un Dialecte Basque que dans un autre , il n'est pas étonnant qu'ils ayent échapé à une personne élevée dans cette Langue. Aussi serons-nous obligés à l'avenir de substituer aux noms ordinaires de quelques Langues, des noms plus généraux qui renferment tous leurs Dialectes. Ainsi , lorsqu'il sera question de la Langue parlée par les Peuples de la Navarre, de la Vicomté de Soules, du Pays de Labourd ou des Basques, de Guipuscoa, de la Biscaye, &c. nous ne l'appellerons point

X ij

Langue des Basques , Langue Biscayenne , &c. noms trop resserrés ; mais Langue CANTABRE, Mere de tous ces Dialectes.

Nos Lecteurs verront encore par l'objet de cette remarque , quels avan- tages donne notre Méthode pour la comparaison des Langues, & pour la connoissance de leurs mots , sur ceux mêmes qui les possédent le mieux.

Ce savant Basque n'est pas le seul auquel nous ayons fait connoître des mots d'une Langue qu'ils savoient sûrement mieux que nous. Des Savans très - distingués par leurs connoissances en Grec & en Latin , nous ont quelquefois disputé des mots comme n'étant pas Grecs ou Latins, qu'ils ont trouvés cependant ensuite dans leurs propres Dictionnaires. Il nous arriva même un jour une aventure assez singuliere à cet égard, avec un savant Professeur Arabe. On parloit de Racines communes aux Langues d'Europe & d'Asie , & de leurs caractères : il défia de trouver dans la Lan- gue Arabe, un mot radical Latin, qui lui vint dans l'esprit à l'instant. A l'ou- verture du Dictionnaire, je le lui montrai dans cette Langue ; un léger changement dans le son d'une des Consonnes , & un pareil dans celui de la Voyelle, avoit anéanti en effet tout rapport aparent entre la maniere dont ce mot primitif subsiste encore en Latin & en Arabe. Ceci peut servir de réponse à ceux qui s'imaginent que nous ne saurions voir dans des Langues qu'ils entendent , & qu'ils parlent mieux que nous , ce qu'ils n'y ont pas aperçu. Puisque nous considérons ces Langues sous un point de vue particulier, vers lequel ils ne porterent peut-être jamais leurs regards , parce qu'il leur étoit inutile, il n'est pas étonnant que nous y ayons aperçu des cho- ses qu'ils n'avoient pu même soupçonner.

I I I. Sur nos FAMILLES DE MOTS.

On auroit encore desiré que nous eussions ajouté à notre Plan un certain nombre de mots primitifs avec la maniere dont ils subsistent encore dans les Langues d'Europe & d'Asie , afin de ne laisser rien à désirer , relativement à ce que nous avançons sur la possibilité d'un Dictionnaire comparatif des Lan- gues : c'est dans cette vue que nous avions préparé, pour faire entrer dans notre Plan , les familles primitives des mots HOR & MAG, dont le premier désigne le SOLEIL , la lumiere , le jour, la vue , & qui a produit des dé- rivés sans nombre , & dont l'autre désigne la GRANDEUR, &c. & que nous voulions joindre à ces Familles le raport de tous les mots Hebreux , em- ployés par Moyse dans l'Histoire de la Tour de Babel , avec les autres Lan- gues. Nous suprimâmes cependant ce travail déjà tout prêt pour l'impression, parce que nous crûmes que ce seroit une anticipation sur nos Volumes sui- vans ; que notre Plan en seroit prolongé en pure perte ; que ces exemples n'ajouteroient rien à la bonté de nos principes dans l'esprit de ceux qui les goûteroient , en même tems qu'ils seroient inutiles à ceux que ces principes n'auroient pu convaincre.

I V. *Sur notre Etymologie de* P A R I S.

Notre Etymologie du nom de P A R I S n'a pas paru fuffifamment prouvée à un Savant diftingué par fes connoiffances fur l'Antiquité, & qui prend
un vif intérêt à nos recherches. » Ce nom fut celui du Peuple même dont
» L U T E C E (nom primitif de Paris ,) étoit la Capitale : il faudroit donc
» rendre raifon de ce qui décida ce Peuple à prendre le nom du Vaiffeau
» d'Ifis plutôt que celui d'Ifis même ; & fi Lutéce ou Paris eut un Vaiffeau
» pour Symbole, ce fut uniquement par raport à fon Commerce. » Tout
ceci eft très-bien vu, mais il ne détruit pas notre Etymologie. Sans doute Lutéce ou Paris prit un Vaiffeau pour fon Symbole, à caufe de fa fituation fur
une Riviere & de fon goût pour la Navigation qui en fut une fuite : or, c'eft
de-là même que vint fon nom P A R I S, tiré du primitif P A R ou B A R, qui
défigne une Barque, & tout ce qui fert à traverfer, & dont la Famille eft
immenfe en toute Langue. Mais ce Peuple adoroit en même tems Ifis qui
étoit la Déeffe de la Navigation, & dont le Symbole étoit un Vaiffeau :
c'étoit même à caufe de cette Déeffe, qu'il s'étoit placé dans une Ifle & dans
fes environs : ainfi le Vaiffeau, Symbole de fa fituation, fe confondit aifément avec le Vaiffeau d'Ifis, & ce Peuple porta ainfi très-naturellement le
nom du Vaiffeau d'Ifis, plutôt que le nom de la Déeffe même, par la nature
même de fa fituation, & par fes raports avec cette Déeffe, & comme étant
la Barque qu'elle conduifoit, & qui ne pouvoit que profpérer fous fa protection. Ajoutons que le nom de P A R I S, comme épithète de Lutéce, eft
beaucoup plus ancien que le tems où les Villes des Gaules prirent le nom de
leurs Cités : Que fur le Monument élevé à Paris fous le régne de Tibere, &
trouvé en 1710 dans l'Eglife de Notre-Dame, le Corps de Ville de Paris
s'apelloit N A U T A E P A R I S I A C I, les Navigateurs Parifiaques : ainfi
notre Etymologie eft apuyée 1°. fur la fituation même de Paris ; 2°. fur la
fignification & la vafte étendue du mot primitif P A R : 3°. fur les armes de
Paris : 4°. fur fon culte à Ifis & fur le nom du Vaiffeau d'Ifis, né de la même
racine que celui de Paris ; enforte que lors même qu'on rejetteroit cette
quatriéme forte de preuves, les trois premieres fuffiroient pour faire tirer
le nom de Paris de fon Symbole même, le *Vaiffeau.*

V. *Sur la Verfion des L X X.*

Une remarque plus importante que toutes celles-là, c'eft l'étonnement
qu'a caufé la maniere dont nous nous exprimons (pag. 88,) relativement à
la Verfion des L X X. Si nous avions eu la moindre crainte à cet égard, nous
aurions mis quelqu'adouciffement aux expreffions dont nous nous fommes
fervis : nous ne penfions qu'aux objets de critique, & non à ceux de Foi &
de Morale. Non, nous n'imputons point aux Traducteurs de l'Ancien Tefta-

ment de s'être trompés fur ces objets facrés ; ce dans quoi ils purent fe tromper , & relativement à quoi on peut les relever avec fuccès , c'eft fur des
mots dont le fens avoit été oublié , foit parce qu'ils étoient devenus hors
d'ufage , foit parce qu'ils faifoient allufion à quelque point d'Hiftoire, de
Géographie , d'Art inconnu à ces Traducteurs , ou à quelque fignification
figurée qu'on ne pouvoit faifir.

C'eft a cet égard que nous avons déja reftitué le fens de divers mots Hébreux dont on n'avoit point fenti la force ; nous ferons voir, par exemple ,
qu'un paffage de NAHUM a été inintelligible , parce qu'on avoit traduit le
mot *Lance* par celui de *Sapin* : un paffage de DANIEL, parce qu'on avoit traduit un mot qui défigne des *Défenfes* de Sanglier par celui de *Poutres* ; que
l'énumération des Pays dont Nabuchodonofor devoit faire la conquête, fuivant la Prophétie d'EZECHIEL , avoit été dénaturée , parce qu'on avoit
oublié le nom par lequel les Orientaux défignoient les deux portions du
Monde qui font au Nord & au Sud du détroit de Gibraltar , c'eft à-dire
le Midi de l'Efpagne & le Nord de l'Afrique Septentrionale. Objets qui ,
loin de nuire au Texte Sacré', & d'allarmer , y répandent plus de lumiere
& doivent intéreffer tous ceux qui lui font attachés.

TABLE

Des objets présentés par le Génie Allégorique & Symbolique de l'Antiquité.

PRELIMINAIRES.

1. *Causes*

TABLE DES OBJETS. 171

Fin de la Table des Objets.

E R R A T A.

Page 13, ligne 28, oit, *lisez* loit.
Pag. 16, lig. 19, infructucu, *lis.* infructueuse.
Pag. 27, lig. 34, dtno, *lis.* dont.
Pag. 51, lig. 9, ces, *lis.* les.
Pag. 54, au lieu de 5, 2, *lis.* 11.
Pag. 71, not. PFZRON, *lis.* PEZRON.
Pag. 83, lig. 5, toutes leurs histoires, *lis.* toute leur histoire.
Pag. 91, lig. 8, Lettres, *lis.* Lettrés.
Pag. 128, lig. 15, le, *lis.* la.
Pag. 129, lig. 2, change, *lis.* changée.
Pag. 133, lig. 2, qu'il, *lis.* qu'ils.
Pag. 152, onzième vers grec, ἰρχ', *lis.* ἰρϛ'.
Ib. treizieme vers, ἀz', *lis.* ἀτ'.

POUR LE PLAN.

Pag. 29, Celui-ci, *lis* Celui dont il s'agit ici.
Pag. 76. SEPTIEME OBJET, *lis.* SECONDE BRANCHE.

P O S T - S C R I P T U M,

Relatif à la page 164.

UNE Perſonne à laquelle cet Ouvrage doit à tous égards , qui a pour nous l'amitié d'un Pere tendre , qui eſt auſſi diſtinguée par ſes ſervices envers l'humanité que par ſon rang , & dont la volonté nous ſera toujours reſpectable , a cru que ce que nous diſions dans nos éclairciſſemens au ſujet des mots Baſques cités dans notre Plan , ne ſuffiſoit pas ; que , par toutes ſortes de raiſons , nous ne devions ni taire le nom du digne Avocat qui a bien voulu nous honorer de ſes remarques , ni ſupprimer les éclairciſſemens auxquels ſes remarques ont donné lieu. Nous allons donc ajouter ici l'Extrait dont nous parlons , & la ſubſtance de notre réponſe.

Extrait d'une Lettre de M. D O N C O S S E P H G A R A T , *Avocat ,* à *l'Auteur du Monde Primitif : de Bordeaux ,* 20 *Avril* 1773.

» . . . . Dans le Plan raiſonné du Monde primitif , vous avez , M. cité trois » mots GELA , GALDA & GALDU , comme étant trois mots Baſques , dont le » premier ſignifie *gelé & glace* ; le ſecond, *ſe chauffer*; & le troiſiéme, *être brû-* » *lé du Soleil*. Ne pouvant, ſelon toutes les aparences, connoître vous-même » le Baſque , vous aurez conſulté quelqu'un qui ſe diſoit Baſque ſans l'être; » ou qui , du moins, avoit oublié tout-à-fait ſa Langue. Aucun des mots que » vous avez cités, n'eſt de cette Langue. C'eſt là ſans doute une erreur de peu » de conſéquence , & qui ne peut affoiblir en rien la confiance qu'inſpire le » Plan pour l'Ouvrage. Je ſais qu'il n'eſt pas rigoureuſement néceſſaire que » tous les faits ſur leſquels on éleve un ſyſtème ſoient vrais pour que le ſyſtè- » me mérite d'être embraſſé. Mais un Auteur comme vous. . . . s'efforce de » donner aux plus petits détails , la vérité qui ſeule peut les rendre intéreſ- » ſans, en les faiſant concourir à la ſolidité de l'édifice qu'il éleve. J'ai donc » cru, M. que vous me ſauriez quelque gré de vous faire connoître des » erreurs , qu'il ne vous a pas été poſſible d'éviter. Je ſuis né Baſque , quoi- » que depuis long-tems je vive éloigné de ma Patrie : je connois aſſez bien » ma Langue maternelle, pour reconnoître , dès qu'on me les repréſente, » toutes les expreſſions qui la compoſent , & pour diſtinguer toutes celles » qui ne ſont pas de cette Langue. Le mot H O R M A eſt celui qui , dans le » Baſque, répond au mot François *glace*. B E R O T C I A eſt l'équivalent de *ſe* » *chauffer*. Nous n'avons aucun mot qui ſeul puiſſe exprimer ceux-ci *être* » *brûlé du Soleil*. Comme les François, nous avons recours à une circonlocu- » tion: nous diſons *Idouſquia erria* , mot à mot, *du Soleil brûlé* . . . . »

Après avoir témoigné dans notre réponſe à M. G A R A T, la reconnoiſſance dont nous étions pénétrés au ſujet de ſa Lettre , & être convenus avec lui qu'il ſeroit auſſi difficile qu'important de ne mettre aucun fait dans nos recherches qui ne fût démontré, nous ajoutions que ſi nous nous étions trompés à l'égard des trois mots Baſques ſur leſquels il nous écrivoit, on ne pouvoit errer en meilleure compagnie ; ayant tiré ces mots , non de quelque ſource obſcure , mais de Dictionnaires Baſques très-eſtimés : 1°. du Dictionnaire Celtique de M. B U L L E T , Profeſſeur Royal en Théologie & Doyen de l'Univerſité de Beſançon, des Académies de Beſançon , de Lyon & des Inſcriptions ; Ouvrage qui parut en 1754-1760, en 3 vol. fol. & qui eſt un Dictionnaire combiné de tous les Dialectes de la Langue Celtique : 2°. du Dictionnaire Caſtillan , Baſque & Latin du P. Manuel de L A R R A M E N D I , en 2 vol. fol. imprimé à Saint-Sébaſtien en 1745 ; Auteur très-eſtimé & très-connu par ſa Grammaire pour la Langue Baſque. Nous tranſcrivions en même tems ce que ce dernier Auteur dit dans l'article C A L D A , mot Caſtillan.

» CALDA es vos Baſcongada GALDA » muy commun en las Herrerias, para » ſignificar la vez de metter ò bolver » el hierro à la fraga. Y aun ay un re- » fràn muy expreſſivo que dize _agoa_ » _bero deño Galdá_ , y ſignifica en lo » literal que à la maſſa de hierro que » llamamos _agoa_, ſe le han de dàr » las caldas, antes de dexarla enfriar- » ſe : y debe hazerſe lo miſmo en los » negocios, ſin dexarlos que ſe en- » frien. GALDA Lat. calefactio, can- » defactio.

CALDA eſt le mot Baſque GALDA très-commun dans les Forges pour ſignifier indiſtinctement mettre ou tourner le fer à la forge. Ils ont auſſi ce refrain très-expreſſif, _agoa bero deño galdá_ , qui ſignifie dans le ſens littéral, qu'il faut faire chauffer une maſſe de fer, qu'ils apellent _agoa_, avant de la laiſſer refroidir ; & qu'on doit obſerver la même choſe dans les affaires & ne pas les laiſſer refroidir. GALDA, ajoute-t-il , ſignifie en Latin _action de chauffer_, _d'embráſer_.

L'on y voit encore ces mots Baſques , appartenant à la même famille.

GALDATU , _galda eman_, chauffer un fer.

GALDATUA , chauffer, embràſé.

GALDAREA , chaudiere.

GALDARA-_quintza_ , boutique de Chaudronnier.

GALDARA-_tzarra_ , grande chaudiere.

GALDARA-_choa_, petite chaudiere.

J'ajoutois que dans le même Dictionnaire, le Baſque GELA répond au Caſtillan _Hielo_ , ou au François _glace_ : tandis que _gela_ & _gelatzea_ , y répondent à l'Eſpagnol _Helada_ , ou au François _gelé_.

Enſorte que les mots que j'avois inſérés dans mon Plan comme Baſques, ne pouvoient avoir été puiſés dans de meilleures ſources, & qu'une forte preuve qu'ils étoient dans le génie même de la Langue Baſque, c'eſt qu'ils s'y trouvoient avec une famille aſſez nombreuſe.

Mais qu'il se pouvoit qu'étant plus communs dans un **Dialecte** que dans un autre, & plus en usage dans les forges que dans le style ordinaire, ils fussent inconnus en de-çà des Pyrénées, tandis qu'ils étoient en usage chez les Biscayens, ou Basques Espagnols.

Et que dans l'impossibilité de distinguer les mots en usage dans les divers Dialectes de cette Langue, je me servirois du terme de LANGUE CANTABRE, qui les renfermeroit tous.

Je finissois par prier M. GARAT, de vouloir bien continuer à m'honorer de ses remarques & me faire part des observations dont il me paroit sur la Langue Basque.

Profitons de cette occasion pour dire un mot de deux Ouvrages, dans lesquels on nous a fait l'honneur de parler de nous, mais d'une maniere trop contraire à nos sentimens, & à ce désir de mériter l'estime publique dont nous sommes si jaloux, pour n'être pas relevée en passant.

L'un est le *Mémoire* qui fut adressé aux Etats de Bretagne par M. LE BRIGANT, Avocat, Auteur de l'Ouvrage qu'on annonce actuellement par souscription sur la Langue primitive, en 2. vol. in-12.

Il y parle de nous, comme d'une Personne qui veut *produire une découverte qu'il ne paroit pas avoir faite.*

L'autre Auteur est M. ROWLAND JONES, Savant Anglois qui a composé plusieurs Ouvrages relatifs à l'origine des Langues, dont nous n'avons encore pu voir que deux, les CERCLES *de Gomer* dont il nous a fait présent, & *la dixiéme* MUSE, qui est comme un abrégé de son système sur l'origine du langage, & qui nous a été communiqué par M. l'Intendant d'Auch.

Ce Savant a cru que nous voulions prouver que la Langue Françoise étoit la primitive : il s'est persuadé également que nous cherchions à le contrecarrer & que nous avions fait ligue contre lui avec tous les Savans François & Anglois que nous nommons à la fin de notre Plan. Et il nous défie en même tems de venir à bout de notre projet.

Je suis mortifié que ce galant-homme, estimable dès-là même qu'il cherche la vérité, ait eu une pareille idée. Jamais je ne pensai à faire ligue & sur-tout pour nuire à quelqu'un : mes Amis savent combien je suis éloigné d'être jaloux que d'autres courent une même carriere avec moi, & combien je suis persuadé au contraire que la vérité, même sur ces objets de discussion, ne peut gagner qu'autant qu'on la voit discutée par un grand nombre de Personnes à la fois : il ne seroit pas étonnant que je rêvasse creux au coin de mon bureau ; mais il le seroit qu'un nombre considérable de Gens de Lettres qui n'ont pu se donner le mot, rêvassent tous à la fois & de la même maniere à des choses qui n'auroient aucun fondement. D'ailleurs, M. JONES n'a pas saisi le but de mon Ouvrage relativement à la Langue Françoise : je n'ai jamais prétendu donner cette Langue pour la primitive.

D'après ces mêmes principes, je n'ai pu voir qu'avec plaisir que M. Le Brigant se soit décidé à faire enfin imprimer son Ouvrage sur le Bas-Breton, où je ne doute pas qu'on ne trouve des raports très-sensibles avec les autres Langues ; mais il nous connoît mal, en nous suposant capables d'avoir annoncé quelque découverte que nous n'aurions réellement pas faite : tout ce que nous avons dit dans notre Plan, n'est qu'un résumé des matériaux que nous avons déja rassemblés & des aperçus qui en ont été la suite ; & une exposition de nos découvertes, ou du moins des choses que nous prenons pour telles.

Si nous sommes entrés ici dans quelque détail, c'est moins pour nous justifier, que pour renouveller la priere que nous avons faite aux Savans de nous aider de leurs lumieres, de nous honorer de leurs remarques ; & de nous faire la grace de nous demander les éclaircissemens que nous pourrions leur donner, avant de nous citer devant le Public, qui ne tire aucun avantage des disputes personnelles.

Fin du Post-Scriptum.

De l'Imprimerie de VALLEYRE l'aîné.

www.ingramcontent.com/pod-product-compliance
Lightning Source LLC
Chambersburg PA
CBHW072047080426
42733CB00010B/2029